Sicherheitenfreigabe und
Unternehmenssanierung
– Aktuelle Rechtsfragen –

Bankrechtstag 1994

BrV 6

Schriftenreihe der Bankrechtlichen Vereinigung

herausgegeben von

Walther Hadding, Mainz
Klaus J. Hopt, Hamburg
Herbert Schimansky, Karlsruhe

Band 6

Walter de Gruyter · Berlin · New York

Sicherheitenfreigabe und Unternehmenssanierung – Aktuelle Rechtsfragen –

Bankrechtstag 1994

1995
Walter de Gruyter · Berlin · New York

♾ Gedruckt auf säurefreiem Papier, das die US-ANSI-Norm über Haltbarkeit erfüllt.

Die Deutsche Bibliothek – CIP-Einheitsaufnahme

Sicherheitenfreigabe und Unternehmenssanierung : aktuelle Rechtsfragen / Bankrechtstag 1994. – Berlin : de Gruyter, 1995
(Schriftenreihe der Bankrechtlichen Vereinigung ; Bd. 6)
ISBN 3-11-014801-3
NE: Bankrechtstag <1994, Schwerin>; Bankrechtliche Vereinigung: Schriftenreihe der Bankrechtlichen ...

Printed in Germany
Datenkonvertierung: Frohberg GmbH, Freigericht
Druck: Ratzlow-Druck, Berlin
Buchbinderische Verarbeitung: Mikolai, Berlin

Vorwort

Aus den vielfältigen Anregungen für die Vortrags- und Diskussionsveranstaltung der Bankrechtliche Vereinigung – Wissenschaftliche Gesellschaft für Bankrecht e.V. – am 24.6.1994 in Schwerin fiel die Themenwahl zunächst auf das rechtliche Problemfeld der „Freigabe von Kreditsicherheiten". Wie sich herausstellte, waren die hiermit verbundenen Fragestellungen angesichts der jüngst ergangenen Rechtsprechung der verschiedenen Zivilsenate des Bundesgerichtshofs und der hierdurch ausgelösten Diskussion von besonders hoher Aktualität. Hierzu sprachen aus den Blickwinkeln von Wissenschaft, Praxis der Kreditinstitute und der höchstrichterlichen Rechtsprechung Univ.-Professor Dr. Uwe Blaurock, Dr. Helmut Bruchner und Richter am Bundesgerichtshof Wolfgang Ball. Auch das weitere Thema „Die Rolle der Kreditinstitute bei der Sanierung von Unternehmen" mit den unter anderem auftretenden Haftungsfragen erhielt eine spezifische Aktualität durch die soeben vorausgegangene Verabschiedung der Insolvenzrechtsreform. Die entsprechenden Verträge hielten Univ.-Professor Dr. Franz Häuser, Dr. Manfred Obermüller und aus rechtsvergleichender Sicht Univ.- Professor Dr. Johannes Köndgen.

Die im vorliegenden Tagungsband nunmehr enthaltenen Vorträge zu beiden Themenkreisen bildeten die Grundlage und den Ausgangspunkt einer lebhaften Aussprache, in der gerade die Probleme der Praxis bei einer Umsetzung der von der Rechtsprechung gestellten Anforderungen zur Sprache kamen.

Wir hoffen, daß mit den Vorträgen und Berichten, die durch diesen Band 6 der Schriftenreihe allgemein zugänglich werden, die Klärung der anstehenden Rechtsfragen praxisgerecht gefördert wird.

Für die vorbereitende Betreuung der Drucklegung danken wir erneut Herrn Wiss. Ass. Harald Brass.

Mainz, München, Karlsruhe im März 1995 — Hadding, Hopt, Schimansky

Inhaltsverzeichnis

Anhang

I. Abteilung:
Aktuelle Rechtsfragen der Sicherheitenfreigabe

Leitung: *Karl-Dietrich Bundschuh*,
Vorsitzender Richter am Bundesgerichtshof

Die Sicherheitenfreigabe nach deutschem Recht

Professor Dr. Uwe Blaurock,
Universität Göttingen

Inhaltsübersicht

I. Einleitung

Voraussetzung einer effektiven Kreditsicherung ist die Rechtswirksamkeit des Sicherungsgeschäfts. Hinsichtlich der Wirksamkeit von Kreditsicherheiten können jedoch seit dem Grundsatzurteil des BGH zur Globalzession vom 29. November 1989[1] erhebliche Zweifel bestehen; Unsicherheiten, die auch nach den jüngsten, zum Teil nicht miteinander harmonierenden Urteilen der verschiedenen Senate des BGH[2] noch nicht ausgeräumt sind. Die Verläßlichkeit der Rechtsprechung zur Wirksamkeit von Kreditsicherheiten und zu den Anforderungen und Notwendigkeiten von Sicherheitenfreigaben ist aber unerläßlich für eine verantwortungsbewußte Kreditvergabe.

II. Notwendigkeit und Handhabung der Sicherheitenfreigabe

1. Übersicherung

Akzessorische Sicherheiten wie zum Beispiel Bürgschaft, Pfandrecht oder Hypothek sind unmittelbar mit dem zu sichernden Kredit verknüpft. Ihr Umfang paßt sich automatisch dem jeweiligen Forderungsumfang an, ohne daß es eines besonderen Rechtsakts bedarf. Zu einer Übersicherung des Kreditgebers kann es somit bei den akzessorischen Sicherheiten nicht kommen. Die *fiduziarischen* Sicherheiten dagegen, also die Sicherungsübereignung, die Sicherungszession sowie die Verlängerungs- und Erweiterungsformen beim Eigentumsvorbehalt, bleiben in ihrem Umfang und Bestand von der zu sichernden Forderung unabhängig. Der Sicherungsnehmer erhält hier eine stärkere Rechtsstellung an dem Sicherungsgut, als es für den Sicherungszweck eigentlich erforderlich ist, und wird so zum Treuhänder des Sicherungsgebers.

1 BGH vom 29.11.1989 – VIII ZR 228/88, BGHZ 109, 240.

2 BGH, Urteile vom 13.1.1994 – IX ZR 79/93, WM 1994, 414 und IX ZR 2/93, WM 1994, 419; BGH vom 9.2.1994 – VIII ZR 176/92, WM 1994, 585; BGH vom 10.5.1994 – XI ZR 65/93, WM 1994, 1283.

Die fiduziarischen Kreditsicherheiten enthalten damit eine Tendenz zur Übersicherung. *Übersicherung* ist gegeben, wenn der Wert der Sicherheit in unverhältnismäßigem und ungerechtfertigtem Verhältnis zu der gesicherten Forderung steht[3], den Sicherungsinteressen des Kreditgläubigers also in sittlich anstößiger Weise der Vorzug eingeräumt wird[4]. Es wird Aktivvermögen des Sicherungsgebers in unangemessener Weise gebunden und steht ihm zur Sicherung weiterer Kredite nicht mehr zur Verfügung. Neben dieser Einschränkung der wirtschaftlichen Bewegungsfreiheit des Sicherungsgebers werden darüberhinaus überschüssige Vermögensgegenstände auch dem Zugriff der übrigen Gläubiger entzogen[5].

Eine Übersicherung kann zunächst einmal zur Nichtigkeit des Vertrages nach § 138 BGB führen. In der Praxis erfolgt die Überprüfung der Frage, ob eine unangemessene Übersicherung vorliegt, jedoch überwiegend am strengeren Maßstab des § 9 AGB-Gesetz. Während § 138 BGB neben einer objektiven Benachteiligungswirkung noch subjektiv eine verwerfliche Gesinnung des Sicherungsnehmers verlangt, spielt die subjektive Einstellung der Beteiligten bei § 9 AGB-Gesetz dagegen keine Rolle. Dort wird allein auf die gegeneinander abzuwägenden Interessen der Beteiligten abgestellt. Bereits die objektiv unangemessene Benachteiligung des Sicherungsgebers begründet die Unwirksamkeit der Sicherheitenbestellung. Im Gegensatz zu § 138 BGB ist es im Rahmen des § 9 AGB-Gesetz nicht erforderlich, daß es im konkreten Einzelfall tatsächlich zu einer Übersicherung kommt. Entscheidend ist allein, ob die Übersicherung *typischer* Effekt des Formularvertrages ist.

Eine formularmäßige Sicherheitenbestellung verstößt folglich bereits dann gegen § 9 AGB-Gesetz, wenn es im Laufe der Vertragsabwicklung zu einer Übersicherung kommen kann, der Vertrag also die bloße Möglichkeit einer Übersicherung nicht von vornherein ausschließt[6].

---

3 BGH vom 16.12.1957 – VII ZR 402/56, BGHZ 26, 178, 183; *Serick*, Eigentumsvorbehalt und Sicherungsübertragung, Band III, 1970, § 30 VII 2b.

4 Vgl. *Quack*, in: Münchener Komm. z. BGB, 2. Aufl., 1986, Anh. §§ 929–936 Rdn. 101.

5 *Obermüller*, BuB Rdn. 4/118; *Pottschmidt/Rohr*, Kreditsicherungsrecht, 4. Aufl., 1992, Rdn. 752.

6 BGH vom 8.10.1986 – VIII ZR 342/85, BGHZ 98, 303, 308; BGHZ 109, 240, 248f (Fn. 1); BGH vom 26.4.1990 – VII ZR 39/89, WM 1990, 1326, 1327.

Eigenständige Bedeutung erlangt § 138 BGB hingegen in Fällen, in denen die Übersicherung nicht typische Konsequenz des Klauselwerks ist, sondern auf den Umständen des Einzelfalls beruht. Zu denken ist hier insbesondere an eine Übersicherung infolge individueller Fehlbewertung der Sicherheiten durch die Parteien[7] oder die Kumulation verschiedener Sicherheiten im Laufe der Vertragsabwicklung[8].

Der Klauselverwender muß die allgemeinen Geschäftsbedingungen mithin so ausgestalten, daß es während der Kreditabwicklung gar nicht erst zu einer Übersicherung kommen kann. Hierbei hat er die Wahl zwischen zwei Konstruktionen, derjenigen mit dinglicher Wirkung und der schuldrechtlichen Freigabeklausel.

2. Dingliche und schuldrechtliche Freigabeklausel

Bei der Freigabe mit *dinglicher* Wirkung wird die Kreditsicherheit mit der Kreditverbindlichkeit in der Weise verknüpft, daß die Sicherheit unter der auflösenden Bedingung einer Kredittilgung bestellt wird, bzw. sich die Parteien bereits im Zeitpunkt der Sicherheitenbestellung gemäß § 929 S. 2 BGB unter der aufschiebenden Bedingung des Übersicherungsfalls über die Rückübereignung einigen.

Bei der *schuldrechtlichen* Freigabeklausel erfolgt die Sicherheitenbestellung dagegen ohne Bedingung. Hier verpflichtet sich der Sicherungsnehmer lediglich schuldrechtlich zur Rückübertragung nicht mehr benötigter Sicherheiten. Anders als bei der dinglichen Konstruktion, bei der sich der Sicherungsumfang automatisch dem Bestand der gesicherten Forderung anpaßt[9], bedarf es bei der schuldrechtlichen Freigabeklausel noch eines gesonderten rechtlichen Übertragungsaktes.

---

7 *Brandner, in:* Ulmer/Brandner/Hensen, Komm. z. AGB-Gesetz, 7. Aufl., 1993, Anh. §§ 9–11 Rn 651; *Wolf*, FS Baur, 1981, S. 147, 167.

8 *Göbel*, Übersicherung und Freigabeklauseln in vorformulierten Kreditsicherungsverträgen, 1993, S. 23.

9 Dies macht die Sicherheit allerdings nicht akzessorisch, wie der VIII. Senat des BGH irrtümlich in seinem Urteil vom 23. 9. 1981 – VIII ZR 242/80, NJW 1982, 275, annahm, ebenso *Enneccerus-Lehmann*, SchuldR, 15. Aufl., 1954, § 79 IV 1; zutreffend dagegen *Jauernig*, NJW 1982, 268, 270; *Künzel*, BB 1985, 1884, 1885. *Medicus* spricht insoweit von „Akzessorietätsersatz", JuS 1971, 497, 503.

Nach einer vollständigen, bzw. nicht bloß vorübergehenden teilweisen Kredittilgung ist grundsätzlich kein billigenswertes Interesse des Kreditinstituts gegeben, das Sicherungsgut weiter zu behalten. Dieser Tatsache würde an sich eine dingliche Freigabekontruktion am ehesten Rechnung tragen. Sie führt jedoch zu Rechtsunsicherheit, da leicht Zweifel aufkommen können, ob das Sicherungsgut noch dem Sicherungsnehmer zusteht oder ob es bereits an den Sicherungsgeber zurückgefallen ist[10]. Darüber hinaus sind bei der dinglichen Freigabekonstruktion Probleme mit dem Bestimmtheitsgrundsatz unausweichlich[11].

Praktikabler und AGB-rechtlich auch zulässig ist damit eine bloß schuldrechtliche Freigabeklausel, durch die sich der Sicherungsnehmer für den Fall nicht bloß vorübergehender Übersicherung verpflichtet, überschüssige Sicherheiten auf den Sicherungsgeber zurückzuübertragen.

3. Anfängliche und nachträgliche Übersicherung

Allerdings ist die schuldrechtliche Freigabeklausel nicht in jedem Fall geeignet, eine unangemessene Benachteiligung des Sicherungsgebers und damit die Rechtsfolge der Unwirksamkeit aus § 9 AGB-Gesetz zu verhindern. Hier ist zu unterscheiden zwischen anfänglicher und nachträglicher Übersicherung.

Eine *anfängliche* Übersicherung liegt dann vor, wenn von Anfang an übermäßig viele Sicherungsgüter auf den Sicherungsnehmer übertragen werden. Die darin liegende unangemessene Benachteiligung kann nicht durch eine wie auch immer gestaltete Freigabeklausel behoben werden. Es wäre widersprüchlich, die unangemessene und sittlich anstößige Sicherheitenanhäufung damit zu rechtfertigen, daß der Sicherungsnehmer auf Verlangen bereit ist, seine von Anfang an rechtlich zu mißbilligende Rechtsposition wieder aufzugeben und Sicherheiten freizugeben[12].

---

10 BGH vom 2.2.1984 – IX ZR 8/83, NJW 1984, 1184, 1184, 1186; BGH vom 24.11.1975 – III ZR 81/73, WM 1976, 151, 152.

11 *Göbel*, aaO (Fn. 8), S. 125 f.

12 *Göbel*, aaO (Fn. 8), S. 122.

Zu einer *nachträglichen* Übersicherung kommt es, wenn sich das Verhältnis von Sicherheit und Kreditforderung später im Laufe der Vertragsabwicklung verändert. Dies kann durch ein nachträgliches Anwachsen des Wertes der Sicherheit oder durch eine Abnahme der gesicherten Forderung infolge fortschreitender Kredittilgung geschehen. Zu unterscheiden ist zwischen einer unplanmäßigen und einer planmäßigen nachträglichen Übersicherung. Bei der *unplanmäßigen* nachträglichen Übersicherung ist mit ihrem Eintritt nicht zu rechnen, so daß der Vertragsgestaltung nicht von vornherein eine Übersicherungstendenz innewohnt. Hier kann allenfalls die Vertragsdurchführung treuwidrig sein[13]. Zu dieser Gruppe gehören die Fälle unvorhergesehenen Anwachsens der Sicherheit oder einer unerwartet schnellen Kredittilgung.

Bei der *planmäßigen* nachträglichen Übersicherung ist der Übersicherungsfall dagegen zu erwarten[14]. Dieser Fall ist nach einer im Schrifttum vertretenen Auffassung der anfänglichen Übersicherung gleichzustellen mit der Rechtsfolge der Nichtigkeit der Sicherheitenbestellung[15]. Das ist jedoch so nicht haltbar; vielmehr ist eine differenzierte Betrachtung geboten[16]:

- Wenn die Vertragsabwicklung *zwangsläufig* auf eine Übersicherung hinausläuft, der Vertrag also geradezu auf eine übermäßige Kreditsicherung angelegt war, dann ist diese Form der nachträglichen Übersicherung in der Tat der anfänglichen Übersicherung gleichzustellen. Es kann keinen Unterschied machen, ob sich der Sicherungsnehmer von Anfang an zu viele Sicherheiten einräumen oder ob er den Übersicherungsfall durch entsprechende Formularkonstruktion bloß zeitversetzt als zwangsläufiges Ereignis eintreten läßt.
- Anders ist es dagegen dann, wenn eine solche Zwangsläufigkeit nicht gegeben ist. Hier kann der Sicherungsgeber den sich aus einer planmäßigen nachträglichen Übersicherung ergebenden Vorwurf sittenwidriger Vertragsgestaltung durch geeignete Freigabeklauseln entkräften.

13 *Ganter*, ZIP 1994, 257, 258.

14 *Quack*, aaO (Fn. 4), Anh. §§ 929–936 Rdn. 108.

15 *Quack*, aaO (Fn. 4), Anh. §§ 929–936 Rdn. 108; *Pottschmidt/Rohr*, aaO (Fn. 5), Rdn. 754.

16 So auch *Ganter*, ZIP 1994, 257, 259.

4. Einfache und qualifizierte Freigabeklausel und der Freigabeanspruch aus Treu und Glauben

Die Frage ist dann jedoch, wie diese Freigabeklauseln ausgestaltet sein müssen. Es gibt hier zwei Formen: die einfache und die qualifizierte Freigabeklausel.

Bei der *einfachen* Freigabeklausel ist der Sicherungsnehmer nach billigem Ermessen verpflichtet, bei nicht bloß vorübergehender Übersicherung Sicherheiten nach seiner Wahl auf Verlangen des Sicherungsgebers freizugeben. Eine derartige Klausel enthielten die früheren Nr. 19 Abs. 6 AGB-Banken a.F. und Nr. 21 Abs. 4 AGB-Sparkassen a.F., sie war demzufolge auch in der Mehrzahl der Sicherungsverträge zu finden.

Die Schwäche dieser Klausel liegt für den Sicherungsgeber allerdings darin, daß er wegen des Abstellens auf das billige Ermessen des Sicherungsnehmers nicht sicher vorhersehen kann, ob sein Freigabeverlangen auch Erfolg haben wird. Diese Erschwernis der Rechtsverfolgung bewog den VIII. Senat des BGH in seiner grundlegenden Entscheidung vom November 1989[17], für eine Globalzession die einfache Freigabeklausel als ungenügend abzulehnen. Der Senat meinte, eine solche Klausel sei nicht geeignet, die der Globalzession immanente Übersicherungstendenz und die damit einhergehende unangemessene Benachteiligung des Sicherungsgebers hinreichend zu kompensieren. Vielmehr wurde fortan eine *qualifizierte* Freigabeklausel gefordert, durch die dem Sicherungsgeber die Ungewißheit bei der Durchsetzung seines Freigabeanspruchs genommen werden sollte. Die qualifizierte Freigabeklausel zeichnet sich durch eine ausdrückliche Freigabeverpflichtung bei Überschreiten einer *Deckungsgrenze* aus. Diese Deckungsgrenze muß dabei flexibel gestaltet sein, das heißt in einem objektiv bestimmbaren Verhältnis zur Höhe der gesicherten Forderung stehen, zum Beispiel ausgedrückt in einem bestimmten Prozentsatz bezogen auf die jeweilige Kreditforderung[18]. Nur wenn sich die Deckungsgrenze bei Verringerung der Kreditverbindlichkeit automatisch anpaßt, ist die Freigabeklausel geeignet, einer Übersicherung effektiv vorzubeugen[19].

---

17 BGHZ 109, 240 (Fn. 1).

18 BGH vom 19.6.1991 – VIII ZR 244/90, WM 1991, 1499, 1500.

19 Eine bloß betragsmäßige Deckungsgrenze ist nicht ausreichend, LG Möchengladbach vom 4.2.1993, WM 1993, 992, 993f; *Eckert*, WuB I F 4.–5.93.

Die ausdrückliche Festlegung einer Deckungsgrenze ist jedoch entbehrlich, wenn die objektive Bezugsgröße zwischen Sicherheit und zu sichernder Forderung auf andere Weise objektiv und hinreichend klar bestimmbar geregelt ist[20]. So hat der VIII. Senat in seiner Entscheidung vom 25. November 1992 festgestellt, daß eine Freigabeklausel genügt, nach der der Sicherungsnehmer zur Freigabe von Sicherheiten verpflichtet ist, sobald diese den Wert der zu sichernden Forderung übersteigen[21]. Dieser Rechtsprechung schließt sich inzwischen auch der XI. Senat des BGH an und verwirft die vom OLG Düsseldorf in der Berufungsinstanz vertretene Ansicht, daß bei Freigabe bezogen auf den „Gesamtbetrag der zu sichernden Ansprüche“ auch die ursprüngliche Schuld des Kreditnehmers gemeint sein könne, was gemäß § 5 AGB-Gesetz zu Lasten der Bank gehen würde. Eine solche Auslegung, so der BGH, könne ernsthaft nicht in Betracht kommen, da nichts dafür spreche, daß der AGB-Verwender für nicht mehr bestehende Ansprüche noch Sicherheiten beanspruche[22]. Dem ist zuzustimmen. Auch die in den Formularverträgen regelmäßig enthaltenen Mindestdeckungsgrenzen machen nur dann Sinn, wenn sie sich auf den aktuellen Schuldbestand beziehen und so eine mögliche Zunahme der Verbindlichkeiten berücksichtigen.

Bei den Raumsicherungsübereignungen verlangte der IX. Senat des BGH zusätzlich die Aufnahme einer festen Bezugsgröße für die Wertberechnung des Sicherungsgutes, um dem Sicherungsgeber die Feststellung zu erleichtern, ob die Deckungsgrenze überschritten ist[23].

Freigabeklausel bedeutet – das sei nochmals ausdrücklich betont – nur das *Recht* des Sicherungsgebers, die Freigabe der Sicherheit zu verlangen. Macht der Sicherungsgeber diesen Anspruch nicht geltend (und das wird meistens der Fall sein), dann verbleibt die Sicherheit beim Sicherungsnehmer, es ändert sich an der tatsächlichen Sicherungssituation also

---

20 OLG Hamm vom 10.6.1992, WM 1992, 1731, 1732; LG Bielefeld vom 14.1.1993, WM 1993, 988, 990.

21 BGH vom 25.11.1992 – VIII ZR 176/91, WM 1993, 213, 216; der BGH bestätigte das vorinstanzliche Urteil des KG vom 4.7.1991, WM 1992, 856.

22 BGH WM 1994, 1283, 1285 (Fn. 2).

23 BGH vom 19.3.1992 – IX ZR 166/91, WM 1992, 813, 815.

nichts. Allein die *Möglichkeit*, den Freigabeanspruch geltend zu machen, rettet aber die Sicherheit in ihrem rechtlichen Bestand.

Die Entscheidungen des BGH zur qualifizierten Freigabeklausel betrafen stets Kreditsicherheiten, die sich global auch auf künftiges Vermögen des Sicherungsgebers erstreckten und damit die besondere Gefahr eines unüberschaubaren und unkontrollierbaren Anwachsens der Sicherheiten in sich trugen. Unklar blieb zunächst, ob die verschärfte Rechtsprechung auch auf die einfachen Singularsicherheiten zu übertragen ist. Während die Neufassungen der AGB der Banken und Sparkassen vorsorglich für alle Fälle eine der neuen Rechtsprechung entsprechende qualifizierte Freigabeklausel enthalten (Nr. 16 AGB-Banken n.F., Nr. 22 Abs. 2 AGB-Sparkassen n.F.) und auch Teile der Literatur das Erfordernis einer qualifizierten Freigabeklausel generell auf alle in Rede stehenden Kreditsicherheiten übertrugen[24], stand die Instanzrechtsprechung einer Übertragung dieser Grundsätze auf Singularsicherheiten von vornherein ablehnend gegenüber[25]. Mit seinen beiden Grundsatzurteilen vom 13. Januar 1994 schloß sich der IX. Senat des BGH dieser Auffassung an und verzichtete bei der Sicherungsübereignung einer einzelnen Sache, bzw. einer fest umrissenen Sachgesamtheit auf eine qualifizierte Freigabeklausel[26]. Eine qualifizierte Freigabeklausel sei nur im Ausnahmefall erforderlich, um besonders nachteilige Wirkungen für den Sicherungsgeber zu kompensieren, wie sie bei den Globalsicherheiten wegen der Unübersichtlichkeit der Sicherungsentwicklung und der Gefahr eines unkontrollierten Anwachsens der Sicherheiten auftreten. Lägen aber derartige besonders benachteiligende Wirkungen nicht vor, so ergäbe sich der Freigabeanspruch des Sicherungsgebers bereits aus Treu und Glauben und hilfsweise wegen Zweckerreichung auch aus § 812 BGB[27]. Damit greift der BGH auf seinen alten, auf der Recht-

---

24 *A. Weber*, WuB I F 5.–7.92; für Übertragung auf die Sicherungsübereignung mehrerer Einzelsachen *Göbel*, aaO (Fn. 8), S. 193f.

25 LG Bielefeld vom 14.1.1993, WM 1993, 988, 990; OLG Düsseldorf vom 25.3.1993, WM 1993, 784; OLG Hamm vom 23.6.1993, WM 1993, 1590; OLG Hamm vom 30.8.1993, ZIP 1993, 1565.

26 BGH WM 1994, 414 (Fn. 2); BGH WM 1994, 419 (Fn. 2).

27 BGH WM 1994, 419, 420 (Fn. 2).

sprechung zur Grundschuld wurzelnden und später auf alle fiduziarische Kreditsicherheiten übertragenen Rechtsgrundsatz zurück, daß bei verständiger Auslegung der Sicherungsabrede der Sicherungsnehmer trotz Fehlens einer vertraglichen Freigabeklausel im Falle nicht bloß vorübergehender Übersicherung eine Freigabe nicht verweigern darf[28]. Gleiches gelte auch für die Sicherungsübereignung. Auch dort handele der Sicherungsnehmer rechtsmißbräuchlich, wenn er sich trotz eingetretener Übersicherung ohne Eigeninteresse auf die formale Position des Eigentums beruft[29].

Diese Rechtsprechung ist konsequent und richtig. Auch ohne gesonderte formularmäßige Vereinbarung wird die Sicherungsabrede allgemein dahingehend ausgelegt, daß sich der Sicherungsnehmer verpflichtet, mit Wegfall des Sicherungszwecks die sicherungshalber übertragenen Vermögensgegenstände zurückzuübertragen. Nichts anderes kann aber gelten, wenn infolge teilweiser Kredittilgung der Sicherungszweck teilweise entfallen ist und der Sicherungsnehmer in der Lage ist, Sicherungsgut in entsprechender Höhe freizugeben. Dem Sicherungsgeber steht in solchen Fällen also auch dann ein Freigabeanspruch zu, wenn dies nicht ausdrücklich vereinbart wurde.

Das gilt jedoch nicht für diejenigen Fälle, bei denen das unkontrollierte Anwachsen der Sicherheiten typisch ist, also die Globalzession und die Übereignung von Warenlagern mit wechselndem Bestand. Hier dient die qualifizierte Freigabeklausel der Kompensation einer besonderen Benachteiligung des Sicherungsgebers, die sich infolge besonderer Unübersichtlichkeit ergibt. Der ausdrückliche Hinweis auf die Freigabeverpflichtung und die Festlegung einer objektiven Deckungsgrenze hat gerade den Zweck, dem Sicherungsgeber die Durchsetzung seines Freigabeanspruchs zu erleichtern. Dieser Zweck wäre verfehlt, wenn man auch hier ersatzweise auf einen Freigabeanspruch aus Treu und Glauben zurückgreifen würde. Fehlt in diesen Fällen eine qualifizierte Freigabeklausel, so begründet dies die Unwirksamkeit der Sicherungs-

28 BGH vom 30.5.1960 – VII ZR 257/59, WM 1960, 855, 856f; BGH vom 5.11.1964 – VII ZR 2/63, WM 1965, 84, 85; BGH vom 10.6.1983 – V ZR 252/80, WM 1983, 961, 963; BGH vom 8.12.1989 – V ZR 53/88, WM 1990, 423, 424; *Serick*, aaO (Fn. 3), Band III, § 37 IV 2.

29 BGH WM 1994, 414, 416 (Fn. 2).

übertragung. Bei formularmäßger Vereinbarung würde es gegen das Verbot der geltungserhaltenden Reduktion verstoßen, wenn eine qualifizierte Freigabeklausel in den Vertrag hineingedeutet würde[30].

5. Zusammenfassung

Wir können also folgende Regelung der Sicherheitenfreigabe feststellen:

- Bei unbedingter Sicherungsübertragung ist zur Vermeidung einer unangemessenen Übersicherung und damit einer Rechtsunwirksamkeit der Kreditsicherung aus § 9 AGB-Gesetz der Sicherungsnehmer zur Freigabe nicht mehr benötigter Sicherheiten verpflichtet.
- Der Formularvertrag muß dabei von vornherein die Möglichkeit einer Übersicherung ausschließen. Grundsätzlich ausreichend ist in dem Zusammenhang aber eine schuldrechtliche Verpflichtung zur Freigabe von Sicherungsgegenständen nach billigem Ermessen und Auswahl des Sicherungsnehmers auf gesondertes Verlangen des Sicherungsgebers.
- Bei verständiger Vertragsauslegung nach §§ 133, 157, 242 BGB ergibt sich eine solche Freigabeverpflichtung bereits aus der Sicherungsabrede. Auf diese kann bei fehlender oder unwirksamer Freigaberegelung zurückgegriffen werden.
- Ausnahmsweise ist eine qualifizierte Freigabeklausel erforderlich, durch die eine ausdrückliche Freigabepflicht bei Überschreiten einer objektiven und flexiblen Deckungsgrenze normiert wird. Dadurch werden besonders nachteilige Wirkungen kompensiert, die dem Sicherungsgeber entstehen, weil sich die Sicherungsbeziehung auch auf künftige Vermögensgegenstände bezieht und die Sicherungsentwicklung sich als besonders unüberschaubar und unkontrollierbar erweist. In diesem Falle kann nicht ersatzweise auf Treu und Glauben zurückgegriffen werden. Gegebenenfalls hat die Freigabeklausel zusätzlich eine objektive Bezugsgröße für die Wertberechnung der Sicherheiten zu enthalten.

---

30 Zutreffend von daher BGHZ 98, 303, 311 (Fn. 2) zum erweiterten und verlängerten Eigentumsvorbehalt.

III. Die Sicherheitenfreigabe bei den verschiedenen Kreditsicherheiten

Wie wirken sich nun diese Grundsätze der Sicherheitenfreigabe auf die verschiedenen Kreditsicherheiten aus?

1. Freigabe bei Sicherungszession

a) Globalzession

Das Wesen der Globalzession ist es, daß sie sich auch auf Forderungen erstreckt, die im Zeitpunkt des Vertragsschlusses noch gar nicht zum Vermögen des Sicherungsgebers gehören. Die Sicherheitenentwicklung wird dadurch unüberschaubar und kann sich einer faktischen Kontrolle durch den Sicherungsgeber entziehen. Selbst dann, wenn im Zeitpunkt der Entstehung der antizipiert zedierten Forderung die Kreditverbindlichkeiten bereits anderweitig ausreichend gesichert sind und zusätzliche Sicherheiten nicht benötigt werden, steht die neue Forderung dem Sicherungsnehmer zu und kann vom Sicherungsgeber nicht zur Sicherung anderer Verbindlichkeiten verwandt werden. Eine solche besondere Benachteiligung des Vertragspartners muß in der Weise ausgeglichen werden, daß die Benachteiligung nicht mehr als unangemessen erscheint[31]. Zur Kompensation wird dabei allerdings eine einfache, ins billige Ermessen des Sicherungsnehmers gestellte Freigabepflicht nicht ausreichen. Sie bereitet dem Sicherungsgeber wegen des nur in krassen Situationen zuverlässig zu beurteilenden Ermessensspielraums eine zusätzliche Schwierigkeit und Ungewißheit bei der Durchsetzung seines Freigabeverlangens.

Kompensationswirkung entfaltet dagegen eine qualifizierte Freigabeklausel. Durch vertragliche Festlegung einer objektiven Deckungsgrenze, bei deren Überschreiten der Sicherungsnehmer zur Freigabe verpflichtet ist, kann sich der Sicherungsgeber zu jedem Zeitpunkt mit

31 *Ganter*, ZIP 1994, 257, 261.

zumutbarem Aufwand ein zutreffendes Bild über die aktuelle Sicherungssituation und die Erfolgsaussicht seines Freigabeverlangens verschaffen.

Diese Überlegungen liegen der Rechtsprechung des BGH zugrunde, nach der bei der Globalzession eine qualifizierte Freigabeklausel erforderlich ist[32]. Hiergegen hat jedoch neuestens der XI. Senat Bedenken erhoben[33]: Wegen der generalisierenden Betrachtungsweise im Rahmen des § 9 Abs. 1 AGB-Gesetz führe die Rechtsprechung zur Globalzession auch dann zur Unwirksamkeit der Sicherheitenbestellung, wenn *im konkreten Einzelfall* eine Übersicherung zu keinem Zeitpunkt eingetreten ist, der Sicherungsnehmer vielmehr untersichert war. Nutznießer dieser Rechtsprechung, so die kritische Anmerkung des XI. Senats, seien deshalb in der Praxis fast ausschließlich ungesicherte Konkursgläubiger des Sicherungsgebers. Deren Schutz aber werde von § 9 Abs. 1 AGB-Gesetz nicht bezweckt[34].

Dem XI. Senat ist zwar zuzustimmen, daß bei der Bewertung anhand von § 9 Abs. 1 AGB-Gesetz Drittinteressen außer Betracht bleiben müssen, wofür auch bereits der Wortlaut der Vorschrift spricht[35]. Jedoch können Drittinteressen mittelbar sehr wohl auf die Abwägung bei § 9 Abs. 1 AGB-Gesetz Einfluß nehmen[36]. Es liegt im Interesse des Sicherungsgebers, durch die AGB nicht über Gebühr in der wirtschaftlichen Bewegungsfreiheit eingeengt zu werden. Hierzu gehört auch, daß ihm trotz Sicherheitenbestellung eine ausreichende Haftungsmasse verbleibt, um andere Kredite und Verbindlichkeiten sichern zu können. Kann also durch eine Formulargestaltung, die zu einer Übersicherung des Sicherungsnehmers zu führen droht, Vermögen des Sicherungsgebers in unnötigem Umfang gebunden werden, so wirkt sich dies negativ auf seine Kreditwürdigkeit gegenüber Dritten aus. Drittgläubigerinteressen wer-

---

32 BGHZ 109, 240 (Fn. 1); WM 1990, 1326 (Fn. 6); BGH vom 6.12.1990 – VII ZR 334/89, WM 1991, 276; WM 1991, 1499 (Fn. 18).

33 BGH WM 1994, 1283 (Fn. 2).

34 BGH ebenda, 1284.

35 *Kötz*, in: Münchener Komm. z. BGB, 2. Aufl., 1984, § 9 AGBG Rdn. 11; *Wolf*, FS Baur, 1981, S. 147, 153.

36 *Brandner*, aaO (Fn. 7), § 9 Rdn. 124; *Soergel/Stein*, 12. Aufl., 1991, § 9 AGBG Rdn. 14.

den damit zum Eigeninteresse des Sicherungsgebers. Wenn der Sicherungsgeber in der Praxis auch nur selten von dem Freigabeanspruch Gebrauch macht und es demnach überflüssig scheint, ihm die Durchsetzung seines Freigabeverlangens durch eine objektive Deckungsgrenze zu erleichtern, so ist die Transparenz der Freigabeansprüche für sein Verhältnis zu Dritten doch nicht ohne Bedeutung. Dadurch, daß die Sicherungsbeziehung zum ersten Kreditgeber infolge einer qualifizierten Freigabeklausel an Übersichtlichkeit gewinnt, wird es dem Sicherungsgeber erleichtert, seine Kreditwürdigkeit Dritten gegenüber zu dokumentieren.

Selbst wenn der Sicherungsgeber also wegen seiner Einziehungsermächtigung regelmäßig kein unmittelbares Interesse an der Durchsetzung des Freigabeanspruchs haben sollte, wird er durch eine besondere Unübersichtlichkeit infolge unkontrollierter Sicherungsentwicklung dennoch in seiner wirtschaftlichen Handlungsfreiheit unangemessen benachteiligt. Am Erfordernis einer qualifizierten Freigabeklausel zur Kompensation dieser Benachteiligung sollte deshalb festgehalten werden.

Umstritten und noch nicht geklärt ist die Frage, ob des weiteren auch bei der Globalzession eine feste Bezugsgröße für die Wertermittlung zu verlangen ist[37]. Während dies seit der Entscheidung des IX. Senats des BGH vom 19. März 1992 bei der Raumsicherungsübereignung[38] verlangt wird, hat es der VIII. Senat bisher vermieden, sich zur Frage der Übertragung dieser Rechtsprechung auf die Globalzession zu äußern[39]. Dennoch hat seine jüngste Entscheidung zur Auslegung vom „Wert der Forderung"[40] in gewisser Weise Klarheit geschaffen. Stellt danach die Freigabeklausel im Zweifel auf den Nennwert der sicherungshalber abgetretenen Forderung ab, so ist eine objektive Bezugsgröße für die Wert-

37 Bejahend OLG Karlsruhe vom 23.10.1992, WM 1993, 942; *v. Westphalen*, Anm. zu LG Siegen vom 25.11.1992, EWiR § 9 AGBG 1993, 629; ablehnend BGHZ 109, 240 (Fn. 1); OLG Hamm vom 20.6.1992, I F 4.-1.93; OLG Hamm vom 30.8.1993, WM 1993, 2046.

38 BGH WM 1992, 813, 815 (Fn. 23).

39 WM 1993, 213 (Fn. 21); BGH vom 8.12.1993 - VIII ZR 166/93, WM 1994, 104.

40 BGH WM 1994, 104 (Fn. 39).

berechnung entbehrlich. Beabsichtigen die Parteien aber, einen anderen Wert als den Nennwert zugrunde zu legen, so müssen sie dies ausdrücklich festlegen. Dabei werden sie sich auch über die Bezugsgrößen und Bewertungsmaßstäbe zu verständigen haben. Auch nach dem Urteil des VIII. Senats vom 8. Dezember 1993 ist den Parteien der Globalzession somit zu empfehlen, vorsorglich die Bewertung der Sicherheiten vertraglich zu konkretisieren[41].

b) Singularzession

Bei der Abtretung nur einer einzelnen Forderung oder einer feststehenden Mehrheit bestimmt bezeichneter Forderungen steht der Sicherungsgegenstand von vornherein fest. Die Gefahr eines automatischen, der Kontrolle des Sicherungsgebers entzogenen Anwachsens der Sicherheit besteht hier nicht. Im Gegensatz zur Globalzession ist die Sicherungsentwicklung bei der Singularzession sehr viel überschaubarer. Zu einer Übersicherung kann es nur noch durch eine tilgungsbedingte Abnahme der Kreditverbindlichkeit kommen. Eine solche Übersicherung ist aber übersichtlich und unterliegt zudem dem Einfluß des Sicherungsgebers. Der Singularzession fehlt deshalb die benachteiligende Wirkung, die durch eine qualifizierte Freigabeklausel zu kompensieren wäre. Es genügt vielmehr eine einfache Freigabeklausel, bzw. der sich bereits aus der Sicherungsabrede ergebende Freigabeanspruch.

c) Lohnzession

Eine bedeutsame Form der Sicherungszession ist die Lohnzession. Zwar erwächst hier der Sicherungswert erst im Laufe der Zeit[42] und die Sicherheit ist stets abhängig von der Arbeitsfähigkeit und -willigkeit des Kreditnehmers und den Verhältnissen auf dem Arbeitsmarkt[43]. Gleichwohl ist die Lohnzession in der Praxis unverzichtbar. Sie stellt häufig

---

41 Ebenso *Sonnenhol/Wittig*, WuB I F 4.–1.93.

42 *Scholz*, MDR 1990, 193, 195.

43 *A. Weber*, WuB I F 4.–2.88.

die einzige Sicherungsmöglichkeit des Konsumenten dar, ohne die dieser kaum kreditwürdig wäre[44].

Ebenso wie bei der Globalzession ist bei der Lohnzession ein Anwachsen der Sicherheit und damit eine Übersicherungstendenz typisch. Der III. Senat des BGH hat sich deshalb auf den Standpunkt gestellt, die formularmäßige Abtretung künftiger Lohn- und Gehaltsansprüche halte einer Inhaltskontrolle nach § 9 Abs. 1 AGB-Gesetz nur stand, wenn sie zu einem vernünftigen, die schutzwürdigen Belange beider Vertragspartner angemessen berücksichtigenden Interessenausgleich führe[45]. Dies sei bei einer unbeschränkten Vorausabtretung der gesamten pfändbaren Lohnansprüche nicht der Fall. Ohne zeitliche oder betragsmäßige Begrenzung sei eine Übersicherung schon im Ansatz vorprogrammiert und würde durch fortschreitende Tilgung der Darlehensschuld noch verstärkt. Von daher ließe sich ein angemessener Interessenausgleich nur durch eine Begrenzung der Abtretung in Verbindung mit einer Freigabeklausel herstellen[46]. Freigabeklauseln und betragsmäßige Beschränkung werden dabei nicht als alternative Möglichkeiten verstanden[47]. Vielmehr soll neben einer Zessionsbeschränkung *zusätzlich* noch eine Freigabeklausel erforderlich sein.

Die Rechtsprechung des BGH zum Erfordernis einer Zessionsbeschränkung ist in der Literatur sowohl auf Zustimmung[48], als auch auf Ablehnung[49] gestoßen. Die Instanzrechtsprechung äußerte sich eher skeptisch[50].

Ansatzpunkt der Kritik war vor allem die Lohnzession mit weiter Sicherungszweckerklärung. Wie sich aus dem Verweis der BGH-Ent-

---

44 WM 1976, 151, 152 (Fn. 10).

45 BGH vom 22.6.1989 – III ZR 72/88, BGHZ 108, 98.

46 ebenda, S. 107.

47 So aber anscheinend *H. Weber*, EWiR § 138 BGB 1992, 433; zutreffend *Göbel*, aaO (Fn. 8), S. 169 Fn. 125.

48 *Kohte*, ZIP 1988, 1225; *ders.*, BB 1989, 2257; *v. Hoyningen-Huene*, Die Inhaltskontrolle nach § 9 AGB-Gesetz, 1991, Rdn. 234c; *Göbel*, aaO (Fn. 8), S. 165ff.

49 *Scholz*, MDR 1990, 193; *Steppeler*, WM 1989, 1913; *Bruchner*, WuB I F 4.– 4.89; *A. Weber*, WuB I F 4. – 2.88; *Drescher*, WuB I F 4.–5.91.

50 LG Hannover vom 12.12.1989, WM 1991, 68; AG München, Beschluß vom 12.3.1990, WM 1991, 634; LG Landshut vom 28.11.1990, WM 1991, 632; LG Heilbronn vom 4.12.1990, WM 1991, 2058.

scheidung vom 22. Juni 1989[51] auf das zur Lohnzession mit weiter Zweckabrede ergangene BGH-Urteil vom 24. November 1975[52] ergibt, galt das Erfordernis einer betragsmäßigen Beschränkung nur für die Lohnzession mit engem Sicherungszweck, zur weiten Zweckabrede äußerte sich der BGH dabei nicht[53]. Der übliche Ratenkredit und der Kontokorrentkredit lägen aber, so der Haupteinwand der Kritiker, in der Praxis nicht so weit auseinander, daß eine Ungleichbehandlung angebracht wäre. Auch beim Ratenkredit komme es häufig zu einer nachträglichen Ausweitung der Kreditsumme, sei es durch Umschuldung oder Aufstockung oder aber auch durch die vielseitigen Möglichkeiten eines Dispositions- oder Überziehungskredits[54]. Eine betragsmäßige Beschränkung der Lohnzession würde in diesem Fall den billigenswerten Sicherungsinteressen des Kreditgläubigers nicht gerecht.

Tatsächlich erscheint eine Ungleichbehandlung von enger und weiter Zweckabrede bei der Frage einer Beschränkung der Lohnzession nicht überzeugend. Während beim von vornherein zeitlich und sachlich auf einen bestimmten Kreditumfang beschränkten einfachen Ratenkredit eine zusätzliche betragsmäßige Begrenzung der Lohnzession verlangt wird, soll hierauf verzichtet werden, wenn eine auf unabsehbare Dauer angelegte Bankbeziehung gesichert wird. Ohnehin kann der Klauselverwender dem Erfordernis einer Zessionsbeschränkung mit Leichtigkeit dadurch entgehen, daß er die Lohnzession auch zur Sicherung eventuell zusätzlicher, vor Erledigung des ursprünglichen Kredits gewährter Kredite einsetzt[55].

Der III. Senat des BGH ließ in der erwähnten Entscheidung ausdrücklich offen, welche Anforderungen an die neben der betragsmäßigen Beschränkung erforderliche Freigabeklausel zu stellen sind[56]. Diese Frage hat später das OLG München[57] aufgegriffen und die Grundsätze zur Globalzession auch auf die betragsmäßig beschränkte Lohnzession

51 BGH vom 22.6.1989 – III ZR 72/88, WM 1989, 1086, 1089, in soweit nicht abgedruckt in BGHZ 108, 98, 108.

52 BGH vom 24.11.1975 – III ZR 81/73, WM 1976, 151.

53 *Bruchner*, WuB I F 4.–4.89.

54 *Scholz*, MDR 1990, 193, 193f; *Gößmann*, WuB I F 4. – 7.91.

55 So LG Hannover vom 12.12.1989, WM 1991, 68.

56 BGHZ 108, 98, 108 (Fn. 45).

57 OLG München vom 20.2.1992, NJW-RR 1992, 812, 814.

übertragen[58]. Auch in der Literatur wurde dieser Rechtsprechung gefolgt und für die Lohnzession sowohl eine betragsmäßige Beschränkung als auch eine qualifizierte Freigabeklausel verlangt[59].

Ich halte das jedoch nicht für richtig. Bedenken gegen diese Rechtsprechung ergeben sich hinsichtlich der rechtlichen Praktibilität einer Begrenzung der Lohnzession, insbesondere im Hinblick auf den Bestimmtheitsgrundsatz. Eine zeitliche Begrenzung kommt dabei nicht in Betracht, weil sich ansonsten der Schuldner durch einfache Zahlungsverzögerung Vorteile verschaffen könnte. Zu denken ist vielmehr an eine betragsmäßige Beschränkung. Eine Beschränkung der Lohnzession auf die Höhe der jeweiligen Monatsrate würde jedoch den Sicherungsinteressen des Kreditgläubigers bei Gesamtfälligstellung nicht genügen. Am einfachsten wäre es, die Vorauszession an die jeweilige Forderungshöhe zu knüpfen. Dies aber widerspricht dem Bestimmtheitsgrundsatz, wonach sich bereits aus dem Abtretungsvertrag ergeben muß, auf welche Forderung sich die Zession in welchem Umfang bezieht[60].

Ist die Lohnzession aber an die jeweilige Forderungshöhe geknüpft, so kann der Arbeitgeber aus der Abtretungsurkunde nicht entnehmen, wem die Lohnforderung in welchem Umfang zusteht und an wen er mit befreiender Wirkung leisten kann. Vielmehr müßte er sich erst über die Kreditbeziehung und den aktuellen Forderungsbestand informieren.

Als geeignete Möglichkeit sieht der BGH eine betragsmäßig festen Begrenzung der Zession auf einen an der Gesamtforderungshöhe orientierten Umfang an[61]. *Steppeler* weist jedoch zu Recht darauf hin, daß eine solche Beschränkung auf einen festen Betrag, bis zu dessen Erreichung die künftigen Ansprüche abgetreten werden sollen, den Sicherungsinteressen des Kreditgläubigers nicht hinreichend Rechnung trägt. Bei beispielsweise 2000.– DM Pfändungsfreibetrag pro Monat und einer Zessionsbeschränkung auf 20000.– DM wäre die Lohnabtretung bereits nach 10 Monaten verbraucht[62]. Dies hat auch der BGH erkannt und die

58 Siehe dazu *H. Weber*, EWiR § 138 BGB 1992, 433, 434.

59 Insbesondere *H. Weber*, EWiR § 138 BGB 1992, 433; *Göbel*, aaO (Fn. 8), S. 179; *Kohte*, BB 1989, 2257, 2259.

60 BGH vom 22.9.1965 – VIII ZR 265/63, WM 1965, 1049.

61 BGHZ 108, 98, 107 (Fn. 45).

62 *Steppeler*, WM 1989, 1913, 1917.

Zessionsbeschränkung in der Weise modifiziert, daß dann, wenn der Verwender in einzelnen Leistungsabschnitten von der Zession keinen Gebrauch macht, sie sich auch in künfigen Abschnitten bis zur Erreichung des von ihr abredegemäß erfaßten Gesamtbetrages fortsetze[63].

Diese Konstruktion widerspricht jedoch dem Bestimmtheitsgrundsatz[64]. Ebenso wie bei der Koppelung der Zession an die jeweilige Forderungshöhe müßte sich auch hier der Drittschuldner erst über die Kreditbeziehung informieren[65]. Insbesondere beim Wechsel des Arbeitgebers oder der Erstreckung auf Lohnersatzansprüche müßte sich der neue Drittschuldner bei den Parteien oder den früheren Drittschuldnern informieren, inwieweit diese bereits aus der Zession in Anspruch genommen wurden. Dies aber soll durch den Bestimmtheitsgrundsatz gerade vermieden werden.

Auf das Erfordernis einer betragsmäßigen Begrenzung sollte man deshalb verzichten und sich auf eine Freigabeklausel beschränken. Die Frage ist dann nur noch, ob eine qualifizierte Freigabeklausel erforderlich ist oder ob eine einfache genügt.

Das LG Hannover und später auch das LG Landshut hielten eine qualifizierte Freigabeklausel trotz Verzichts auf eine Zessionsbeschränkung für nicht erforderlich[66]. Bei der Lohnzession sei die Situation leicht überschaubar, so daß eine Gleichbehandlung mit der Grundschuld angebracht sei, bei der ja auch auf eine qualifizierte Freigabeklausel verzichtet werde[67]. Da der pfändbare Teil des Lohns unschwer ermittelt werden könne, drohe hier, anders als bei der Globalzession, auch kein zeit- und kostenintensiver Streit über die Angemessenheit und Bewertung der Sicherheit.

Auch dieser Ansicht kann ich mich nicht anschließen. Ebenso wie die Globalzession erstreckt sich die Lohnzession auf künftige Vermögenspositionen ungewissen Umfangs. Der Wert der Sicherheit steht, und das ist der wesentliche Unterschied zur Grundschuld, anfangs noch nicht

63 BGHZ 108, 98, 108 (Fn. 45).

64 *Bruchner*, WuB I F 4.–4.89; *Steppeler*, WM 1989, 1913, 1918.

65 *Steppeler*, WM 1989, 1913, 1918.

66 LG Hannover vom 12.12.1989, WM 1991, 68; LG Landshut vom 28.11.1990, WM 1991, 632.

67 LG Landshut vom 28.11.1990, WM 1991, 632, 634.

fest, sondern ergibt sich erst im Laufe der Zeit. Zu Beginn wird der Kreditgläubiger allein durch die positive Prognose künftiger Erwerbseinnahmen gesichert. Auch bei der Lohnzession werden ebenso wie bei der Globalzession alle künftigen Forderungen von der Vorauszession erfaßt und stehen zur Sicherung anderer Verbindlichkeiten nicht zur Verfügung. Ebenso wie bei den anderen globalen Sicherheiten droht auch bei der Lohnzession ein unkontrolliertes, der Einflußmöglichkeit des Sicherungsgebers entzogenes Anwachsen der Sicherheit. Zur Vermeidung einer unangemessenen Benachteiligung des Sicherungsgebers i.S.d. § 9 Abs. 1 AGB-Gesetz bei unbeschränkter Lohnzession ist deshalb eine qualifizierte Freigabeklausel erforderlich.

Folgt man dagegen der Auffassung des BGH, und verlangt eine betragsmäßige Zessionsbeschränkung, dann besteht für eine qualifizierte Freigabeklausel gar keine Notwendigkeit mehr. Bei betragsmäßiger Beschränkung ist die Sicherungssituation über sichtlich, die Gefahr eines automatischen Anwachsens der Sicherheiten ist dann überhaupt nicht mehr gegeben.

2. Freigabe bei Sicherungsübereignung

a) Raumsicherungsübereignung

Bei der Übereignung eines Maschinenparks oder Warenlagers mit wechselndem Bestand zur Sicherung einer Kreditverbindlichkeit ist die Situation der Globalzession vergleichbar. Auch hier kann es zu einer unüberschaubaren Sicherungsentwicklung kommen. Insbesondere bei Modernisierung oder Betriebsvergrößerung ist mit einem unkontrollierbaren Anwachsen der Sicherheiten zu rechnen. Zwar könnte der Sicherungsgeber den Warenbestand rechtzeitig begrenzen oder auf verschiedene Warenlager verteilen und so eine Übersicherung vermeiden, doch ist ihm dies angesichts einer erheblichen Erschwerung des Geschäftsbetriebs und zusätzlicher Lagerkosten nicht zuzumuten[68]. So-

68 BGH vom 19.3.1992 – IX ZR 166/91, BGHZ 117, 374, 378f.

mit ist auch für Raumsicherungsübereignungen eine qualifizierte Freigabeklausel in den Formularvertrag aufzunehmen[69].

Anders als bei der Globalzession hat sich der BGH jedoch nicht mit einer objektiven Deckungsgrenze und einer ausdrücklichen Freigabepflicht begnügt. Da der Freigabeanspruch an den maßgeblichen realisierbaren Wert des Sicherungsgutes geknüpft ist, fordert er zusätzlich eine feste Bezugsgröße für die Wertberechnung, die es ermöglicht, unschwer festzustellen, ob die Deckungsgrenze überschritten ist[70]. Eine solche Bezugsgröße könnte zum Beispiel der Einkaufspreis sein.

Die bloße Bestimmung einer festen Bezugsgröße für die Wertermittlung kann den Interessen des Sicherungsgebers jedoch nach Auffassung *Uhlenbrucks* noch nicht genügen. Vielmehr sei bei Waren, deren Wert unter den Einkaufswert fallen können, zum Beispiel verderbliche Waren, ein zusätzlicher Abschlag zu machen[71].

Nun unterliegt der Wert der einzelnen Sicherungsgüter jedoch branchenspezifischen Schwankungen und Marktmechanismen, so daß in der Praxis auch nicht ein für alle Fälle geltender prozenzualer Abschlag für die Wertermittlung vorgenommen werden kann[72]. Demzufolge wird man es für die Formulargestaltung genügen lassen müssen, wenn auf die Beleihungsgrenze der Institutsgruppe Bezug genommen wird[73]. Sind die Bewertungsgrundsätze damit schriftlich fixiert, so besteht eine bessere Aussicht auf eine Verständigung der Parteien über die Werthaltigkeit des Sicherungsgegenstandes[74]. Hier kann der Sicherungsgeber selbst den Abschlag auf den vereinbarten Ausgangswert berechnen und so die Erfolgsaussichten seines Rückgabeverlangens besser einschätzen. Verlangt man hingegen stets einen festen vertraglich fixierten Abschlag auf den Bezugswert, so würde dies bedeuten, auf den Nominalwert abzustellen und das Verwertungsrisiko pauschal im voraus durch entsprechenden Abschlag zu berücksichtigen. Der erst im

69 Ebenda; OLG Braunschweig vom 17.12.1990, WM 1991, 802; LG Kreuznach vom 9.10.1991, WM 1992, 52.

70 BGHZ 117, 374, 379 (Fn. 68).

71 *Uhlenbruck*, EWiR § 41 KO 1992, 687, 688.

72 *A. Weber*, WuB I F 5.-7.92.

73 *Lauer*, ZBB 1992, 310, 312f.

74 OLG Stuttgart vom 15.12.1993, WM 1994, 626, 633.

Einzelfall sich ergebende und anfänglich noch nicht vorhersehbare realisierbare Wert des Sicherungsgutes, der ja letztlich die Effektivität einer Kreditsicherung ausmacht, wäre dann allerdings als Grundlage der Freigaberegelung verdrängt[75].

b) Sicherungsübereignung einzelner Gegenstände oder feststehender Sachgesamtheiten

Ebenso wie die Singularzession beschränkt sich die Sicherungsübereignung einer einzelnen Sache auf einen im Zeitpunkt des Vertragsschlusses bereits bestehenden Vermögensgegenstand. Ein automatisches Anwachsen der Sicherheiten durch die Erstreckung auf künftige Vermögenspositionen besteht hier nicht. Zu einer Übersicherung kommt es vielmehr durch fortschreitende Kredittilgung. Eine besonders benachteiligende Wirkung infolge erhöhter Unübersichtlichkeit der Sicherheitenentwicklung ist in diesem Fall nicht gegeben, so daß auch keine Notwendigkeit für eine qualifizierte Freigabeklausel besteht. Vielmehr werden die Interessen des Sicherungsgebers hinreichend durch eine einfache Freigabeklausel, bzw. den sich aus der Sicherungsabrede ergebenden Freigabeanspruch gewahrt[76].

Unerheblich ist dabei, ob der Sicherungsgeber eine einzelne Sache übereignet oder eine feststehende Sachgesamtheit[77]. Dadurch, daß sich die Sicherungsübereignung zum Beispiel auf sechs Kraftfahrzeuge erstreckt, weil der Wert eines Kraftfahrzeugs zur Sicherung des Kredits nicht ausreicht[78], wird die Sicherungssituation für den Sicherungsgeber nicht unüberschaubar und unkontrollierbar. Auch in diesem Fall erweist sich eine qualifizierte Freigabeklausel als nicht erforderlich[79].

---

75 Ebenda, 634.

76 BGH WM 1994, 414 (Fn. 2); BGH WM 1994, 419 (Fn. 2); LG Bielefeld vom 14.1.1993, WM 1993, 988; OLG Düsseldorf vom 25.3.1993, WM 1993, 784; *Ganter*, ZIP 1994, 257; *Wenzel*, WiB 1994, 240, 241; *Neuhof*, NJW 1994, 841.

77 BGH WM 1994, 414, 416 (Fn. 2); OLG Hamm vom 30.8.1993, ZIP 1993, 1565; *Johlke*, EWiR § 9 AGBG 1993, 839, 840.

78 So im Fall des OLG Hamm vom 30.8.1993, ZIP 1993, 1565.

79 A.A. *Göbel*, aaO (Fn. 8), S. 193.

c) Problem der Ersetzungsklauseln

Im Rahmen sogenannter Ersetzungsklauseln einigen sich die Parteien, daß auch solche Sachen an den Sicherungsnehmer übereignet werden, die erst während der Vertragsabwicklung als Ersatz für ausgewechselte Gegenstände angeschafft werden. Trotz der Erstreckung auf künftige Vermögensgegenstände verzichtet der BGH jedoch bei der Sicherungsübereignung einer feststehenden Sachgesamtheit mit Ersetzungsklausel auf eine qualifizierte Freigabepflicht. § 9 Abs. 1 AGB-Gesetz werde nicht verletzt, weil es im freien Belieben des Sicherungsgebers stehe, ob, wann und in welchem Umfang er die sicherungsübereigneten Gegenstände durch andere ersetze[80]. Bei Ersatzanschaffung wisse er, welches Stück er ersetzt, und habe auf diese Weise zu jedem Zeitpunkt der Vertragsabwicklung einen vollständigen Überblick[81].

Zwar ist dem BGH zuzugeben, daß die Sicherheitenentwicklung bei der Übereignung eines Warenlagers mit wechselndem Bestand weniger überschaubar ist, als bei einer Ersetzungsklausel, doch besteht auch dort die Möglichkeit eines unvorhergesehenen Anwachsens der Sicherheit, wenn die Ersatzsache von vornherein erheblich werthaltiger ist, als es die ausgewechselte Sache je gewesen ist. Diesem Fall aber hat der BGH kaum Beachtung geschenkt, sondern er sieht in der Ersetzungsklausel in erster Linie den Effekt, den Sicherungswert konstant zu halten und einen alterungs- oder verschleißbedingten Wertverlust auszugleichen[82]. Bei diesem Verständnis kann es dann tatsächlich nur noch zu einer übersichtlichen und steuerbaren Übersicherung durch fortschreitende Kredittilgung kommen. Bedenkt man aber, daß Ersatzanschaffungen regelmäßig nicht im freien Belieben eines besonders generösen Sicherungsgebers stehen, sondern sich als betriebswirtschaftliche Notwendigkeiten erweisen, so erscheint die Ungleichbehandlung zur Übereignung eines Maschinenparks mit wechselndem Bestand nicht gerechtfertigt.

Das bestätigt auch ein Blick auf den verlängerten Eigentumsvorbehalt. Dort wird allgemein eine qualifizierte Freigabeklausel für notwendig er-

80 BGH WM 1994, 414, 417 (Fn. 2).

81 Ebenda, 421.

82 Ebenda, 421.

achtet[83], wie im folgenden noch darzulegen ist. Auch dort steht es aber im freien Belieben des Sicherungsgebers und Vorbehaltskäufers, ob, wie und in welchem Umfang er die Vorbehaltsware veräußert. Ebenso wie bei der Ersetzungsklausel erhält der durch Vorbehaltsverlängerung gesicherte Vorbehaltskäufer Ersatz für eine ihm erlaubtermaßen entzogene Sicherheit. Im einen Fall ist es das Eigentum an der Ersatzsache, beim verlängerten Eigentumsvorbehalt ist es die vorausabgetretene Weiterverkaufsforderung gegen den Zweiterwerber. Auch im letzteren Fall steht es natürlich im freien Belieben des Sicherungsgebers und Vorbehaltskäufers, ob, wann und in welchem Umfang er die Vorbehaltsware verkauft und dem Sicherungsnehmer damit automatisch ein Sicherheitensurrogat verschafft. Auch dort weiß er, für welche Sicherheit er Ersatz geschaffen hat.

3. Freigabe beim Eigentumsvorbehalt

Fraglich ist, inwieweit beim formularmäßigen Eigentumsvorbehalt eine Freigabeklausel notwendig und geeignet ist, einer unangemessenen Übersicherung vorzubeugen.

a) Einfacher Eigentumsvorbehalt

Beim einfachen Eigentumsvorbehalt erfolgt nach § 455 BGB die Übereignung im Zweifel unter der aufschiebenden Bedingung vollständiger Kaufpreistilgung. Erst dann soll das Eigentum auf den Vorbehaltskäufer übergehen. Wenn also der Vorbehaltsverkäufer übersichert ist, indem er vollständiges Eigentum behält, obwohl nur noch eine kleine Restrate aussteht, so entspricht dies der Intention des Gesetzgebers und verstößt nicht gegen § 9 Abs. 1 AGB-Gesetz. Beim einfachen Eigentumsvorbehalt ist somit eine Freigabeklausel nicht erforderlich.

83 BGH vom 20.3.1985 - VIII ZR 342/83, BGHZ 94, 105; BGHZ 98, 303, 310f (Fn. 6); BGH vom 2.12.1992 - VIII ZR 241/91, BGHZ 120, 300.

b) Erweiterter Eigentumsvorbehalt

Beim erweiterten Eigentumsvorbehalt, bei dem neben dem Kaufpreis auch alle gegenwärtigen und künftigen Forderungen des Lieferanten aus der Geschäftsverbindung gesichert werden sollen, steht der als Sicherheit dienenden Vorbehaltsware in der Regel eine Mehrzahl von Forderungen gegenüber, so daß die Vorbehaltserweiterung ebenso wie die Singularübereignung mit weiter Zweckabrede normalerweise nicht übersicherungsanfällig ist. Zu einer Übersicherung kann es aber dann kommen, wenn der Kaufpreis vollständig getilgt ist und der Eigentumsübergang nur deshalb nicht erfolgt, weil noch eine geringe Nebenforderung aussteht.

In seinen Urteilen vom 20. März 1985[84] und 8. Oktober 1986[85] hat sich der BGH zur Kombination aus erweitertem und verlängertem Eigentumsvorbehalt geäußert. Für die Frage der bloßen Vorbehaltserweiterung geben die Urteile dagegen nichts her. Hiermit hat sich jüngst der BGH in seiner Entscheidung vom 9. Februar 1994 beschäftigt[86]. Dem Fall lag eine zweifache Vorbehaltserweiterung zugrunde. Zum einen sollte der Eigentumsvorbehalt der Sicherung sämtlicher Ansprüche aus der Geschäftsbeziehung dienen (Kontokorrentvorbehalt), zum anderen auch Ansprüche einer konzernangehörigen Bank sichern (beschränkter Konzernvorbehalt). Ohne auf die umstrittene Frage der Zulässigkeit eines in AGB vereinbarten Konzernvorbehalts näher einzugehen, verweigerte der BGH der Vorbehaltserweiterung auf alle Forderungen aus der Geschäftsbeziehung wegen Fehlens einer qualifizierten Freigabeklausel die Wirksamkeit. Für die Vorbehaltserweiterung könne nichts anderes gelten als bei der Sicherungsübereignung eines Warenlagers mit wechselndem Bestand. Auch hier könne es zu einer unverhältnismäßigen Übersicherung kommen, vor der der Vorbehaltskäufer durch geeignete Freigabeklauseln geschützt werden müsse[87].

---

84 BGH vom 20.3.1985 – VIII ZR 342/83, BGHZ 94, 105.

85 BGHZ 98, 303 (Fn. 6).

86 BGH WM 1994, 585 (Fn. 2).

87 Ebenda, 587.

Dem BGH ist zwar insofern zuzustimmen, daß es bei laufender Geschäftsbeziehung zu einem Anwachsen der Sicherheiten kommen kann, wenn der Vorbehaltskäufer zu keinem Zeitpunkt die Geschäftsverbindlichkeiten vollständig tilgt, er aber immer neue Lieferungen erhält. Jedoch ist beim erweiterten Eigentumsvorbehalt die Übersicherung nicht im einzelnen Vertrag angelegt, sondern ergibt sich erst aus dem Abschluß immer neuer Verträge. Der wesentliche Unterschied zu den Globalsicherheiten liegt darin, daß das Anwachsen der Sicherheiten hier nur aus dem Verhältnis des Sicherungsgebers zum Sicherungsnehmer folgt, während der Sicherungsnehmer einer Globalsicherheit losgelöst von der aktuellen Geschäftsentwicklung zum Sicherungsgeber von dessen Geschäftsbeziehungen zu Dritten profitiert. Dieser Sicherungsautomatismus macht die Sicherungssituation unübersichtlich und begründet gerade die besonders beachteiligende Wirkung, die es durch eine qualifizierte Freigabeklausel zu kompensieren gilt. Das ist beim erweiterten Eigentumsvorbehalt dagegen anders. Er ist vielmehr genauso zu behandeln, wie die Singularsicherungsübereignung mit erweiterter Zweckabrede. Da beim erweiterten Eigentumsvorbehalt der Sicherungsgeber darüber hinaus sogar noch dinglich durch ein Anwartschaftsrecht gesichert ist, so besteht noch weniger als bei der Singularübereignung ein Bedürfnis, ihn zusätzlich durch eine qualifizierte Freigabeklausel zu schützen. Beim erweiterten Eigentumsvorbehalt genügt deshalb eine einfache Freigabeklausel, bzw. der sich aus der Sicherungsabrede ergebende Freigabeanspruch.

c) Verlängerter Eigentumsvorbehalt

Schwieriger ist die Situation beim verlängerten Eigentumsvorbehalt zu beurteilen.

aa) Vorausabtretung der Forderung aus Weiterveräußerung

Bei der Vorausabtretung der Forderung aus der Weiterveräußerung kommt es zu einer Übersicherung des Vorbehaltsverkäufers in Höhe der Handelsspanne, wenn er sich die Forderung aus der Weiterveräußerung in vollem Umfang hat abtreten lassen. Dennoch wird eine unbeschränkte Vorausabtretung der Weiterverkaufsforderung allgemein für zulässig erachtet, sofern der Übersicherung anderweitig vorgebeugt wird[88]. Das Mittel hierfür sind wiederum schuldrechtliche Freigabeklauseln.

Meines Erachtens ist hier eine *qualifizierte* Freigabeklausel notwendig. Durch Vorausabtretung der Weiterverkaufsforderung kann es zu einem Anwachsen der Sicherheit kommen. Dieser automatische Sicherheitenzuwachs geschieht unkontrolliert, da die einzige Möglichkeit des Sicherungsgebers zur Verhinderung des Zuwachses darin liegt, auf Weiterveräußerung zu verzichten oder nur zum Einkaufspreis weiterzuverkaufen. Eine ernsthafte Einflußmöglichkeit wird man darin wohl kaum sehen können. Dieser Automatismus des Sicherheitenzuwachses ist den Globalsicherheiten vergleichbar, weil auch hier künftige Vermögensgegenstände übertragen werden, deren Werthaltigkeit noch nicht abzuschätzen ist. Auch hier wird die Sicherheitenentwicklung schwerer überschaubar. Zur Kompensation dieser benachteiligenden Wirkung ist deshalb für den verlängerten Eigentumsvorbehalt in Form der Vorausabtretung von Weiterverkaufsforderungen eine qualifizierte Freigabeklausel erforderlich.

bb) Verarbeitungsklauseln

Der Vorbehaltsverkäufer kann sein vorbehaltenes Eigentum aber auch dadurch verlieren, daß der Vorbehaltskäufer die Ware verarbeitet und gemäß § 950 Abs. 1 BGB Eigentümer an der neu hergestellten Sache wird. Aus diesem Grund vereinbaren die Parteien häufig eine Verarbeitungsklausel, wonach die Verarbeitung für den Vorbehaltsverkäufer erfolgt, so daß dieser als Hersteller originäres Eigentum nach § 950 Abs. 1 BGB erwirbt[89]. Kritiker dieser Konstruktion verneinen einen originären Eigentumserwerb und sehen stattdessen im verlängerten Eigentumsvorbehalt die Vereinbarung eines antizipierten Besitzkonstituts, so daß der Vorbehaltskäufer zwar gemäß § 950 Abs. 1 BGB Eigentum erwirbt, dieses jedoch gemäß §§ 929 Abs. 1, 930 BGB unmittelbar auf den Vorbe-

88 BGHZ 94, 105, 113 (Fn. 84); *Bülow*, Das Recht der Kreditsicherheiten, 3. Aufl., 1993, Rdn. 1031; *H. P. Westermann*, in: Münchener Komm. z. BGB, 2. Aufl., 1988, § 455 Rdn. 656, 658.

89 BGH vom 3.3.1956 – IV ZR 334/55, BGHZ 20, 159, 163f; *Scholz/Lwowski*, Das Recht der Kreditsicherung, 7. Aufl., 1994, Rdn. 847f; *Serick*, Eigentumsvorbehalt und Sicherungsübertragung, Band. IV § 45 I 1.

haltsverkäufer übergeht[90]. Für die hier entscheidende Frage einer Übersicherung wirkt sich der Meinungsstreit allerdings nicht aus.

Bei den Verarbeitungsklauseln kommt es zu einer Übersicherung, wenn die neue Sache unverhältnismäßig wertvoller ist, als die ursprüngliche Vorbehaltsware. Fraglich ist, ob hier Freigabeklauseln geeignet sind, eine solche Übersicherung zu verhindern, oder ob der Vertrag von vornherein auf Übersicherung angelegt ist, die Unwirksamkeit also auch durch eine Freigabeklausel nicht verhindert werden kann.

Zu einem Eigentumsübergang kommt es erst bei einem Verhältnis des Verarbeitungswertes zum Stoffwert von 60 : 100[91]. Der Wert der neuen Sache beträgt somit mindestens 160% des Wertes der Vorbehaltsware, so daß der Vorbehaltsverkäufer durch die Verarbeitungsklausel um mindestens 60% übersichert wird. Da die Verarbeitungsklausel aber erst dann zum Tragen kommt, ist sie von vornherein auf eine *zwangsläufige* Übersicherung angelegt. Im Fall einer unbeschränkten Verarbeitungsklausel ist eine Freigabeklausel somit nicht geeignet, den Vorwurf einer unangemessenen Benachteiligung des Vorbehaltskäufers wieder zu entkräften[92]. Erforderlich ist vielmehr eine Beschränkung auf den angemessenen Bruchteil am Gesamteigentum. Ist dies der Fall, dann ist aber eine qualifizierte Freigabeklausel auch nicht mehr erforderlich.

Bei der Kombination aus erweitertem und verlängertem Eigentumsvorbehalt begründet die Verarbeitungsklausel dagegen nicht automatisch eine unangemessene Übersicherung. In diesem Fall dient der Eigentumsvorbehalt auch der Sicherung anderer Forderungen, so daß nicht von vornherein feststeht, daß der Vorbehaltsverkäufer trotz Anwachsens der Sicherheit um über 60% übersichert ist. Damit kann durch eine zusätzliche Freigabeklausel die Unwirksamkeit des Eigentumsvorbehalts mit Verarbeitungsklausel vermieden werden. Ebenso wie bei den Globalsicherheiten bezieht sich die Sicherheitenbestellung bei der Verarbeitungs-

---

90 *Erman/Hefermehl*, § 950 Rdn. 7; *Jauernig*, Komm. z. BGB, 7. Aufl. 1994, § 950 Anm. 3; *Staudinger/Wiegand*, Komm. z. BGB, 12. Aufl. 1989, § 950 Rdn. 18ff.

91 BGH vom 12.1.1972 – VIII ZR 147/70, WM 1972, 188, 189; Palandt/*Bassenge*, Komm. z. BGB, 53. Aufl., 1994, § 950 Rdn. 7; *Bülow*, aaO (Fn. 88) Rdn. 1027; *Pikart*, in: RGRK, 12. Aufl., 1979, § 950 Rdn. 44.

92 *Jan Wolters*, Die Freigabeklausel im vorformulierten Kreditsicherungsvertrag, Diss. iur. Göttingen 1995, S. 175f.

klausel erst auf eine künftig zu erwerbende Vermögensposition, deren Wert sich angesichts aller Eventualitäten der Verarbeitung und den schwankenden Marktverhältnissen für die neu hergestellte Sache nicht von vornherein überschauen läßt. Es bedarf also für den Fall eines erweiterten und verlängerten Eigentumsvorbehalts einer *qualifizierten* Freigabeklausel[93].

cc) Vorauszession der Werklohnforderung bei Einbaufällen

Zur Kompensation des Verlustes des vorbehaltenen Eigentums infolge Einbaus der Vorbehaltsware bei Vertragspartnern des Vorbehaltskäufers (§§ 946, 947 Abs. 2 BGB) läßt sich der Vorbehaltsverkäufer die Werklohnforderung des Vorbehaltskäufers gegen den Besteller antizipiert abtreten. Dabei kann es zu einer Übersicherung des Vorbehaltsverkäufers kommen, wenn die Werklohnforderung erheblich höherwertiger ist, als die Vorbehaltsware. Dies ist jedoch nicht zwingend. Gerade beim Einbau einer besonders hochwertigen Vorbehaltsware fallen die Einbaukosten kaum ins Gewicht. Die Vorausabtretung von Werklohnforderungen ist somit nicht von vornherein auf eine zwangsläufige Übersicherung angelegt; Freigabeklauseln sind mithin geeignet, einer unangemessenen Benachteiligung des Vorbehaltskäufers entgegenzuwirken. Wegen der Gefahr eines unkontrollierbaren und erheblichen Sicherheitenzuwachses und der damit einhergehenden geringen Überschaubarkeit der Sicherungsbeziehung für den Vorbehaltskäufer ist allerdings eine qualifizierte Freigabeklausel erforderlich.

Wird dagegen die Vorauszession der Werklohnforderung auf einen der Rechnung des Vorbehaltskaufs entsprechenden Teil beschränkt, um auch anderen Lieferanten eine Sicherungsgrundlage zu belassen, so kann es allenfalls noch durch eine fortschreitende Kaufpreistilgung zu einer Übersicherung kommen. Da hier aber keine besonders benachteiligenden Unübersichtlichkeit der Sicherungsbeziehung gegeben ist, ist auch keine qualifizierte Freigabeklausel erforderlich. Vielmehr genügt die einfache Freigabepflicht, die sich bereits aus der Sicherungsabrede herleiten läßt.

---

93 BGH vom 20.3.1985 – VIII ZR 342/83, BGHZ 94, 105, 113ff (Fn. 84); BGHZ 98, 303, 310f (Fn. 6); BGH vom 2.12.1992 – VIII ZR 241/91, BGHZ 120, 300, 302 (Fn. 83).

IV. Höhe der zulässigen Übersicherungsmarge

Wenn es sich auch wegen branchenspezifischer Besonderheiten des Einzelfalls als schwierig erweist, eine für alle Fälle zutreffende Deckungsgrenze festzulegen, so ist es dennoch gerade vor dem Hintergrund der generalisierenden Betrachtungsweise bei § 9 AGB-Gesetz und aus Gründen der Rechtssicherheit erforderlich, eine feste Orientierungsgröße zu bestimmen, bei deren Einhaltung die Parteien gewiß sein können, eine wirksame Sicherheit bestellt zu haben[94]. Bei der Frage, inwieweit der Wert der Sicherheit die gesicherte Forderung übersteigen darf, ist maßgeblich auf den realisierbaren Wert der Sicherheit abzustellen, der bei einer späteren Verwertung als Erlös zu erzielen ist[95]. Hierbei hat sich mittlerweile in Rechtsprechung und überwiegendem Schrifttum die Auffassung durchgesetzt, daß eine Marge von bis zu 20% Übersicherung noch hingenommen werden kann[96]. Auch die in Nr. 22 Abs. 2 AGB-Sparkassen n.F. enthaltene Freigabeklausel stellt auf eine Übersicherungsmarge von maximal 20% bezogen auf den realisierbaren Wert ab. Diese Größenordnung erscheint angemessen.

Wird bei einer Sicherungszession hingegen der Nennwert der Forderung zugunde gelegt, wie es nach der Rechtsprechung des BGH im Zweifel anzunehmen ist[97], so wird dieser regelmäßig deutlich über dem im Verwertungsfall tatsächlich zu erzielenden Erlös liegen. Von daher wird man hier eine Übersicherungsmarge von bis zu 50% akzeptieren können[98].

Diese Beurteilung der Übersicherungsmarge entspricht der Rechtsprechung und der wohl herrschenden Auffassung in der Literatur. Wir kommen damit aber zu einem der Kernpunkte unserer gesamten Pro-

94 *Göbel*, aaO (Fn. 8), S. 126.

95 BGHZ 98, 303, 317 (Fn. 6); *Wolf*, FS Baur, 1981, S. 147, 165.

96 BGHZ 94, 105, 114f (Fn. 84); BGH vom 2.12.1992 – VIII ZR 241/91, BGHZ 120, 300, 303f (Fn. 83); *Brandner*, aaO (Fn. 7), Anh. §§ 9–11 Rdn. 658; *Bülow*, ZBB 1990, 29, 31; *Lauer*, ZBB 1992, 310, 312; *v. Westphalen*, WuB I F 6. – 1.93.

97 WM 1994, 104 (Fn. 39).

98 BGHZ 98, 303, 317f (Fn. 6); *Lauer*, ZBB 1992, 310, 312; *Bülow*, ZBB 1990, 29, 31.

blematik: Die Festlegung von Deckungsgrenzen und von Übersicherungsmargen setzt voraus, daß auch eine einwandfreie Bewertung der Sicherheiten möglich ist. Gelingt dies nicht, dann ist alles übrige auf Sand gebaut. Ob wir hier überhaupt ein tragfähiges Fundament haben, damit wird sich nachher Herrn Bruchner befassen.

Recht und Praxis der Sicherheitenbewertung und -freigabe

Dr. Helmut Bruchner,
Chefsyndikus der Bayerischen Hypotheken- und Wechsel-Bank AG,
München

Inhaltsübersicht

I. Auswirkungen der Rechtsprechung zur Sicherheitenfreigabe auf die Kreditpraxis

Die mit Kreditsicherheitenrecht befaßten Senate des BGH[1] haben seit 1989 die rechtlichen Anforderungen an die Wirksamkeit von formularmäßig vereinbarten Kreditsicherheiten durch mehrere Entscheidungen nacheinander Schritt für Schritt verschärft[2]. Zunächst wurde die betragsmäßig unbegrenzte Lohnzession[3] gekippt; mit Entscheidung vom 29. November 1989 verlangte der VIII. Senat bei Globalzessionen die Einführung einer zahlenmäßig bestimmten Deckungsgrenze sowie für den Fall der überschießenden Deckung die Formulierung einer entsprechenden qualifizierten Freigaberegelung[4]. Der VIII. Senat des BGH verschärfte sodann mit der Entscheidung vom 19. Juni 1991[5] die Anforderungen bei Globalzessionen erneut, indem er eine Festdeckungsgrenze nicht mehr genügen ließ, sondern nunmehr eine flexible Deckungsgrenze verlangte, die in einem objektiv bestimmbaren Verhältnis zur Höhe der zu sichernden Forderung steht. Die Deckungsgrenze sollte sich also bei einer Ermäßigung der zu sichernden Forderung automatisch anpassen. Nach Ansicht des VIII. Senates werde nur durch eine flexible Deckungsgrenze in Verbindung mit einer Verpflichtung des Sicherungsnehmers zur Freigabe eine Übersicherung von vornherein ausgeschlossen. Durch das Verlangen nach einer derartigen „qualifizierten" Freigaberegelung wurde allen Freigabeklauseln der Boden entzogen, die allein auf das billige Ermessen der Bank abstellten[6]. Mit Urteil vom 19. März 1992 hat der IX. Senat[7] die für Globalzessionen entwickelten Grundsätze zur Deckungsgrenze und Freigabeverpflichtung auch auf die formu-

1 Die neueren Entscheidungen wurden vornehmlich vom VIII., aber auch vom VII. und IX. sowie – in Lohnabtretungsfällen – vom III. und XI. Zivilsenat erlassen.

2 Vgl. die Darstellung hierzu bei *Neuhof* NJW 1993, 2840; *Merkel*, WuB I F 6. – 1.93; *Rellermeyer*, WM 1994, 1009ff u. 1053ff; *Weber*, WM 1994, 1549ff.

3 BGH WM 1989, 1086 = WuB I F 4. – 4.89 *(Bruchner)*.

4 BGH WM 1990, 51 = WuB I F 4. – 3.90 *(Bunte)*.

5 WM 1994, 1499.

6 Zutreffend *Merkel*, WuB I F 5. – 2.93.

7 NJW 1992, 1626 = WM 1992, 813 = WuB I F 5. – 7.92 *(A. Weber)*.

larmäßige Übereignung von Warenlager mit wechselndem Bestand übertragen und verlangt, daß neben der zahlenmäßig bestimmten Deckungsgrenze zusätzlich die „Angabe einer Bezugsgröße“ für die Ermittlung des Wertes des Sicherungsgutes erforderlich sei, damit der Sicherungsgeber unschwer feststellen könne, ob die Deckungsgrenze überschritten sei.

Die Auswirkungen dieser Rechtsprechung sind für die Kreditinstitute gravierend. Die rechtsprechungsbedingte Unwirksamkeit von früher vereinbarten Sicherungsverträgen wegen Verstoßes gegen § 9 AGB-Gesetz werden vornehmlich von Konkursverwaltern geltend gemacht[8]. Dies zeigt auch die große Mehrzahl der zu dieser Thematik veröffentlichten Urteile. Einige Konkursgerichte fordern Konkursverwalter auf, sogar bereits abgewickelte Banksicherheiten auf Unwirksamkeit wegen der neuen BGH-Rechtsprechung nachträglich zu untersuchen[9]. Neben dem wirtschaftlichen Risiko der Kreditrückzahlung sieht sich die Kreditwirtschaft nunmehr einem erheblichen zusätzlichen Rechtsprechungsrisiko wegen faktischer Rückwirkung infolge sich verschärfender Rechtsprechung ausgesetzt.

Die Verschärfung der Rechtsprechung gab darüber hinaus Anlaß zu der Befürchtung, der BGH werde möglicherweise die für die Globalsicherungsübereignung entwickelte Anforderung, wonach im Formularsicherungsvertrag auch eine feste Bezugsgröße für die Wertberechnung zu bestimmen sei, die es ermögliche, unschwer festzustellen, ob die Deckungsgrenze überschritten ist, auch auf Singularsicherheiten übertragen. Daß diese Befürchtung nicht aus der Luft gegriffen war, zeigt beispielsweise die Entscheidung des OLG Karlsruhe, die durch das Grundsatzurteil des IX. Senates vom 13. Januar 1994[10] aufgehoben wurde. Das vorinstanzliche OLG Karlsruhe hatte nämlich unter Hinweis auf die höchstsrichterliche Rechtsprechung zum übereigneten Warenlager mit wechselndem Bestand auch bei Singularsicherheiten wie etwa übereigneten einzelnen Gegenständen die Angabe einer objektiven Orientierungsgröße für die Wertermittlung verlangt[11].

---

8 Vgl. zutreffend *Westphalen*, WuB I F 6. – 1.93, S.327; so auch *Ganter*, ZIP 1994, 264.

9 Vgl. hierzu *Merkel*, WuB I F. – 2.93.

10 WM 1994, 414, 415.

11 Vgl. WM 1994, 414, 415.

Die mehrfache Verschärfung der Rechtsprechung zum Kreditsicherungsrecht seit 1989 und die damit jeweils verbundene Unwirksamkeit von Sicherheitenverträgen hat erhebliche Rechtsunsicherheit ausgelöst. In der Kreditpraxis mußten tausende von Sicherungsverträgen ausgetauscht werden. Die neue Rechtsprechung stößt in der Literatur und Kreditpraxis auf sehr nachhaltige Kritik[12]. Schon am Bankrechtstag 1993 in München wurde mit Nachdruck darauf hingewiesen, daß die Vorgaben der Rechtsprechung zur Bewertung von Sicherheiten in der Praxis nicht umsetzbar sind[13]. Es ist daher zu begrüßen, daß sich der IX. Senat in seinen beiden Entscheidungen vom 13. Janurar 1994[14] nun unter Rückbesinnung auf die einschlägige Rechtsprechung des BGH aus den 60er-Jahren[15] zumindest bei Singularsicherheiten im Falle der Übersicherung mit dem gesetzlichen Freigabeanspruch nach § 242 BGB begnügt. Demgegenüber hält der IX. Senat jedoch bei Globalsicherheiten – derzeit noch – am Erfordernis einer qualifizierten Freigabeklausel fest. In diesem Zusammenhang ist von Interesse, daß nunmehr der XI. Senat des BGH in seiner Entscheidung vom 10. Mai 1994[16] in einem „obiter dictum" die Rechtsprechung des VII., VIII. und IX. Senates zur Sicherheitenfreigabe als „problematisch" bezeichnet hat; der Senat greift dabei u.a. die Kritik auf, wonach Fragen der Bewertung von Sicherheiten insbesondere im Rahmen eines häufig vorkommenden Sicherheitenverbundes nicht oder allenfalls nur schwer lösbar seien.

Die rechtstatsächlichen Schwierigkeiten der Sicherheitenbewertung fanden jedoch in der Rechtsprechung bislang nicht die notwendige Beachtung, sondern wurden eher vernachlässigt. Dies ist erstaunlich, da die Beantwortung der Vorfragen nach den Möglichkeiten einer Sicherheitenbewertung sowohl bei Singularsicherheiten und erst recht bei Globalsi-

---

12 Vgl. *Weber*, JZ 1990, 493; *ders.*, WM 1990, 1549; *Wolf* EWiR 1990, 215; *Brandner*, in: Ulmer/Brandner/Hensen, Komm. z. AGB-Gesetz, 7. Aufl., Anh. §§ 9 – 11, Rdn. 658; *Neuhof*, NJW 1993, 2840; *ders.*, NJW 1994, S. 1763; *Merkel*, WuB I F 6. – 1.93; *Rellermeyer*, WM 1994, 1009 u. 1053; *Nobbe*, WuB I F 4. – 5.94; *Bruchner*, WuB I F 3. – 2.94.

13 Vgl. *Martini*, in: Hadding/Hopt/Schimanski (Hrsg.), Deutsches und europäisches Bank- und Börsenrecht, Schriftenreihe der BrV, Bd. 5, 1994, S IX.

14 WM 1994, 414 und 419.

15 BGH WM 1960, 855 = NJW 1960, 1712, 1714; WM 1965, 84, 85

16 NJW 1994, 1798 = WM 1994, 1283 = WuB I F 4. – 5.94.

cherheiten gerade die entscheidende Voraussetzung ist, um eine etwaige Übersicherung überhaupt erst festzustellen. Es erscheint daher geboten, sich zunächst mit den Fragen und Problemen der Sicherheitenbewertung zu befassen und sich die verschiedenen Wertbegriffe zu vergegenwärtigen.

II. Aspekte der Sicherheitenbewertung

1. Funktion einer Kreditsicherheit

Wie schon der von „credere" abgeleitete Begriff Kredit besagt, ist die Kreditgewährung in erster Linie Vertrauenssache. Die Bank gewährt einen Kredit primär im Hinblick auf die Bonität ihres Kunden und im Vertrauen darauf, daß dieser Willens und tatsächlich in der Lage ist, seinen vertraglichen Zins- und Rückzahlungspflichten nachzukommen. Die Bank wird den Kredit nur ausreichen, wenn das Vertrauen in die Person des Kreditnehmers die Kreditvergabe rechtfertigt. Die Hereinnahme von Sicherheiten ist daher gewissermaßen nur eine Vorsorgemaßnahme für den „worst case"; dies unterscheidet eine Bank vom Pfandleiher. Vor dem Hintergrund des Vertrauensverhältnisses zwischen Kreditgeber und Kreditnehmer sind sehr unterschiedliche Fallkonstellationen möglich. Je größer das Vertrauen in die Bonität des Kunden, um so eher ist eine Bank bereit, auf eine Besicherung des Kredits sogar ganz oder teilweise zu verzichten. Ungeachtet dessen ist bei Realkrediten jedoch gerade die erstrangige werthaltige Grundschuldsicherheit unabhängig von der Bonität des Kreditnehmers – infolge der besonderen. Refinanzierungsmöglichkeiten bei Realkrediten Voraussetzung für einen besonders günstigen Kreditzins. Gerade bei Real- sowie sonstigen Tilgungskrediten ergibt sich durch den typischen Vertragsablauf insbesondere durch vereinbarte Rückzahlung gewissermaßen vertragstypisch eine Übersicherung. Dieser haftet keinesfalls etwas Anstößiges an, da der Sicherungsgeber im Bedarfsfalle jederzeit Freigabe verlangen kann. Sehr häufig lassen Kreditnehmer die „Übersicherung" insbesondere bei Grundschulden sogar absichtlich stehen, um diese nach Belieben zu einem späteren Zeitpunkt erneut zu valutieren.

Natürlich gibt es mehr oder weniger werthaltige Sicherheiten. Dabei versprechen in der Regel vor allem werthaltige Grundschulden eine nachhaltige und dauerhafte Risikoabdeckung. Demgegenüber stellen Zessionen, insbesondere Globalzessionen und ein übereignetes Warenlager mit wechselndem Sicherungsbestand sog. labile Sicherheiten dar, da der erzielbare Erlös im ungewissen Ernstfall im voraus nicht prognostizierbar ist. Darüber hinaus kommt den verschiedenartigen Kreditsicherheiten je nach Art des zu besichernden Kredites ein unterschiedlicher Stellenwert zu. So ist zum Beispiel der Realkredit regelmäßig auf einen langen Zeitraum angelegt; beim Bodenkredit wird mit Hilfe der werthaltigen Grundschuld gewissermaßen der Bodenwert mobilisiert. Die Realkreditsicherheit soll daher langfristig, dauerhaft und nachhaltig als Sicherheit dienen. Daneben gibt es kurz- und mittelfristige Darlehen, die regelmäßig ebenfalls durch Grundschulden, verpfändete Wertpapierdepots, sonstige Singularsicherheiten, wie die Übertragung von Rechten, die Übereignung von Maschinen und sonstigen wertvollen Gegenständen, Bürgschaft, Patronatserklärung, verpfändeten Gesellschaftsanteilen, AGB-Pfandrecht, etc. gesichert werden können, um nur die wichtigsten Arten von Sicherheiten zu nennen. Die Fragestellungen, die sich aus der Sicht der sicherungsbedürftigen Bank ergeben, sind bei allen Kreditarten im Grunde identisch. Die Anforderungen an eine Kreditsicherheit richten sich im einzelnen nach der jeweiligen Kreditart, der Dauer des Sicherungszwecks, also meist der Laufzeit eines Kredites sowie der Beschaffenheit, insbesondere der dauerhaften Werthaltigkeit der jeweiligen Sicherheit. In diesem Zusammenhang kommt den Bewertungsgrundsätzen für Immobiliarsicherheiten besondere Bedeutung zu, da die dabei entwickelten Kriterien gedanklich auch auf andere Sicherheiten übertragbar und daher gewissermaßen verallgemeinerungsfähig sind. Es erscheint daher zweckmäßig, auf die wichtigsten Wertbegriffe in aller Kürze einzugehen.

2. Verschiedene Wertbegriffe

a) Verkehrswert

Von zentraler Bedeutung für das Wirtschaftsleben ist der Verkehrswert. Dieser Begriff ist für Grundstücke in § 194 BauGB definiert und im Sicherheitenrecht verallgemeinerungsfähig. Unter Verkehrswert ist der

Preis zu verstehen, der im Zeitpunkt der Wertermittlung am freien Markt im normalen Geschäftsverkehr ohne Rücksicht auf ungewöhnliche oder persönliche Verhältnisse zu erzielen wäre. Der Verkehrswert verkörpert einen stichtagsbezogenen Wert und stellt somit eine fiktive Größe dar. Der freie Markt ist die entscheidende Grundlage für die Bestimmung des Verkehrswertes. Dieser ergibt sich aus dem Vergleich vieler Preise für ähnliche Objekte[17]. Der Verkehrswert kann nicht mit dem Kaufpreis gleichgesetzt werden; Verkehrswert und im Einzelfall ausgehandelter Kaufpreis sind nämlich aus den dargestellten Gründen nur selten identisch. Der Kaufpreis einer Sache muß nicht ihrem Wert entsprechen; vielmehr spielen Marktpreis und objektiver Verkehrswert oft keine entscheidende Rolle. Dies ist insbesondere der Fall, wenn sich der Kaufinteressent von spekulativen Momenten (Kaufkraft, Geldwert etc.) oder auch von persönlichen Vorstellungen und Wünschen leiten läßt.[18] So sind Käufer von Immobilien zum Beispiel insbesondere wegen steuerlicher Vorteile häufig bereit, erhöhte Kaufpreise zu bezahlen.

b) Beleihungswert

Vom Verkehrswert ist der sog. Beleihungswert zu unterscheiden. Bei Feststellung dieses Wertes sind nur die dauernden Eigenschaften des Grundstückes oder der Ertrag zu berücksichtigen, welchen das Grundstück bei ordnungsgemäßer Wirtschaft jedem Besitzer nachhaltig gewähren kann (§ 12 HypBankG). Der Beleihungswert ist daher mit Rücksicht auf den langfristigen Sicherungszweck ein „Dauerwert“; er liegt regelmäßig nicht unwesentlich unter dem stichtagsbezogenen Verkehrswert. Ein Beleihungswert wird insbesondere in Phasen haussierender Immobilienmärkte durch kräftige Abschläge der Gefahr von Überbewertungen und Überbeleihungen vorbeugen[19]. Für die Feststellung des Belei-

17 Vgl. *Rüchardt* Bewertung und Krediturteil, in: Handbuch des Hypothekarkreditrechts, 3. Aufl., 1993, S. 152, 161; *Dieterich,* in: Ernst/Zinkahn/Bielenberg, Komm. z. BauGB, 6. Aufl., [Losebl.] 1994, Band III, § 194, Rn. 1ff.

18 So schon BGH NJW 1968, 150ff; vgl. auch *Kleiber,* in: Kleiber/Simon/Weyers, Verkehrswertermittlung von Grundstücken, 2. Aufl., 1994, S. 73.

19 *Rüchardt,* aaO (Fn. 17), S. 162.

hungswertes ist zudem von Bedeutung, daß das betreffende Objekt dauerhaft „verkaufsfähig“ ist, das heißt für den Zeitraum des berechtigten Sicherungsinteresses auch ein entsprechender Markt vorhanden ist. Bei der Ermittlung des Beleihungswertes ist zwar ebenfalls auf die Marktlage im Zeitpunkt der Bewertung abzustellen; dies gilt jedoch nur insoweit, als die Bewertung entsprechende Nachhaltigkeit verspricht und nicht nur vorübergehend zu hohen oder auch niedrigen Werten gelangt. Es ist daher nur auf den im Bewertungszeitpunkt erreichbaren nachhaltigen Wert abzustellen. Wird etwa der Kaufpreis einer Immobilie durch steuerliche Begünstigungen preiserhöhend beeinflußt, so ist bei der Ermittlung des dauerhaften Beleihungswertes allein der Zweitmarkt maßgebend, bei dem die infolge der steuerlichen Vorteile erhöhten Preise nicht mehr zu erzielen sind[20].

Vom Beleihungswert ist wiederum die Beleihungsgrenze nach § 11 HypBankG zu unterscheiden. Danach darf die Beleihung für zur Deckung von Pfandbriefen geeignete Darlehen 60% des Beleihungswertes nicht übersteigen. Dadurch wird die Obergrenze des deckungsfähigen Beleihungsrahmens vom HypBankG vorgegeben. Dies schließt freilich eine höhere Beleihung bei entsprechender Bonität des Kreditnehmers nach allgemeinen Kreditvergabegrundsätzen nicht aus.

c) Realisierbarer Wert

In der höchstrichterlichen Rechtsprechung zum Kreditsicherungsrecht ist häufig vom realisierbaren Wert einer Sicherheit die Rede. Unter realisierbarem Wert ist der Erlös zu verstehen, der aus der Verwertung einer Sicherheit – notfalls im Wege der Zwangsvollstreckung – zu erzielen ist. Nach zutreffender Ansicht „zeigt sich erst in diesem Ernstfall der wahre Wert einer Sicherheit“[21]. Im Zeitpunkt des Abschlusses eines Kreditvertrages bzw. bei Hereinnahme einer Kreditsicherheit kann die Bank deren realisierbaren Wert im Falle eines künftigen Sicherungsfalles nur annähernd schätzen; der geschätzte, mutmaßliche realisierbare Wert hängt im

---

20 Vgl. *Rüchardt*, aaO (Fn. 17), S. 167.

21 So bereits BGH WM 1960, 576, 578; WM 1978, 234, 237; vgl. auch *Bunte* WuB I F 4. – 3.90.

einzelnen von Art und Beschaffenheit des Sicherungsgutes, der Dauer des Sicherungsinteresses, dem im Ernstfall bei Verwertung voraussichtlich vorhandenen Markt sowie den rechtlichen und tatsächlichen Möglichkeiten zur Durchsetzung des Verwertungsrechtes ab, sei es in Form des freihändigen Verkaufs oder im Wege der Zwangsversteigerung. Der realisierbare Wert ist somit gewissermaßen der geschätzte „Notverkaufswert" im ungewissen Ernstfall. Will man den realisierbaren Wert eines Vermögensgegenstandes schätzen, so wird man im Bewertungszeit punkt auf den für die Zukunft prognostizierten nachhaltigen Wert abzustellen haben. In diesem Zusammenhang ist es aufschlußreich, zunächst einzelne konkrete Bewertungsaspekte am Beispiel einiger Singularsicherheiten zu untersuchen.

3. Einzelne Bewertungskriterien bei Singularsicherheiten

Bei der Bewertung von Immobilien wähnt man sich meist noch auf sicherem Boden. Bei näherer Betrachtung ergeben sich jedoch auch hier erhebliche Bewertungsspielräume. Im Immobilienbereich haben sich drei Verfahren durchgesetzt, und zwar das Sach-, Ertrags- und Vergleichswertverfahren; die drei Verfahren sind miteinander wechselbezüglich verflochten, wobei das Schwergewicht der im Vordergrund stehenden Verfahrensart meist wesentlich von der Art des zu bewertenden konkreten Objektes abhängt[22]. So ist etwa bei einem marktgängigen Einfamilienhaus nicht auf den Mietertragswert, sondern wesentlich auf den Wiederbeschaffungswert abzustellen, da bei dieser Immobilie das Interesse an der Selbstnutzung im Vordergrund steht[23]. Dagegen kommt es bei sog. Renteobjekten, wie zum Beispiel Miethäusern oder Bürogebäuden wesentlich auf den künftigen Ertragswert an; dieser unterliegt jedoch insbesondere bei Bürogebäuden erheblichen Marktschwankungen. So sind beispielsweise die Mieten für Büros in den Ballungszentren Deutschlands zwischen 1990 und 1994 bis zu 45% gesunken. Dieser Einbruch schlägt selbstverständlich auf die Bewertung dieser Immobilien durch.

---

22 Vgl. *Rüchardt*, aaO (Fn. 17), 184ff; Kleiber, aaO (Fn. 17), 258ff, 266ff.
23 *Rüchardt*, aaO (Fn. 17), S. 157.

Noch schwieriger ist die Bewertung bei gewerblichen Objekten. Hier machen Boden und Gebäude, also das eigentliche unbewegliche Anlagevermögen oft nur einen verhältnismäßig kleinen Teil des Aktivvermögens aus. Bei gewerblichen Betrieben kommt dagegen oft dem Umlaufvermögen besonderes Gewicht zu[24]. Bei zahlreichen gewerblichen Objekten fällt ferner ins Gewicht, daß der gesamte Aufbau nur einen bestimmten speziellen Nutzen zuläßt und nicht vielseitig für verschiedene Branchen verwendbar ist. Unterschiedliche Objekte, wie zum Beispiel ein Kino, eine Brauerei oder ein Hochofenwerk sind hierfür plastische Beispiele. Für die Wertermittlung ist daher wesentlich auf den objektiven, kapitalisierungsfähigen Reinertrag aus den in der Zukunft zu erwartenden Normalergebnissen des Betriebes abzustellen. Der nachhaltige Ertrag ist daher nur unter Berücksichtigung der aus den vergangenen Jahren festgestellten Entwicklungstendenzen und der Prognose über die zukünftige Ertragsfähigkeit des zu beurteilenden Betriebes und der gesamten Branche möglich. Diese Überlegungen zeigen, daß derartige Bewertungen zwangsläufig verhältnismäßig große Spielräume mit sich bringen[25].

Schwierig ist auch die Bewertung von immateriellen Wirtschaftsgütern, wie zum Beispiel von Warenzeichen, Patent- und Lizenzrechten etc., zumal die Werthaltigkeit derartiger Sicherungsrechte häufig vom künftigen Erfolg des jeweiligen finanzierten Vorhabens und von den Verwertungsmöglichkeiten dieser Rechte in einem meist engen Markt abhängt[26].

Besonderes Kopfzerbrechen bereitet die Bewertung eines verpfändeten Gesellschaftsanteils, da die Verwertung nach § 1235 BGB grundsätzlich nur durch öffentliche Versteigerung möglich ist. Ein Verzicht auf Verwertung durch Versteigerung ist dagegen erst nach Pfandreife zulässig (§ 1245 Abs. 2 BGB). Eine theoretisch mögliche Verwertungsvereinbarung setzt daher die Fälligkeit der besicherten Forderung voraus. In dieser Situation ist der Kreditnehmer bzw. Sicherungsgeber in der Praxis jedoch regelmäßig nicht bereit, freiwillig an der Verwertung des Gesellschaftsanteils etwa durch freihändigen Verkauf mitzuwirken. In der Realität hat sich die Regelung des § 1235 als völlig untauglich erwiesen, da die Versteige-

24 Vgl. *Rüchart*, a.a.O (Fn. 17), S. 148.
25 *Rüchart*, aaO (Fn. 17), S. 219.
26 Vgl. *Rohnke*, NJW 1993, 561, 563.

rung eines Gesellschaftsanteiles faktisch meist die Insolvenz der betreffenden Gesellschaft nach sich ziehen würde. Aus diesem Grunde finden derartige Versteigerungen in der Praxis auch tatsächlich nicht statt. Die Kommentierung zu § 1235 BGB ist demzufolge auch entsprechend unergiebig. Im Ernstfall hat der Sicherungsgeber den verwertungswilligen Pfandgläubiger praktisch in der Hand, da dieser bei der freihändigen Verwertung des verpfändeten Gesellschaftsanteiles der Mitwirkung des Sicherungsgebers bedarf, was der Sicherungsgeber in der Regel gesondert honoriert wissen möchte. Der realisierbare Wert dieser Sicherheit wird daher durch die eingeschränkte Verwertungsfähigkeit ganz entscheidend beeinträchtigt. Da steuerliche Bewertungsmethoden – wie zum Beispiel das sog. Stuttgarter Modell – diese Problematik nicht berücksichtigen, sind diese für die Bestimmung des realisierbaren Wertes ungeeignet.

Die hier angesprochenen Beispiele machen deutlich, daß die Bewertung sogar bei Singularsicherheiten erheblichen Schwankungen unterliegt. Eine Bank kann daher im Zeitpunkt des Abschlusses des Kreditvertrages bzw. bei Vereinbarung des Sicherungsvertrages den mutmaßlichen realisierbaren Wert im ungewissen Sicherungsfall nur vage schätzen. Dieser Zukunftsprognose haften je nach Art und Beschaffenheit der Sicherheit, der Mittel- oder Langfristigkeit des Sicherungszweckes (zum Beispiel Laufzeit des Kredites) sowie der sich in ständigem Wandel befindlichen Marktverhältnisse zwangsläufig mehr oder weniger gewichtige spekulative Elemente an. Dies gilt freilich in noch wesentlich größerem Umfang bei Globalsicherheiten.

III. Die besondere Situation bei Globalsicherheiten

1. Die Rechtsprechung des VIII. Senates zu Lieferantenkrediten läßt sich nicht pauschal auf global gesicherte Bankkredite übertragen.

Der VIII. und IX. Senat des BGH[27] stehen Globalsicherheiten, insbesondere der Globalzession und der Sicherungsübereignung eines Warenlagers mit wechselndem Stand kritisch gegenüber, da durch die gewählte

27 Vgl. BGH WM 1990, 51; WM 1992, 813; WM 1994, 416, 421.

„Sicherungsautomatik" die Gefahr einer nachträglichen unkontrollierbaren Zunahme von Sicherheiten mit der Tendenz zur Übersicherung bestehe; hierdurch werde die wirtschaftliche Bewegungsfreiheit des Sicherungsgebers außerordentlich eingeschränkt.

Diese kritische Bewertung geht auf die Rechtsprechung des VIII. Senates[28] zur Freigabeklausel in Händler- und Lieferantenverträgen mit einfachem, verlängertem bzw. erweitertem Eigentumsvorbehalt zurück. Es erscheint jedoch aus mehreren Gründen sehr problematisch, diese Rechtsprechung pauschal und undifferenziert auf sämtliche Globalsicherheiten für Bankkredite zu übertragen. Die Geschäftsbeziehungen zwischen Lieferanten und ihren Abnehmern einerseits sowie zwischen kreditgebender Bank und Globalsicherungsgeber andererseits sind nämlich nicht vergleichbar. Der „Warenkredit" des Händlers oder Lieferanten besteht in der Vorausleistung des gelieferten Gegenstandes unter dem Vorbehalt der Zahlung des Kaufpreises. Die Sicherheit ist der unter Eigentumsvorbehalt gelieferte Gegenstand selbst oder etwaige aus dem Weiterverkauf oder der Verarbeitung durch den Käufer erlangten Rechte. Basis für die Sicherheitenbewertung ist daher der mit dem Lieferanten bzw. Händler vereinbarte konkrete Kaufpreis. Insoweit entsteht hier im Verhältnis zwischen Lieferanten und Abnehmer – im Gegensatz zu Globalsicherheiten für Bankkredite – gerade keine Bewertungsproblematik.

Demgegenüber dienen Globalsicherheiten in der Praxis neben anderen Kreditsicherheiten vor allem zur Unterdeckung eines Betriebsmittelkreditrahmens, der zur Bezahlung von Löhnen, Mieten, Steuern und sonstigen Fixkosten eines Betriebes revolvierend ausgenutzt werden kann. Dabei darf der Kreditnehmer über die Globalsicherheiten – also die stillen Zessionen sowie über das sicherungsübereignete Warenlager – im Rahmen der ordnungsgemäßen Geschäftsführung frei verfügen und den erzielten Erlös selbst einziehen. Der durch Globalsicherheiten unterdeckte Betriebsmittelkredit ist gewissermaßen die Lebensader eines Unternehmens, die den Wirtschaftskreislauf innerhalb des Betriebes gewährleistet. Mit dem variabel aus nutzbaren Globalkredit ermöglicht die Bank dem Unternehmen das wirtschaftliche Tätigwerden, wobei die dadurch geschaffenen Substanzwerte wiederum wechselbezüglich der revolvierenden globalen Besicherung unterliegen. Insoweit ist es gerade

28 BGH WM 1990, 51; WM 1993, 139.

typisch, daß mit der ständigen Umwälzung des im Unternehmen umgesetzten, produzierten oder durchgeleiteten Umlaufvermögens zugleich ein ständiger Wechsel und Austausch von Sicherheiten stattfindet. Die revolvierenden Globalsicherheiten sind gewissermaßen ein „durchlaufender Posten". Der Globalsicherungsgeber wird durch die freie Verfügbarkeit in seiner Bewegungsfreiheit gerade nicht eingeschränkt. Die der Bank übertragenen künftigen Rechte sind dagegen im Zeitpunkt des Abschlusses des Globalsicherungsvertrages regelmäßig noch nicht werthaltig. Die Wertschöpfung, zum Beispiel durch Bearbeitung von Rohprodukten oder Halbfertigwaren wird in der Praxis meist erst durch die Ausnutzung des Betriebsmittelkreditrahmens – etwa zum Zwecke der Bezahlung der Arbeitslöhne oder der eingekauften Waren – ermöglicht. Die „Automatik" der Globalsicherheiten dient nicht dazu, der Bank eine Übersicherung zu verschaffen, sondern sie soll den überflüssigen Verwaltungsaufwand vermeiden, der durch die Fülle von Singularzessionen und durch die Einzelübereignung unzähliger einzelner Gegenstände im Warenlager anfiele. Die Grundsatzurteile des IX. Senates vom 13. Januar 1994[29] tragen daher der wirtschaftlichen Funktion der Globalsicherheiten nicht hinreichend Rechnung. Dies gilt insbesondere für das Erfordernis der qualifizierten Freigabeklausel, die den neuralgischen Punkt der Sicherheitenrechtsprechung darstellt.

2. Qualifizierte Freigabeklausel

Der IX. Senat hat in seinen beiden Entscheidungen vom 13. Januar 1994 am Erfordernis einer qualifizierten Freigabeklausel bei Globalsicherheiten festgehalten. Danach soll in Globalsicherungsverträgen eine zahlenmäßig bestimmte Deckungsgrenze vereinbart werden, um die Durchsetzung des Freigabeanspruches zu erleichtern. Bei der Sicherungsübereignung eines Warenlagers mit wechselndem Bestand soll nach Ansicht des IX. Senats zusätzlich die „Bezugsgröße für die Warenbewertung" geregelt werden, um die „praktische Durchsetzbarkeit" des Freigabeanspruches zu gewährleisten. Der Senat hat sich jedoch mit den tatsächlichen Schwierigkeiten der Bewertung von Globalsicherheiten nicht auseinandergesetzt.

29 AaO (Fn. 14)

In der Kreditpraxis wird freilich sehr rasch erkennbar, daß es allgemein gültige Kriterien für die Bewertung von Warenlagern und Globalzessionen in Wirklichkeit nicht gibt. Dabei handelt es sich um eine tatsächliche Unmöglichkeit. Die Anforderungen des IX. Senates an die Formulierung einer qualifizierten Freigabeklausel sind schlichtweg tatsächlich nicht erfüllbar[30].

Nach der inneren Logik der qualifizierten Freigabeklausel setzt die Feststellung der Übersicherung voraus, daß der realisierbare Wert der Globalzessionen sowie des übereigneten Warenlagers – also der revolvierenden (!) Globalsicherheiten – in Mark und Pfennig quantifizierbar ist, da die exakte Konkretisierung des Sicherheitenwertes der notwendige Parameter ist, um die Überschreitung der betragsmäßig bestimmten Deckungsgrenze überhaupt erst feststellen zu können. Dies ist die Achillesferse der qualifizierten Freigabeklausel. In der Wirklichkeit sind weder Sicherungsgeber noch die besicherte Bank tatsächlich in der Lage, den realisierbaren Wert von revolvierenden Globalsicherheiten in einem ungewissen Verwertungsfall mit der gebotenen Rechtsklarheit im voraus zu konkretisieren. Die Wertermittlung ist schlichtweg eine Gleichung mit zu vielen Unbekannten.

Dies läßt sich beispielhaft bei Globalzessionen ersehen: Es wurde bereits ausgeführt, daß deren Werthaltigkeit durch umfassende Vorbehaltsrechte der Lieferanten weitgehend ausgehöhlt ist. Daneben schlagen insbesondere die häufig vereinbarte Zustimmungspflichtigkeit zur Zession oder der vereinbarte Zessionsausschluß nach § 399 BGB zu Buche. In diesem Zusammenhang bringt der am 30. Juli 1994 im Rahmen der Änderung des DM-Bilanzgesetzes neu in Kraft getretene § 354a HGB[31] weitere Komplikationen bei der Bewertung. Nach der neuen gesetzlichen Regelung ist eine Abtretung trotz Zessionsausschlusses nach § 399 BGB gleichwohl wirksam, wenn die Abtretung für beide Teile ein Handelsgeschäft oder der Schuldner eine juristische Person des öffentlichen Rechts oder ein öffentlich-rechtliches Sondervermögen ist. Der Drittschuldner kann jedoch mit befreiender Wirkung an den bisherigen Gläu-

30 Vgl. so auch Rellermeyer WM 1994, 1009, 1054, 1064; Weber WM 1994, 1549, 1557.

31 BGBl. I Nr. 47 vom 29.7.1994, S. 1682ff; BT-Drucks. 12/7912, S. 24f; vgl. hierzu eingehend: o. V., Forderungsabtretung trotz Abtretungsverbots, DB 1994, 1764.

biger leisten. Abweichende Vereinbarungen sind nach Maßgabe dieser neuen gesetzlichen Bestimmung unwirksam. Aufgrund dieser Regelung ist daher völlig offen, in welchem Umfang Zahlungen insbesondere im Vorfeld einer Insolvenz des Schuldners bei der Bank ankommen. Derartige Ansprüche sind daher einer Bewertung nicht zugänglich.

Ebenfalls fraglich ist die Wirksamkeit von Ansprüchen gegen Drittschuldner im Ausland; auch ist deren Durchsetzung in der Praxis oft ungewiß. Darüber hinaus verschlechtert sich die Zahlungsmoral der Drittschuldner erfahrungsgemäß schlagartig, wenn der Sicherungsgeber selbst in die Krise gerät; außerdem werden in dieser Phase verstärkt Einreden wegen tatsächlicher oder angeblicher Schlechterfüllung geltend gemacht; problemfreie Außenstände hat der in die Krise geratene Sicherungsgeber erfahrungsgemäß längst meist selbst kassiert. Bei der klageweisen Geltendmachung eines abgetretenen Anspruchs ergeben sich zudem regelmäßig meist unüberwindliche Beweisschwierigkeiten, da die Mitarbeiter einer insolvent gewordenen Firma kein Interesse am Ausgang des Prozesses mehr haben. So sind zum Beispiel zedierte Ansprüche einer insolventen Bauunternehmung wegen regelmäßiger Mängeleinreden und Zurückbehaltungsrechten der Drittschuldner erfahrungsgemäß meist völlig wertlos. Dies gilt regelmäßig auch für unbezahlte zedierte Forderungen, die älter als 6 Monate sind; in diesen Fällen kommt oft noch die inzwischen eingetretene Insolvenz des Drittschuldners hinzu. Die Kette der tatsächlichen Verwertungshindernisse ließe sich noch lange fortsetzen.

Noch schwieriger ist die Ermittlung des realisierbaren Wertes eines Warenlagers mit wechselndem Bestand. Rohware und Halbfertigprodukte haben im Verwertungsfalle nur einen eingeschränkten Abnehmerkreis. Hier muß die Bank meist im Einvernehmen mit dem Konkursverwalter noch Mittel investieren, um eine möglichst optimale Restverwertung zu ermöglichen. Aber auch die Bewertung von Endprodukten hängt von branchenspezifischen Besonderheiten und der aktuellen marktbedingten Situation im Verwertungsfall ab. Saisonware verliert oft innerhalb weniger Wochen ihren wesentlichen Wert. Ein Produkt büßt am Markt auch erheblich an Wert ein, wenn der Verkäufer zum Beispiel keinen begleitenden Wartungsdienst mehr anbieten kann, weil der Produzent in Konkurs gefallen ist. Darüber hinaus wird der Wert des Warenlagers einer Handelsfirma durch die inzwischen ausgeklügelten Vorbehaltsrechte der Lieferanten erfahrungsgemäß fast völlig ausgezehrt und nähert sich oft der Nullgrenze, da im Handelsbereich – anders als im Falle der Weiterverarbeitung – keine Wertschöpfung durch den Sicherheitengeber eintritt. So verblieben beispielsweise kürzlich einer Bank nach Verwertung eines Tabakwarenlagers im Verkehrswert von rd. DM 4 Mio nach Realisierung der Vorbehaltsrechte der Lieferanten ganze DM 30000,–. Der gesamte Aufwand läßt sich mit den Worten kommentieren: „Außer Spesen nichts gewesen".

Um eine von der Rechtsprechung verlangte Bezugsgröße für die Bewertung eines Warenlagers mit Handelsware festzulegen, kämen als etwaige Anknüpfungspunkte rein theoretisch der konkrete Einkaufspreis oder die aktuellen Wiederbeschaffungskosten in Betracht. Bei eigenen Erzeugnissen wären als Bezugsgröße für die Wertermittlung theoretisch der Gestehungspreis, also die Herstellungskosten denkbar. Deren Ermittlung setzt jedoch wiederum eine komplizierte rechnerische Kalkulation voraus, wobei betriebswirtschaftlich umstritten ist, welche Positionen dabei im einzelnen einzubeziehen sind[32]. Von den sodann ermittelten Bruttowerten wären wiederum die bestehenden Vorbehaltsrechte der Lieferanten sowie die Pfandrechte und sonstige Rechte Dritter – zum Beispiel der Vermieter, Verpächter, Lagerhalter, Spediteure und Frachtführer etc. in Abzug zu bringen und sodann ein prozentualer Wertabschlag vorzunehmen. Die Ausführungen machen die Gründe deutlich, weshalb Globalsicherheiten als labile Sicherheiten eingestuft werden; sie werden in der Kreditpraxis daher meist als Zusatzsicherheiten hereingenommen.

Obwohl die Anforderung des IX. Zivilsenates an die Ausgestaltung von qualifizierten Freigaberegelungen an sich tatsächlich nicht erfüllbar ist, hat die Kreditpraxis den Versuch unternommen, derartige Bewertungsklauseln in ihren Globalsicherungsverträgen zu formulieren. Dabei ist vorgesehen, daß von zugrundegelegten Nominalwerten jeweils aus den im einzelnen dargestellten zahlreichen Tatbeständen wertmindernde Abzüge vorzunehmen sind. Die in den Globalsicherungsverträgen nunmehr in der Kreditpraxis neu formulierten qualifizierten Freigabeklauseln dienen nicht etwa der Konfliktlösung zwischen den Sicherungsgebern und der Bank, sondern sie sollen das durch die verschärfte

32 Vgl. zu der schier unlösbaren Bewertungsproblematik zutreffend Rellermeyer WM 1994, 1009, 1012, 1061.

Rechtsprechung zum Kreditsicherungsrecht entstandene, nicht mehr kalkulierbare Rechtsprechungsrisiko reduzieren. In der Kreditpraxis selbst wirft dagegen das Verlangen nach Freigabe von Sicherheiten keine Probleme auf.

3. Sicherheitenverbund = Bewertungsverbund

In der Praxis nimmt der typische Globalsicherheitengeber – zum Beispiel ein Geschäfts- oder Firmenkunde – meist neben einem Betriebsmittelkredit auch noch weitere Kredite in Anspruch – etwa ein Investitionsdarlehen oder Aval- und Wechselkredite, um nur die gängigsten zu nennen. Zur Unterdeckung werden hierfür neben den Globalsicherheiten üblicherweise auch Grundschulden bestellt, Bürgschaften abgegeben sowie sonstige Rechte und Vermögenswerte übertragen. Der Bank steht damit regelmäßig ein Verbund von Singular- und Globalsicherheiten zur Verfügung, für die zwar nach der neueren Rechtsprechung nun unterschiedliche Freigaberegelungen gelten sollen; dies ist jedoch in sich widersprüchlich, da die Feststellung einer etwaigen Übersicherung aufgrund einer umfassenden Gesamtbewertung unter Einbeziehung aller Sicherheiten nur einheitlich getroffen werden kann. Wurde neben Globalsicherheiten auch nur eine einzige Singularsicherheit bestellt, so kommt bei Übersicherung im Hinblick auf alle Sicherheiten nur der gesetzliche Freigabeanspruch nach §§ 157, 242 BGB zum Tragen. Insoweit läuft die qualifizierte Freigabeklausel bei Globalsicherheiten weitgehend leer.

IV. Sicherheitenfreigabe in der Praxis

Eine Sicherheitenfreigabe kommt im Falle der Übersicherung in Betracht. Diese ist anzunehmen, wenn der realisierbare Wert sämtlicher Sicherheiten die Höhe der gesicherten Forderungen, der sog. Deckungsgrenze i. S. v. Nr. 16 Abs. 1 AGB-Banken, nachhaltig übersteigt. Bei einer Kumulation von Sicherheiten sind bei der Bewertung folgerichtig sämtliche Sicherheiten einzubeziehen. Dabei sind u. a. so unterschiedliche Sicherheiten, wie Grundschulden, abgetretene Rückgewähransprüche aus vorrangigen Grundschulden, Globalsicherheiten sowie das AGB-Pfandrecht etc. zu berücksichtigen. In diesem Zusammenhang ist von Interesse, daß das AGB-Pfandrecht für sich keine sittenwidrige Übersicherung zur Folge hat[33], da die Bank nach Nr. 16 Abs. 2 AGB-Banken n. F.[34] verpflichtet ist, Sicherungsgut freizugeben, soweit sein Wert die vereinbarte Deckungsgrenze nicht nur vorübergehend überschreitet. Im Falle einer echten Übersicherung kann sich die Berufung auf das AGB-Pfandrecht jedoch als unzulässige Rechtsausübung darstellen[35]. Demgegenüber bleibt eine Bürgschaft bei der Bewertung in der Regel außer Betracht[36]. Eine durch Sachsicherheiten unterlegte Bürgschaft ist jedoch mit dem realisierbaren Wert der Sachsicherheiten zu berücksichtigen.

Ist ein unteilbarer Gegenstand – zum Beispiel eine wertvolle Maschine – zur Kreditsicherung übertragen und trat etwa durch weitgehende Tilgung des objektfinanzierenden Darlehens eine nachhaltige Übersicherung ein, so kann der Sicherungsgeber seine Ansprüche auf Rückgewähr aus dem Sicherungsvertrag an einen Dritten, zum Beispiel eine andere Bank abtreten. Die Werthaltigkeit des abgetretenen Rückgewähranspruches kann dadurch gewährleistet werden, daß die alte Gläubigerbank eine verbindliche Erklärung abgibt, wonach der Sicherungszweck auf die zu beziffernde Darlehensrestschuld beschränkt ist und der unteilbare Sicherungsgegenstand nicht (mehr) zur Sicherung weiterer Kredite oder sonstiger künftiger Verbindlichkeiten dient. Im Falle einer Übersicherung ist die Sicherungsnehmerin auf Verlangen des Sicherungsgebers zur Abgabe einer entsprechenden haftungsbeschränkende Erklärung verpflichtet; diese stellt somit die gebotene Freigabehandlung dar.

In Fällen echter Übersicherung treten in der Kreditpraxis keine ernsthaften Schwierigkeiten auf. Ist das berechtigte Sicherungsinteresse der Bank in vollem Umfange unterdeckt, so wird die Bank dem Freigabeverlangen von sich aus stets allein schon deshalb nachkommen, weil sie anderenfalls den bonitätsmäßig guten Kunden sofort an die Konkurrenz verlieren würde. In Zweifelsfällen hat der Sicherungsgeber eine nachhal-

---

33 Vgl. BGH WM 83, 926.

34 Früher nach Nr. 19 Abs. 6 Satz 1 der AGB-Banken a.F.

35 So schon BGH WM 1956, 217, 218.

36 Vgl. BGH, Urteil vom 28.4.1994, WM 1994, 1161 = WuB I F 3. – 2.94 *(Bruchner)*.

tige Übersicherung darzulegen und zu beweisen. Sind der Bank mehrere Sicherheiten übertragen, so kann die Bank nach dem Rechtsgedanken des § 1230 BGB nach billigem Ermessen (§ 315 BGB) bestimmen, welche Sicherheiten freigegeben werden. Demgegenüber verlangen in der Praxis Kreditnehmer, deren Sicherheiten von der Bank als Unterdeckung benötigt werden, verständlicherweise keine Freigabe. Bei einer durchgeführten Umfrage ist kein einziger Fall bekanntgeworden, in dem ein Kreditnehmer die Übersicherung aufgrund der besonderen Beschaffenheit einer Globalbesicherung auch nur behauptet hätte.

Sicherheitenfreigabe wird mitunter auch im Zusammenhang mit dem Verkauf einer Sicherheit zur Verbesserung der Liquidität verlangt; diesem Ersuchen wird regelmäßig entsprochen, wenn der Verkaufserlös unter Berücksichtigung des berechtigten Sicherungsinteresses der Bank ganz oder teilweise auch zur Rückführung des Kredites verwendet wird; dadurch tritt zugleich die erwünschte Zinsentlastung ein. Freigabeverlangen haben ihre Ursache häufig auch in einer Betriebsaufspaltung oder Produktionsverlagerung innerhalb des Konzerns; in diesen Fällen werden Zug um Zug gegen Freigabe von Sicherheiten neue Sicherungserklärungen des „neuen" Sicherungsgebers hereingenommen.

V. Gesamtwürdigung und Ausblick

Die Problematik der Feststellung einer Übersicherung zeigt die Grenzen des AGB-Gesetzes bei der Suche nach sinnvollen Lösungen auf. Die abstrakt generalisierende Betrachtungsweise des AGB-Rechtes und die sich daraus ergebende Tendenz zum Regelungsperfektionismus birgt die Gefahr in sich, daß Rechtsprobleme mitunter eine künstlich erzeugte Eigendynamik entwickeln, die den notwendigen Bezug zum rechtstatsächlichen Umfeld vernachlässigen läßt. Die aufgezeigten komplexen Fragen der Sicherheitenbewertung können nicht durch AGB-konforme „Zauberformeln" gelöst werden. Gleichwohl hat die Kreditpraxis in ihren neuen Globalsicherungsverträgen den Versuch unternommen, Bewertungsregelungen zu formulieren, die den dargestellten typischen Sachverhalten Rechnung tragen wollen. Falls auch die neu formulierten qualifizierten Freigabeklauseln erneut vom AGBrechtlichen Damoklesschwert der Unwirksamkeit getroffen werden sollten, so erscheint es kaum vorstellbar, daß Kreditinstitute künftig noch Globalsicherheiten als Kreditsicherheit akzeptieren. Leidtragende wären sodann in erster Linie Existenzgründer mit ohnehin schmaler Sicherheitenausstattung.

Hinsichtlich der sog. Altverträge stehen zwei kritische Aspekte im Vordergrund: Die Verschärfung der Rechtsprechung samt der dadurch bedingten Unwirksamkeit alter Globalsicherungsverträge hat nicht etwa den Sicherungsgeber besser geschützt, sondern sie kommt nahezu ausnahmslos ungesicherten Gläubigern zugute. In den veröffentlichten Entscheidungen tritt meist der Konkursverwalter als „lachender Dritter" in Erscheinung, während jene Gläubiger leer ausgehen, denen der Sicherungsgeber eigentlich eine Sicherheit verschaffen wollte. Diese Konsequenz entspricht jedoch nicht der Intention des AGB-Gesetzgebers. Darüber hinaus wirft die gerichtlich festgestellte Unwirksamkeit von Sicherungsverträgen, die bei ihrem Abschluß noch dem BGH konformen AGB-rechtlichen Standard entsprachen, die Problematik der „faktischen Rückwirkung" auf. Vor diesem Hintergrund ist es nicht verwunderlich, daß die Frage nach den Möglichkeiten einer „Eindämmung der faktischen Rückwirkung" der jeweils geänderten Rechtsprechung aufgeworfen wurde, da hier die herkömmlichen Fundamente der Geld- und Warenkreditierung als wesentliche Faktoren einer funktionierenden freiheitlichen Wirtschaftsordnung ins Wanken geraten können[37]. Diese Problematik gewinnt an Aktualität, da die verschärfte Rechtsprechung zunehmend Konkursverwalter auf den Plan gerufen hat. Darüber hinaus haben sogar Konkursgerichte vereinzelt Konkursverwalter aufgefordert, alte Globalsicherungsverträge aus alten bereits abgeschlossenen Konkursverfahren unter Hinweis auf die Verschärfung der Rechtsprechung erneut aufzugreifen und auf ihre Wirksamkeit zu überprüfen. Die beteiligten Banken sind entschlossen, gegebenenfalls den Rechtsweg in vollem Umfang auszuschöpfen und dabei sowohl verfassungsrechtliche Überlegungen anzustellen als auch die Chancen zu prüfen, den Europäischen Gerichtshof zu involvieren.

Art. 3 des Vertrages von Rom nennt unter anderem die Angleichung der innerstaatlichen Rechtsvorschriften als Vertragsziel. Der Europäische Bankenmarkt soll ein europaweit offener Markt sein. Das Vertrags-

37 Vgl. *Neuhof,* NJW 1993, 2840, 2844; so auch *Merkel,* WuB I F 5. – 1.94.

ziel der Rechtsangleichung unterliegt zwar dem Grundsatz der Beachtung der Subsidiarität und der gegenseitigen Anerkennung des Vorranges nationalen Rechts; das Gebot der Rechtsangleichung gewinnt jedoch Aktualität, wenn nur auf diese Weise für die Marktbürger und die Unternehmen im Binnenmarkt die materielle Vertragsgerechtigkeit und eine ungehinderte grenzüberschreitende Tätigkeit gesichert ist. Tatsächlich beeinträchtigt jedoch die Rechtsprechung zum Kreditsicherungsrecht, insbesondere zur Freigabe bei Globalsicherheiten, nachhaltig das grenzüberschreitende Handeln von ausländischen Banken in Deutschland erheblich. Haben schon inländische Kreditinstitute außerordentlich große Schwierigkeit, die Rechtsprechung zur Sicherheitenfreigabe wegen Übersicherung umzusetzen, so drohen ausländische Kreditinstitute hieran sehr leicht zu scheitern[38]. Die Anforderungen der Rechtsprechung an die qualifizierte Freigabeklausel beruhen auch nicht auf einer vorrangigen nationalen Wertentscheidung, da die Rechtsprechung an der „Realität vorbeigeht"[39] und in Wirklichkeit gerade nicht geeignet ist, den Sicherungsgeber zu schützen. Es ist daher davon auszugehen, daß die Anforderungen der Rechtsprechung an die qualifizierte Freigaberegelung bei revolvierenden Globalsicherheiten das Freizügigkeitsgebot nach EWGV tangieren. Möglicherweise ist auch Art. 12 EVU ein Ansatz für eine Überprüfung durch den EuGH mit dem Ziel einer punktuellen Harmonisierung.

Die Entscheidungen des IX. Senates vom 13. Januar 1994[40] sowie vom 28. April 1994[41] markieren bereits teilweise eine Trendwende in der Sicherheitenrechtsprechung. Der XI. Senat hat nunmehr in seiner Entscheidung vom 10. Mai 1994[42] signalisiert, daß er die Rechtsprechung zum Freigabeverlangen insgesamt für problematisch halte. Es wäre daher wohl angezeigt, die komplexe Thematik nun dem großen Senat des BGH vorzulegen. In diesem Zusammenhang ist zu berücksichtigen, daß die bisherige Rechtsprechung von einer eher statischen Betrachtungs-

---

38 Vgl. hierzu *Schneider*, in: *Hadding/Welter* (Hrsg.), Schriften reihe der Europäischen Richterakademie Trier, Band 5, S. 12; *Welter*, ebenda, S. 26.

39 Vgl. *Neuhof*, WM 1994, 1705.

40 AaO (Fn. 14).

41 WM 1994, 1161 = WuB I F 3. – 2.94 *(Bruchner)*.

42 WM 1994, 1283 = WuB I F 4. – 5.94 *(Nobbe)*.

weise geprägt ist, bei der die regelmäßige ratenweise Rückführung eines Darlehens und der sich dadurch meist ergebende Überhang des Wertes der Sicherheit im Vordergrund steht. Im Gegensatz dazu unterliegen Globalsicherheiten, die regelmäßig mit einem revolvierend ausnutzbaren Betriebsmittelkreditrahmen gekoppelt sind, einer ganz andersartigen wechselbezüglichen wirtschaftlichen Dynamik; die revolvierenden Globalsicherheiten haben aufgrund dieser Funktion im Vergleich zu „statischen" Sicherheiten für Tilgungsdarlehen im kaufmännischen Geschäftsverkehr einen eigenen Stellenwert. Revolvierende Globalsicherheiten eröffnen dem Sicherungsgeber im Zusammenspiel mit einem flexibel aus nutzbaren Kontokorrentkreditrahmen den für ein erfolgreiches Wirtschaften notwendigen Liquiditätsspielraum. Mit der oben angesprochenen Einführung des § 354a HGB bezweckt der Gesetzgeber gerade im Interesse des Mittelstandes ganz gezielt die Ausweitung des Liquiditätsspielraums[43]. Demgegenüber führt die verschärfte Rechtsprechung zu den Globalsicherheiten in die entgegengesetzte Richtung. Aus Sicht der Sicherungsgeber besteht kein echtes Bedürfnis nach einer qualifizierten Freigabeklausel zum Schutz vor Übersicherung bei revolvierenden Globalsicherheiten. Der Verzicht auf eine qualifizierte Freigabeklausel bei Globalsicherungsverträgen bringt keinesfalls eine unangemessene Benachteiligung (i.S. § 9 AGB-Gesetz) des Sicherungsgebers mit sich, zumal die Bestimmung des exakten Wertes von Globalsicherheiten ohnehin auf nahezu unüberwindliche rechtstatsächliche Schwierigkeiten stößt. Es erscheint daher interessengerecht, den allgemeinen Freigabeanspruch gemäß §§ 157, 242 BGB auch bei Globalsicherheiten genügen zu lassen.

---

43 Vgl. BT-Drucks. 12/7912, S. 24f.

Die Sicherheitenfreigabe in der höchstrichterlichen Rechtsprechung

Wolfgang Ball,
Richter am Bundesgerichtshof, Karlsruhe

Inhaltsübersicht

I. Einführung

Der Beitrag gibt einen Überblick über die Entwicklung der Rechtsprechung des Bundesgerichtshofs zu der Frage, ob und mit welchen Modalitäten Sicherungsvereinbarungen, die der Inhaltskontrolle nach § 9 AGB-Gesetz unterliegen und ihr standhalten sollen, die (Teil-) Freigabe von Sicherheiten für den Fall einer nicht nur vorübergehenden Übersicherung vorsehen müssen. Ausgeklammert bleiben Entscheidungen, die sich mit der Frage der Sicherheitenfreigabe allein unter dem Aspekt eines vertraglichen oder gesetzlichen Freigabeanspruchs befassen, ohne auf die Frage einzugehen, ob und in welchen Fällen eine vertragliche Freigabeklausel erforderlich ist[1]. Der Schwerpunkt der Darstellung liegt auf der neueren Rechtsprechung, die Mitte der achtziger Jahre einsetzte und mit zwei Entscheidungen vom Januar diese Jahres unerwartete Aktualität gewann.

Fragen der Freigabe von Kreditsicherheiten nehmen in der höchstrichterlichen Rechtsprechung breiten Raum ein. Sie entspringen dem typischen Interessenkonflikt zwischen Sicherungsgeber und Sicherungsnehmer. Während dieser verständlicherweise bestrebt ist, ein Ausfallrisiko möglichst auszuschließen, und zu diesem Zweck die in der Praxis regelmäßig von ihm vorgegebene Vertragsgestaltung auf eine mehr oder weniger maßvolle Übersicherung anlegen wird, geht es jenem darum, sein Vermögen nur in dem Maße als Sicherheit hingeben zu müssen, wie dies das legitime Sicherungsinteresse seines Gläubigers *jeweils* erfordert. Unmittelbar, sozusagen „zu seinen Lebzeiten" war dieser typische Interessenkonflikt freilich nur in seltenen Fällen Gegenstand höchstrichterlicher Entscheidungen. Deren weitaus größter Teil betrifft Fallgestaltungen, bei denen der Sicherungsgeber nur noch in der passiven Rolle des Insolvenzschuldners erschien und konkurrierende Gläubiger um die Wirksamkeit von Waren- oder Kreditsicherungsklauseln stritten. Nur einer einzigen Entscheidung liegt die Klage eines Verbraucherverbandes zugrunde, der im Verfahren nach § 13 AGB-Gesetz die von einem Kreditinstitut formularmäßig verwendete Lohnabtretungsklausel beanstandete[2]. Der Schwerpunkt der im übrigen ergangenen Entscheidungen

1 Vgl. dazu aus der Zeit nach dem Inkrafttreten des AGB-Gesetzes die Urteile vom 10.6.1983 – V ZR 252/80, WM 1983, 961; vom 8.12.1989 – V ZR 53/88, WM 1990, 423; vom 9.2.1990 – V ZR 200/88, BGHZ 110, 241 = WM 1990, 466, jeweils zur Sicherungsgrundschuld; Urteil vom 9.6.1983 – III ZR 105/82, WM 1983, 926 zum Pfandrecht nach § 19 Abs. 2 AGB-Banken; aus der älteren Rechtsprechung Urteil vom 4.10.1965 – VII ZR 185/63, WM 1966, 13 zur Forderungsabtretung; Urteil vom 3.11.1965 – Ib ZR 137/63, WM 1966, 115 zum Pfandrecht des Lagerhalters und des Spediteurs; weitere Nachweise im Urteil vom 13.1.1994 – IX ZR 2/93, WM 1994, 419.

2 Urteil vom 22.6.1989 – III ZR 72/88, BGHZ 108, 98 = WM 1986, 1086.

liegt bei den Sicherungsformen des verlängerten und/oder erweiterten Eigentumsvorbehalts[3] und der Globalzession[4]. Nur geringen Raum nimmt daneben erstaunlicherweise die Sicherungsübereignung von Sachgesamtheiten ein[5].

II. Die Entwicklung der höchstrichterlichen Rechtsprechung zur Freigabe von Kreditsicherheiten

1. Verlängerter und/oder erweiterter Eigentumsvorbehalt

Die – soweit ersichtlich – früheste Entscheidung des Bundesgerichtshofs[6], die sich mit einer Freigabeklausel befaßt, betraf einen in vorgedruckten Lieferungs- und Zahlungsbedingungen des Verkäufers geregelten verlängerten und erweiterten Eigentumsvorbehalt mit Einziehungsermächtigung für den Vorbehaltskäufer und einer Freigabepflicht des Vorbehaltsverkäufers für den Fall, daß die bestehende Sicherung die zu sichernde Forderung um 25 % überstieg. Diese Regelung

---

3 Urteil vom 16.12.1957 – VII ZR 49/57, BGHZ 26, 185 = WM 1958, 252; Urteil vom 5.7.1978 – VIII ZR 180/77, WM 1978. 1208; Urteil vom 20.3.1985 – VIII ZR 342/83, BGHZ 94, 105 = WM 1985, 605; Urteil vom 8.10.1986 – VIII ZR 342/85, BGHZ 98, 303 = WM 1986, 1545; Urteil vom 2.12.1992 – VIII ZR 241/91, BGHZ 120, 300 = WM 1993, 139; Urteil vom 12.6.1969 – VII ZR 13/67, WM 1969, 1072; Urteil vom 28.9.1977 – VIII ZR 82/76, WM 1977, 1353; Urteil vom 13.6.1990 – VIII ZR 130/89, WM 1990, 1389; Urteil vom 9.2.1994 – VIII ZR 176/92, WM 1994, 585.

4 BGHZ 98, 303 (Fn. 3); Urteil vom 29.11.1989 – VIII ZR 288/88, BGHZ 109, 240; Urteil vom 26.4.1990 – VII ZR 39/89, WM 1990, 1326; Urteil vom 6.12.1990 – VII ZR 334/89, ZIP 1991, 152; Urteil vom 18.4.1991 – IX ZR 149/90, WM 1991, 1273; Urteil vom 19.6.1991 – VIII ZR 244/90, WM 1991, 1499; Urteil vom 25.11.1992 – VIII ZR 176/91, WM 1993, 213; Urteil vom 8.12.1993 – VIII ZR 166/93, WM 1994, 104.

5 Urteil vom 19.3.1992 – IX ZR 166/91, BGHZ 117, 374 = WM 1992, 813; Urteile vom 13.1.1994 – IX ZR 2/93, WM 1994, 419, und IX ZR 79/93, WM 1994, 414.

6 BGHZ 26, 185 (Fn. 3).

hat der Bundesgerichtshof nach dem damals allein in Betracht kommenden Prüfungsmaßstab der Sittenwidrigkeit nach § 138 BGB im kaufmännischen Verkehr für unbedenklich gehalten. Diese Rechtsprechung hat er in drei weiteren Entscheidungen aus den Jahren 1969[7], 1977[8] und 1978[9] mit jeweils knapper Begründung für Fallgestaltungen bestätigt, in denen eine Freigabepflicht des Vorbehaltseigentümers für den Fall einer Übersicherung um 20% vorgesehen war[10].

In einer vielbeachteten Entscheidung vom 20. März 1985[11], die zum Ausgangspunkt der neueren Rechtsprechung zur Sicherheitenfreigabe geworden ist, hat der VIII. Zivilsenat des Bundesgerichtshofs einen in Allgemeinen Geschäftsbedingungen einer Papiergroßhandlung enthaltenen erweiterten und verlängerten Eigentumsvorbehalt an dem nunmehr geltenden strengeren Maßstab der Inhaltskontrolle nach § 9 Abs. 1 AGB-Gesetz gemessen. Darin hatte sich die Papierlieferantin im Verhältnis zu der belieferten Druckerei das Eigentum auch an bezahlten Lieferungen bis zum Ausgleich ihrer Gesamtforderung aus der Geschäftsverbindung vorbehalten und sich die Forderungen der Druckerei aus der Veräußerung der unter Verwendung des gelieferten Papiers hergestellten Erzeugnisse in voller Höhe – nicht nur in Höhe des Papieranteils – abtreten lassen. Der Bundesgerichtshof hielt diese sehr weitgehende Regelung deshalb nicht für unangemessen, weil die in dem Klauselwerk weiter enthaltene Freigabeklausel mit einer Überdeckungsgrenze von 20% eine unangemessene Übersicherung verhindere. Gegen einen Überdeckungssatz von 20% sei nichts einzuwenden. Bei einem Spielraum von 10%, bei dem seinerzeit Teile des Schrifttums[12] die Grenze der Angemessenheit als erreicht ansahen, könne mit Rücksicht auf eine gewisse Toleranz für Bewertungsdifferenzen sowie für Zinsen und Rechtsverfolgungskosten überhaupt noch nicht von einer Übersicherung gesprochen werden. Eine Übersicherung von weiteren 10%

---

7 WM 1969, 1072 (Fn. 3).

8 WM 1977, 1353 (Fn. 3).

9 WM 1978, 1208 (Fn. 3).

10 Eine gleichlautende Klausel hat der VII. Zivilsenat des Bundesgerichtshofs in seiner Entscheidung vom 20.11.1980 – VII ZR 70/80, BGHZ 79, 16 ohne weiteres als wirksam angesehen.

11 BGHZ 94, 105 (Fn. 3).

12 *Wolf*, FS Baur, 1981, S. 147, 165ff; *Graf v. Westphalen*, DB 1985, 425, 430.

finde jedenfalls in der Papierbranche ihre Rechtfertigung schon im Verlustrisiko infolge Verdruckens oder ähnlicher Vorgänge. Erstmals ausdrücklich gebilligt hat der Bundesgerichtshof in dieser Entscheidung auch die in der Klausel geregelte Art der Sicherheitenfreigabe: Hier bedürfe es keiner dinglichen Verzichtsklausel wie bei der Globalzession zugunsten einer Bank[13], es genüge vielmehr ein schuldrechtlicher Freigabeanspruch des Sicherungsgebers.

Hatte der Bundesgerichtshof bis dahin jeweils Vertragsgestaltungen zu beurteilen, die (hinreichende) Freigabeklauseln enthielten, so hatte er in seiner richtungweisenden Entscheidung vom 8. Oktober 1986[14] erstmals über einen erweiterten und verlängerten Eigentumsvorbehalt *ohne* Freigabeklausel zu befinden. Der Lieferant von Materialien für die Herstellung eines Sportplatzes hatte sich die gesamte Werklohnforderung seines Abnehmers für das unter Mitverwendung der gelieferten Materialien hergestellte Bauwerk ohne jede Einschränkung abtreten lassen. Diese Klausel hielt nach Auffassung des Bundesgerichtshofs der Inhaltskontrolle wegen unverhältnismäßiger Übersicherung des Lieferanten und übermäßiger Beschränkung der wirtschaftlichen Bewegungsfreiheit seiner Kunden nicht stand. Ob im Einzelfall tatsächlich eine Übersicherung eingetreten war, hielt der Bundesgerichtshof – und hält er seither in ständiger Rechtsprechung – nicht für entscheidend. Maßgeblich ist nach seiner Auffassung vielmehr, ob der Inhalt der Klausel bei einer überindividuell generalisierenden Betrachtung unter Berücksichtigung der typischen Interessen der Beteiligten eine unangemessene Benachteiligung der Vertragspartner des Klauselverwenders ergibt. Das ist nur dann nicht der Fall, wenn durch geeignete Ausgestaltung der Geschäftsbedingungen – also durch die Aufnahme einer inhaltlich ausreichenden Freigabeklausel – eine unverhältnismäßige Übersicherung von vornherein ausgeschlossen ist. Da es daran fehlte, verwarf der Bundesgerichtshof die Vorbehaltsregelung in toto. Den Rückgriff auf einen Freigabeanspruch nach § 242 BGB, der dem Sicherungsgeber nach älterer Rechtsprechung auch ohne ausdrückliche Freigabeklausel in den Geschäftsbedingungen für den Fall eines groben Mißverhältnisses zwischen

13 Urteil vom 9.11.1978 – VII ZR 54/77, BGHZ 72, 308.
14 BGHZ 98, 303 (Fn. 3).

sichernden und gesicherten Forderungen zuzubilligen ist[15], hielt der VIII. Zivilsenat nicht für zulässig, weil er auf eine unzulässige geltungserhaltende Reduktion hinauslaufen würde[16].

Diese Rechtsprechung hat der VIII. Zivilsenat des Bundesgerichtshofs in weiteren Entscheidungen aus den Jahren 1990[17], 1992[18] und 1994[19] bestätigt und dahin präzisiert, daß es bei der Überdeckungsgrenze von 20 % auf den realisierbaren Wert der Sicherheiten ankommt[20]. In seiner jüngsten Entscheidung hat der VIII. Zivilsenat ferner aus der Rechtsprechung des IX. Zivilsenats zur Sicherungsübereignung eines Warenlagers mit wechselndem Bestand[21] auch für den (erweiterten) Eigentumsvorbehalt das Erfordernis übernommen, daß die Freigabeklausel eine Bezugsgröße für die Berechnung des Warenwertes enthalten muß , die es ermöglicht, unschwer festzustellen, ob die Deckungsgrenze überschritten ist[22].

2. Globalzession

Der Rechtsprechung des Bundesgerichtshofs zur Sicherheitenfreigabe bei Globalzessionen liegen fast durchgängig die von Banken und Sparkassen in unterschiedlichen Fassungen verwendeten Formularbestimmungen oder Allgemeinen Geschäftsbedingungen zugrunde. Ausgangspunkt ist wiederum die bereits erwähnte Entscheidung vom 8. Oktober 1986[23], in welcher der VIII. Zivilsenat des Bundesgerichtshofs die formularmäßige Globalzession eines Bauunternehmers billigte, die nach der Auslegung des Senats eine Freigabeverpflichtung der Bank für den Fall enthielt, daß der Nennbetrag der abgetretenen Forderungen die Kreditsumme nicht nur vorübergehend um mehr als 50 % überstieg. Darin sah

---

15 Vgl. oben, Text zu Fn. 1.

16 Anders der IX. Zivilsenat, WM 1994, 419 (Fn. 5) unter I 2 a.

17 WM 1990, 1389 (Fn. 3).

18 BGHZ 120, 300 (Fn. 3).

19 WM 1994, 585 (Fn. 3).

20 BGHZ 120, 300 (Fn. 3).

21 BGHZ 117, 374 (Fn. 5).

22 WM 1994, 585 (Fn. 3).

23 BGHZ 98, 303 (Fn. 3).

der Senat keinen Widerspruch zu seiner eigenen Rechtsprechung zur Angemessenheit von Freigabeklauseln beim Eigentumsvorbehalt und dem dort maßgeblichen Satz von 20%[24], weil es für den Wert von Sicherheiten nicht auf deren Nennbetrag, sondern auf den bei der Verwertung realisierbaren Erlös ankomme, der bei Sicherungszessionen nicht selten weit unter dem Nennbetrag liege[25]. Auch hier folgte der Senat nicht der zum Teil weitaus strengeren Auffassung der Literatur[26].

Diese Rechtsprechung hat der VIII. Zivilsenat in einer weiteren Entscheidung[27] bestätigt, in der eine Freigabeklausel zu beurteilen war, nach der die Bank Sicherheiten auf Verlangen des Sicherungsgebers nach billigem Ermessen freizugeben hatte, soweit sie diese nicht nur vorübergehend nicht mehr benötigte. Eine derartige allein auf das billige Ermessen ohne objektive Orientierungsgröße abstellende Freigabeklausel hat er mangels ausreichenden Schutzes gegen eine Übersicherung an der Inhaltskontrolle nach § 9 Abs. 1 AGB-Gesetz scheitern lassen. Sie genüge allenfalls dort, wo es um die Freigabe bestimmter Sicherheiten (wie etwa Grundschulden) gehe und nur deren Werthaltigkeit streitig sei. Weit größeren Schwierigkeiten sei der Sicherungsgeber dagegen ausgesetzt, wenn er ohne Festlegung einer Deckungsgrenze die Freigabe von Sicherheiten durchsetzen wolle. Denn dann drohe die Gefahr, daß wegen der Frage der Bewertung der Sicherheiten und der damit eng zusammenhängenden Frage, welche angemessene Übersicherung der Sicherungsnehmer beanspruchen könne, ein zeitraubender und kostenaufwendiger Streit entstehe. Diesem Nachteil für den Sicherungsgeber stehe kein rechtfertigendes Interesse des Sicherungsnehmers gegenüber.

An dieser Rechtsprechung hat der VIII. Zivilsenat in der Folgezeit festgehalten. Mit einer Entscheidung vom 19. Juni 1991[28] hat er noch einmal bekräftigt, daß nur beides zusammen – objektive Bezugsgröße zwischen Sicherheit und zu sichernder Forderung einerseits sowie Verpflichtung des Sicherungsnehmers zur Freigabe andererseits – geeignet ist, eine Übersicherung von vornherein auszuschließen. Ein Klausel-

24 BGHZ 94, 105 (Fn. 3).
25 S. dazu ferner BGHZ 120, 300, 302 (Fn. 3); WM 1991, 1273 (Fn. 4) unter IV 1b.
26 *Wolf*, aaO (Fn. 12); *Graf v. Westphalen*, aaO (Fn. 12).
27 BGHZ 109, 240 (Fn. 4).
28 WM 1991, 1499 (Fn. 4).

werk, nach dessen Inhalt die Globalzessionarin im Falle der Überschreitung des vereinbarten Mindestbetrages der abgetretenen Forderungen Sicherheiten freigeben *kann*, hierzu aber nur verpflichtet ist, soweit sie diese nach ihrem billigen Ermessen nicht mehr benötigt, ist zum Ausschluß einer Übersicherung nicht geeignet.

In zwei Entscheidungen aus dem Jahre 1990[29] hat sich ferner der VII. Zivilsenat des Bundesgerichtshofs mit formularmäßigen Globalzessionen zugunsten von Banken befaßt, bei denen es an der Vereinbarung einer objektiven Deckungsgrenze fehlte. Der Senat hat die Globalzession in beiden Fällen wegen fehlender Vorkehrungen gegen Übersicherung als sittenwidrig und damit nach § 138 BGB nichtig angesehen.

3. Lohnabtretung

Die bereits erwähnte Entscheidung zur Sicherheitenfreigabe bei formularmäßiger Lohnabtretung zugunsten einer Bank [30] befaßt sich mit der Erforderlichkeit einer Freigabeklausel nur am Rande. Die in casu zu beurteilende Lohnabtretungsklausel hielt der Inhaltskontrolle schon deshalb nicht stand, weil sie mangels jeglicher Begrenzung der Zession geeignet war, eine unverhältnismäßige Übersicherung der Bank zu bewirken, und eine Rückübertragung der abgetretenen Ansprüche erst für den Fall des vollen Ausgleichs aller Ansprüche der Bank vorsah. Neben Maßnahmen zu einer an der Höhe der Darlehensforderung orientierten Begrenzung der Zession hielt der III. Zivilsenat zusätzlich eine geeignete Freigabeklausel mit Rücksicht darauf für erforderlich, daß das Sicherungsinteresse der Bank mit fortschreitender Tilgung abnimmt[31]. Hiermit übereinstimmend verwarf der IX. Zivilsenat in einer Entscheidung aus dem Jahre 1991[32] eine mit einer Formularbürgschaft kombinierte unbegrenzte Lohnabtretung ohne Freigabeklausel.

---

29 WM 1990, 1326; ZIP 1991, 152 (Fn. 4).

30 BGHZ 108, 98 (Fn. 2).

31 Ebenso der IX. Zivilsenat in der Entscheidung BGHZ 117, 374, 379 (Fn. 5); anders dagegen in der Entscheidung WM 1994, 419 (Fn. 5) unter I 2c a.E.

32 Urteil vom 21.11.1991 – IX ZR 60/91, WM 1992, 135 unter II 1.

4. Sicherungsübereignung von Sachgesamtheiten

In einer Entscheidung vom 19. März 1992[33] hatte der IX. Zivilsenat des Bundesgerichtshofs die formularmäßige Sicherungsübereignung eines Warenlagers mit wechselndem Bestand zu beurteilen, die eine Sparkasse sich als Kreditsicherheit hatte geben lassen. Sie hatte sich formularmäßig für den Fall ihrer völligen Befriedigung zur Freigabe verpflichtet und sich hierzu schon vorher bereit erklärt, soweit sie das Sicherungsgut nach ihrem billigen Ermessen zur Sicherung ihrer Ansprüche nicht mehr benötige. Diese Freigabeklausel hat der Senat unter Anwendung der für die Globalzession entwickelten Grundsätze nicht für ausreichend erachtet. Bei formularmäßiger Übereignung von Sachgesamtheiten mit wechselndem Bestand sei der Sicherungsgeber in gleicher Weise schutzbedürftig wie bei der Globalzession. Schon die ständig mögliche Vermehrung des Sicherungsguts könne zur Übersicherung des Gläubigers führen und den Schuldner in seiner wirtschaftlichen Bewegungsfreiheit unangemessen beeinträchtigen. Die formularmäßige Sicherungsübereignung eines Warenlagers mit wechselndem Bestand sei deshalb grundsätzlich unwirksam, wenn sie nicht durch eine Freigabeklausel mit zahlenmäßig bestimmter Deckungsgrenze begrenzt sei und eine Bezugsgröße für die Berechnung des Wertes der sicherungsübereigneten Waren enthalte, die es ermöglicht, unschwer festzustellen, ob die Deckungsgrenze überschritten ist. Fehle es daran, so drohe dem Sicherungsgeber ein zeit- und kostenaufwendiger Rechtsstreit über die regelmäßig nicht einfache Bewertung der Waren und die im Ergebnis schwer vorhersehbare Beurteilung, von welcher Grenze an die Freigabe billigem Ermessen entspricht. Dies alles sei geeignet, den Sicherungsgeber von der Durchsetzung berechtigter Rückübertragungsansprüche aus Furcht vor dem damit verbundenen Aufwand abzuhalten.

Die Entscheidung reiht sich nahtlos in die bis dahin vorwiegend vom VIII. Zivilsenat entwickelte Rechtsprechung zur Sicherheitenfreigabe beim verlängerten und erweiterten Eigentumsvorbehalt und bei der Globalzession ein. Sie führt als zusätzliches Element das Erfordernis einer

33 BGHZ 117, 374 (Fn. 5).

Bezugsgröße für die Berechnung des Warenwertes ein, das der VIII. Zivilsenat , wie erwähnt[34], sodann für den (erweiterten) Eigentumsvorbehalt übernommen hat[35].

III. Der Stand der Rechtsprechung zur Freigabe von Kreditsicherheiten zum Jahreswechsel 1993/94

Der Stand der skizzierten Rechtsprechung zur Jahreswende 1993/94 läßt sich wie folgt zusammenfassen:

Besteht nach der Ausgestaltung der Sicherungsvereinbarung die Möglichkeit, daß der Wert der Sicherheiten den Betrag der gesicherten Forderungen erheblich übersteigt, so hält sie der Inhaltskontrolle nach § 9 Abs. 1 AGB-Gesetz nur dann stand, wenn der Sicherungsgeber durch eine geeignete *Freigabeklausel* gegen eine unangemessene Übersicherung geschützt ist.

Geeignet ist eine Freigabeklausel dann, wenn sie durch eine *zahlenmäßig bestimmte Deckungsgrenze* konkretisiert ist, die in einem objektiv bestimmbaren Verhältnis zur Höhe der zu sichernden Forderung steht, und wenn außerdem der Sicherungsnehmer bei nicht nur vorübergehender Überschreitung der Deckungsgrenze zur Freigabe von Sicherheiten *verpflichtet* ist.

Noch *angemessen* ist eine Deckungsgrenze von *120% des realisierbaren Wertes* der Sicherheiten bzw. von *150% des Nennwertes* der abgetretenen Forderungen bei der Globalzession.

Legt die Freigabeklausel die Deckungsgrenze nach dem realisierbaren Wert der Sicherheiten fest, so muß sie eine feste *Bezugsgröße* bestimmen, die es ermöglicht, unschwer festzustellen, ob die Deckungsgrenze überschritten ist.

Dies alles gilt gleichermaßen für die Sicherungsformen des erweiterten und/oder verlängerten *Eigentumsvorbehalts*, der *Globalzession* und der *Sicherungsübereignung* von Sachgesamtheiten mit *wechselndem* Bestand.

---

34 Oben II. 1. a.E., S.62.

35 WM 1994, 585 (Fn. 3).

IV. Die jüngste Entwicklung der Rechtsprechung zur Freigabe von Kreditsicherheiten

1. Die neuere Rechtsprechung des IX. Zivilsenats

Zumindest eine Tendenzwende lassen zwei Entscheidungen des IX. Zivilsenats vom 13. Januar 1994[36] erkennen, die für die formularmäßige Sicherungsübereignung von Sachgesamtheiten mit im wesentlichen festem Bestand auf das Erfordernis einer Freigabeklausel mit zahlenmäßig bestimmter Deckungsgrenze verzichten. Der Sicherungsgeber hatte im einen Fall neun näher bezeichnete Maschinen und Geräte seines Unternehmens, im anderen Fall 54 Teile seines Betriebsinventars zur Sicherheit übereignet. Ein Wechsel im Bestand der sicherungsübereigneten Gegenstände war – vom Ersatz entwerteter Stücke abgesehen – in beiden Fällen nicht vorgesehen. In diesem Umstand sieht der IX. Zivilsenat den entscheidenden Unterschied zu den bislang entschiedenen Fällen. Ihnen allen sei gemeinsam, daß der Sicherungsnehmer sich Sach- oder Rechtsgesamtheiten in einem bestimmten Rahmen umfassend und unter Einbeziehung solcher Sachen oder Rechte habe übertragen lassen, die im Zeitpunkt der Formularvereinbarung noch nicht zum Vermögen des Sicherungsgebers gehörten. In einem solche Falle sei die Belastung in ihrer Entwicklung für den Sicherungsgeber nicht mehr überschaubar. Die Sicherheiten könnten übermäßig und für den Sicherungsgeber weithin unkontrollierbar anwachsen, was einen Knebelungseffekt zur Folge habe und dazu führe, daß der Wert der Sicherheiten im Sicherungsfall erst ermittelt werden müsse. Dies begründe die Gefahr langwieriger Auseinandersetzungen.

Bei der Sicherungsübertragung einer in ihrem Bestand gleichbleibenden Sachgesamtheit bestünden die beschriebenen Erschwernisse dagegen nicht, denn hier wisse der Sicherungsgeber, welche Sicherungsgüter er dem Sicherungsnehmer anvertraut habe, und könne die Situation vollständig überblicken. Anzahl und Wert der gegebenen Sicherheiten blieben im Regelfall konstant , etwaige Änderungen vollzögen sich jeweils

---

36 WM 1994, 414 und 419 (Fn. 5); dazu ausführlich *Ganter,* ZIP 1994, 257; ferner *Neuhof,* NJW 1994, 841 sowie *Serick,* EWiR § 9 AGBG 5/94, 209.

auf Veranlassung und unter Kontrolle des Sicherungsgebers. Zwar könne auch hier eine Übersicherung eintreten, wenn der gesicherte Kredit zurückgeführt werde, der Wert des Sicherungsguts dagegen konstant bleibe bzw. vom Sicherungsgeber konstant gehalten werden müsse oder langsamer als die gesicherte Forderung abnehme. Dies sei indessen etwas, womit jeder Sicherungsgeber rechnen müsse und auch rechne. Weniger schwierig sei in der Regel auch die Wertermittlung, weil die Parteien sich hierüber schon bei der Übereignung Gedanken gemacht hätten. Schließlich könne zwar auch bei der Sicherungsübereignung einer feststehenden Sachgesamtheit oder einer einzelnen Sache Streit darüber entstehen, welches Maß an Übersicherung der Sicherungsnehmer beanspruchen könne. Allein deswegen könne aber noch nicht die Festlegung einer zahlenmäßig bestimmten Deckungsgrenze, die diesen Streit vermeiden würde, verlangt werden. Denn die Frage nach dem hinnehmbaren Maß an Übersicherung stelle sich bei der Sicherungsübereignung unabhängig davon, ob sie durch Allgemeine Geschäftsbedingungen oder durch Individualvertrag vorgenommen werde. Habe der Sicherungsnehmer seine Rechte aber formularvertraglich nicht wesentlich erweitert, so seien die Interessen des Sicherungsgebers angemessen berücksichtigt, wenn er nur in gleicher Weise wie beim Individualvertrag gegen Übersicherung geschützt sei.

Gewichtiger noch als diese Abgrenzung nach der Art des Sicherungsguts und den hieraus abgeleiteten Unterschieden in der Belastung des Sicherungsgebers erscheint der Unterschied im Begründungsansatz[37] des IX. Zivilsenats. Danach wird der Gefahr eines Mißverhältnisses zwischen Sicherheit und gesicherter Forderung *im allgemeinen* schon durch den Freigabeanspruch des Sicherungsgebers vorgebeugt, der sich bereits aus der Sicherungsabrede, notfalls aus § 812 BGB ergibt, sobald und soweit die Sicherheiten die Deckungsgrenze nachhaltig übersteigen. Dieser Freigabeanspruch bedarf keiner ausdrücklichen Regelung in der Sicherungsvereinbarung, steht dem Sicherungsgeber vielmehr unabhängig von derselben zu und kann durch Klauseln des Sicherstellungsvertrages wirksam weder ausgeschlossen noch eingeschränkt oder in seiner Durchsetzbarkeit unangemessen erschwert werden. Geschieht dies dennoch, so sind nur diese Klauseln, nicht aber der Vertrag im übrigen

37 WM 1994, 419 (Fn. 5) unter I 2 a, b.

unwirksam. Einer Freigabeklausel in der Sicherungsvereinbarung bedarf es nach der Auffassung des IX. Zivilsenats deshalb nur noch *ausnahmsweise* für diejenigen Erscheinungsformen der Sicherungsübereignung, die mit *besonders* nachteiligen Wirkungen für den Sicherungsgeber verbunden sind. Hier soll die Klausel dem Sicherungsgeber die Durchsetzung seines ohnehin gegebenen Freigabeanspruchs erleichtern, indem sie ihn „vertraglich festschreibt und zugleich in bestimmter Weise ausformt".

In seiner jüngsten Entscheidung zur Freigabe von Kreditsicherheiten[38] hat der IX. Zivilsenat seine neuerdings vertretene Auffassung auch für den Fall bestätigt, daß eine Bank sich zur Absicherung des einer GmbH gewährten Kredits von dieser das Eigentum an sechs Fahrzeugen und von den Gesellschaftern Grundschulden hatte übertragen und Bürgschaften hatte geben lassen.

Für die Sicherungsübereignung der Fahrzeuge bekräftigt der Senat die den Urteilen vom 13. Januar 1994 zugrundeliegende Auffassung und überträgt sie sodann auf die Bestellung von Sicherungsgrundschulden. Insoweit billigt er ausdrücklich die Freigabeklausel in Nr. 19 Abs. 6 AGB-Banken (Freigabepflicht nach billigem Ermessen).

Eine Freigabeklausel hält der Senat auch bei der Kombination einer Sicherungsübereignung bestimmter Sachen mit der Bestellung von Grundschulden nicht für erforderlich, weil auch deren Verbindung die Feststellung des Sicherungsgebers nicht erschwere, von wann ab eine erhebliche andauernde Übersicherung der Bank eintrete.

Eine zusätzlich gegebene Bürgschaft, deren rechtliche und wirtschaftliche Besonderheiten gegenüber Realsicherheiten der Senat im einzelnen herausstellt, könne nicht pauschal, sondern nur unter Beachtung von Sinn und Zweck der Sicherungsvereinbarung sowie von Treu und Glauben nach den jeweiligen Umständen des Einzelfalles in die Bewertung einbezogen werden. Die Voraussetzungen hierfür ließen sich nicht durch eine Freigabeklausel mit bestimmter Deckungsgrenze im voraus sachgerecht regeln. Die Grenze der Zulässigkeit einer solchen Kumulation verschiedenartiger Sicherheiten bilde im Einzelfall §138 BGB.

Die neueste Rechtsprechung des IX. Zivilsenats zur Freigabe von Kreditsicherheiten läßt sich mithin wie folgt zusammenfassen:

---

38 Urteil vom 28.4.1994 – IX ZR 248/93, WM 1994, 1161.

Die *Sicherungsübereignung* von Sachgesamtheiten mit *festem* Bestand ist auch dann nicht nach § 9 Abs. 1 AGB-Gesetz unwirksam, wenn sie eine nachträgliche Übersicherung ermöglicht oder gar bezweckt. Einer Freigabeklausel bedarf es nicht. Der Sicherungsgeber ist durch einen „klauselfesten" Freigabeanspruch ausreichend geschützt. Entbehrlich ist auch die Festlegung einer Deckungsgrenze.

Dies alles gilt auch bei einer Kumulierung nicht globaler Sicherheiten.

Ob andere Senate des Bundesgerichtshofs dem IX. Zivilsenat folgen werden, läßt sich noch nicht absehen. Der VIII. Zivilsenat hat in seiner jüngsten Entscheidung vom 9. Februar 1994[39] für den Fall des erweiterten Eigentumsvorbehalts eines Kraftfahrzeugherstellers an den einem Vertragshändler gelieferten Teilen an seiner bisherigen Rechtsprechung festgehalten.

2. Die Entscheidung des XI. Zivilsenats vom 10. Mai 1994

Mit seinem Urteil vom 10. Mai 1994[40] hat sich erstmals auch der für das Bankrecht zuständige XI. Zivilsenat des Bundesgerichtshofs zur Frage der Erforderlichkeit einer Freigabeklausel bei der formularmäßigen Globalzession zugunsten einer Bank geäußert. Ohne die Frage entscheiden zu müssen, hat er sich grundsätzlich gegen die vor allem vom VIII. Zivilsenat entwickelte Rechtsprechung gewandt.

Der XI. Zivilsenat greift eine im Schrifttum geübte Kritik auf, die unter anderem darauf verweist, daß die eigentlichen Schwierigkeiten der Kreditsicherungspraxis bei der Bewertung der verbreiteten Kombination verschiedenartiger Sicherheiten – Globalzession, Sicherungsübereignung von Warenlagern, Grundschulden und Bürgschaften – liegen. Aus der Erfahrung der Praxis fügt der Senat die Beobachtung hinzu, daß Streitigkeiten zwischen Sicherungsgeber und Sicherungsnehmer über die Freigabe abgetretener Forderungen – wie eingangs erwähnt – selten sind und daß Nutznießer der hier dargestellten Rechtsprechung in aller Regel Dritte, vor allem ungesicherte Gläubiger im Konkurs des Sicherungsgebers sind, deren Schutz § 9 AGB-Gesetz nicht bezweckt. Einen weiteren

39 WM 1994, 585 (Fn. 3).
40 XI ZR 65/93, WM 1994, 1283.

Grund zur Kritik sieht der Senat darin, daß die hier dargestellte Rechtsprechung auch dann zur Unwirksamkeit formularmäßiger Globalzessionen führt, wenn eine Übersicherung der Bank nie eingetreten ist, vielmehr die Unterdeckung der gesicherten Forderungen feststeht. Der XI. Zivilsenat hält die bisherige Rechtsprechung zum Erfordernis einer Freigabeklausel deshalb insgesamt für problematisch.

V. Ausblick

Angesichts der jüngsten Entwicklung steht zu erwarten, daß die seit dem Jahre 1985 gewachsene und noch vor kurzem als gefestigt geltende Rechtsprechung des Bundesgerichtshofs zur Freigabe von Kreditsicherheiten in naher Zukunft entscheidende Änderungen erfahren oder aber den Großen Senat für Zivilsachen (§ 132 GVG) beschäftigen wird. Das gilt jedenfalls für die Globalabsicherung von Geldkreditforderungen. Es erscheint nicht ausgeschlossen, daß das Erfordernis einer Freigabeklausel mit zahlenmäßig bestimmter Deckungsgrenze am Ende nur noch für die Warenkreditsicherung im weitesten Sinne Bestand haben wird, für die es ursprünglich entwickelt worden ist.

II. Abteilung:
Die Rolle der Kreditinstitute bei der Sanierung von Unternehmen

Leitung: Professor *Dr. Theodor Heinsius*, Frankfurt am Main

Rechte und Pflichten der Kreditinstitute bei der Sanierung von Unternehmen

Professor *Dr. Franz Häuser*,
Universität Leipzig

Inhaltsübersicht

I. Die Schlüsselrolle der Kreditinstitute bei der freien Unternehmenssanierung und die daraus sich ergebenden Rechtsfragen

1. Einführung

a) Wirtschaftliche Ausgangslage und öffentliches Meinungsbild

Es bedarf nicht eines besonderen Hinweises auf einzelne aktuelle oder spektakuläre Insolvenzfälle[1], um sich die Brisanz des Themas vor Augen zu führen. Die gegenwärtige wirtschaftliche Lage ist nämlich insgesamt insofern zwiespältig, als parallel zur konjunkturellen Erholung für das Jahr 1994 ein *Nachkriegsrekord an Unternehmenszusammenbrüchen* erwartet wird[2], und zwar als ein typischer Spätindikator der konjunktu-

1 Vgl. dazu die Zusammenstellung für 1994 bei *Giersberg* in Frankfurter Allgemeine Zeitung Nr. 303 vom 30.12.1994, S. 11.

2 Vgl. Verband der Vereine Creditreform, als Quelle: Frankfurter Allgemeine Zeitung Nr. 289 vom 13.12.1994, S. 15; Frankfurter Allgemeine Zeitung Nr. 124 vom 31.5.1994, S. 18.

rellen Entwicklung. Nach derselben Quelle[3] hat sich, um nur eine Zahl herauszugreifen, im Jahre 1993 der Einstandsumfang des *Kölner Pensionssicherungsvereins* mit 1,4 Mrd. DM binnen Jahresfrist um weit mehr als verdreifacht. Diese Tatsachen kann man durchaus auch als Indizien dafür interpretieren, daß erwünschte Sanierungsbemühungen entweder erst gar nicht ergriffen wurden oder aber im Ergebnis fehlgeschlagen sind.

Seit Jahren nimmt sich die öffentliche Meinung des Themas mit einer gegenüber der Kreditwirtschaft unverändert kritischen Tendenz an. Deshalb kann man an die anschauliche Schilderung anknüpfen, mit der *Hopt*[4] im Jahre 1979 seinen Vortrag auf dem bankrechtlichen Kolloquium der Zeitschrift für das gesamte Handelsrecht und Wirtschaftsrecht (ZHR) über „Rechtspflichten der Kreditinstitute zur Kreditversorgung, Kreditbelassung und Sanierung von Unternehmen" eingeleitet hat: „Presse und Öffentlichkeit, die heute in Deutschland ebenso wie in vielen westlichen Industriestaaten den Kreditinstituten weithin kritisch gegenüberstehen, sind schnell bei der Hand mit der Vermutung, Banken würden durchaus noch sanierungsfähige Unternehmen nach Belieben und im eigenen Interesse fallen lassen". Der Bundesgerichtshof[5] hat diese vermutete Haltung von Banken zwar in der ersten BuM-Entscheidung überraschend pauschal, wenn hier auch aus dem Zusammenhang gerissen, von Rechts wegen mit den Worten gestützt: „Einer Bank bleibt es grundsätzlich überlassen, ob sie ein notleidendes Unternehmen, dem sie Kredit gegeben hat, fallen lassen will." Der wiedergegebenen tatsächlichen Einschätzung im öffentlichen Meinungsbild ist *Hopt*[6] damals entgegengetreten: „Das Gegenteil ist richtig". Die für diese Gegenposition vorgetragenen Argumente treffen auch heute noch zu; es liegt deshalb nahe, sich auch die erwähnte Entgegnung zu eigen zu machen[7]. Denn: Auch heute arbeiten sanierungsbedürftige Unternehmen typischerweise bereits länger und ausgiebig mit Bankkrediten. Nach wie vor gehen eine zunehmende Praxis

3 Frankfurter Allgemeine Zeitung Nr. 124 vom 31. Mai 1994, S. 18.
4 ZHR 143 (1979), 139, 140.
5 BGHZ 90, 381, 399 = WM 1984, 625, 632.
6 *Hopt*, ZHR 143 (1979), 139, 140.
7 Vgl. auch *Heinsius*, in: Birk/Kreuzer (Hrsg.), Das Unternehmen in der Krise – Probleme der Insolvenzvermeidung aus rechtsvergleichender Sicht, 1986, S. 147, 148.

der Kreditinstitute wie auch ihr eigenes Geschäftsinteresse dahin, solche Unternehmen falls möglich zu retten. Bankkredite sind zwar auch gegenwärtig in aller Regel gesichert, und Kreditinstitute pflegen häufig aus Unternehmenskonkursen weit glimpflicher davonzukommen als andere Gläubiger. Gleichwohl führen Unternehmenspleiten auch bei Kreditinstituten regelmäßig zu Verlusten[8]. Bei bedeutsameren Unternehmenszusammenbrüchen sind immer auch Arbeitsplätze gefährdet. Deshalb übt vor allem die öffentliche Hand Druck auf die Kreditinstitute aus, und es sind in der Öffentlichkeit die schon erwähnten Vorwürfe zu hören, die Bank hätte das Unternehmen retten können oder sie habe es sogar in den Konkurs getrieben. Das eigene Interesse des Kreditinstituts an der Sanierung zeigt sich darin, daß gesicherte Kredite weiteren Gewinn abwerfen und eine gelungene Sanierung langfristig eine sehr gute Investition sein kann. Das entscheidende Problem, das von einem Kreditinstitut in dieser Krisensituation zu bewältigen ist, besteht in der Prüfung, ob das Unternehmen sanierungsfähig ist[9]. Als Erschwernis kommt hinzu, daß es wohl typische Insolvenzursachen gibt, aber ein jeder Sanierungsfall anders liegt und so nach einer individuellen Lösung verlangt[10].

b) Kreditwirtschaftliche Sanierungshilfen

Bei der Sanierung eines Unternehmens fällt den Banken ohne Zweifel eine *Schlüsselrolle* zu[11], was auch von seiten der Kreditwirtschaft ausdrücklich anerkannt wird[12]. Die Hauptlast der Finanzierung einer Sanierung ruht regelmäßig auf den Schultern der *Hausbank* des krisengeschüttelten Unternehmens[13], und nach Beobachtungen aus der

8 *Herrhausen*, Die Bank 1979, 358.

9 *Herrhausen*, Die Bank 1979, 358, 359; dazu ferner *Maus*, in: Gottwald (Hrsg.), Insolvenzrechts-Handbuch, 1990, § 3; *Brandstätter*, Die Prüfung der Sanierungsfähigkeit notleidender Unternehmen, 1993.

10 Vgl. *Herrhausen*, Die Bank 1979, 358, 359.

11 Vgl. nur *Karsten Schmidt*, WM 1983, 490.

12 *Herrhausen*, Die Bank 1979, 358, 359.

13 Vgl. zur Kennzeichnung der Unternehmenskrise allgemein *Maus*, aaO (Fn. 9), § 2; *Wiegelmann*, Verhaltenspflichten der Kreditinstitute im Kreditgeschäft mit Kunden in der Krise, 1993, S. 9ff.

Kreditwirtschaft soll der Stellenwert einer auf kontinuierliche Zusammenarbeit angelegten Hausbankbeziehung in jüngerer Zeit wieder zunehmen[14]. Kreditinstitute sind in der existenzbedrohenden Unternehmenskrise vor allem deshalb von Anfang an so exponiert, weil dem wirtschaftlich angeschlagenen Unternehmen meistens zunächst die *Zahlungsunfähigkeit* droht. Mit der damit angesprochenen Liquidität entscheidet eine Bank aber nicht selten über Sein oder Nichtsein des notleidenden Unternehmens, was sich auch auf die wirtschaftliche Lage der anderen Gläubiger des Unternehmens auswirkt[15]. Ist die Beschaffung von Finanzierungsmitteln sodann das zentrale Problem einer jeden Sanierung, wie es *Heinsius*[16] einmal in einem Diskussionsbeitrag zutreffend formuliert hat, so rückt damit erneut in den Vordergrund, in welchem Maße der Erfolg einer Sanierung davon abhängt, daß Kreditinstitute sich daran mit ihren Finanzierungsmöglichkeiten beteiligen. Kreditinstitute sind außerdem häufig die größte Gruppe der Gläubiger und sie verfügen meistens, wenn auch nicht immer, wie aktuelle Fälle deutlich machen, schon mit Rücksicht auf die aufsichtsrechtliche Pflicht aus § 18 KWG[17] über bessere und zeitnähere Informationen über das angeschlagene Unternehmen als andere Gläubigergruppen[18].

---

14 Vgl. *Martini*, ÖBA 1991, 615, 617; ferner *Gröschel*, Hausbankprinzip, Struktur des Bankensystems und Marktstabilität, Sparkasse 1993, 510; *Terrahe*, Die Zukunft des Hausbankprinzips: Engere oder lockere Bank/Kunden-Bindung?, in: Engels (Hrsg.), Organisation der Banken und des Bankenmarktes, 1988, S. 145ff.

15 *Herrhausen*, Die Bank 1979, 358.

16 Diskussionsbeitrag, 54. DJT 1982, S. M 121; ebenso *Maus*, aaO (Fn. 9), § 3 Rdn. 5; *Hopt*, in: Birk/Kreuzer (Hrsg.), Das Unternehmen in der Krise – Probleme der Insovenzvermeidung aus rechtsvergleichender Sicht, 1986, S. 11, 41.

17 Zu den Pflichten der Kreditinstitute aus § 18 KWG vgl. *Jährig/Schuck/Rösler/Woite*, Handbuch des Kreditgeschäfts, 5. Aufl., 1989, S. 342, 498ff. Zum „nachhaltigen und beharrlichen" Verstoß des Kreditnehmers gegen die ihm vertraglich auferlegte, dem § 18 KWG entsprechende Auskunftspflicht als berechtigter Anlaß für eine fristlose Kreditkündigung vgl. BGH WM 1994, 838, 839.

18 So *Herrhausen*, Die Bank 1979, 358 (359); *Batereau*, WM 1992, 1517f; *Hopt*, ZfB 1984, 743, 752. Gegen die sachliche Rechtfertigung eines „Informationsvorsprungs der Bank" aber *Obermüller*, Handbuch Insolvenzrecht für die Kreditwirtschaft, 4. Aufl., 1991, Rdnr. 210.

Kreditinstitute leisten nach den Erfahrungen aus der Bankpraxis[19] als Sanierungshilfen unterschiedliche Beiträge: Sie halten mit den eingeräumten Altkrediten still und gewähren zusätzlich Sanierungskredite[20]; sie verzichten auf fällige Zinszahlungen und sind, um eine Überschuldung zu beseitigen, damit einverstanden, daß Kreditforderungen in Eigenkapital umgewandelt werden[21] oder ihre Forderung im Rang zurücktreten[22]. Sind mehrere Banken beteiligt, bilden sie nicht selten ein Konsortium und vereinbaren meistens einen Sicherheitenpool[23]. In der Poolvereinbarung legen sie auch die künftigen Kreditlinien des einzelnen Instituts fest[24]. Mit dieser Aufzählung sind keineswegs schon alle denkbaren finanzwirtschaftlichen Sanierungshilfen unter Beteiligung von Kreditinstituten genannt und zum Beispiel sog. Managementhilfen im einzelnen noch gar nicht erwähnt. Ein Sanierungspraktiker könnte die Liste der in Betracht kommenden Sanierungshilfen sicherlich noch erheblich verlängern und im einzelnen ausdifferenzieren. Kreditinstitute sind aber grundsätzlich darum bemüht, die Rolle als Kreditgeber nicht zu verlassen, wollen also keine unternehmerische Verantwortung für das Krisenunternehmen übernehmen[25].

---

19 Zum folgenden insbesondere *Heinsius*, aaO (Fn. 7), S. 150f; vgl. auch die Fallbeispiele bei *Herrhausen*, Die Bank 1979, 358, 359; ferner *Maus*, aaO (Fn. 9), § 5 Rdn. 43ff.

20 Vgl. dazu die Definition des Sanierungskredits bei *Brandstätter*, aaO (Fn. 9), S. 26, als die „Zuführung von finanziellen Mitteln durch Banken oder andere Kreditgeber an sanierungsbedürftige Unternehmen mit dem Ziel, einen Konkurs abzuwenden bzw. die Konkursgründe zu beseitigen und die wirtschaftliche Leistungsfähigkeit des Unternehmens wiederherzustellen".

21 Vgl. dazu *Geßler*, FS Ph. Möhring, 1975, S. 173.

22 *Heinsius*, aaO (Fn. 7), S. 150f; dazu insbesondere *Peters*, WM 1988, 641ff, 685ff; *Serick*, ZIP 1980, 9ff, 153ff.

23 Vgl. als Beispiel aus der Rechtsprechung BGH WM 1993, 270; BGH WM 1993, 265 = ZIP 1993, 271, dazu *Häsemeyer*, ZIP 1994, 420 Fn. 14; dazu auch *Feddersen*, FS Helmrich, 1994, S. 597, 605.

24 *Heinsius*, aaO (Fn. 7), S. 150f; umfassend zu sog. Sanierungskonsortien von Kreditinstituten *De Meo*, Bankenkonsortien, 1994, S. 18f und passim.

25 So *Herrhausen*, Die Bank 1979, 358, 359, der als Grenzfall die Situation bezeichnet, daß Kredite in Eigenkapital umgewandelt werden, um die Zinslast zu verringern.

2. Die Problematik der freien Sanierung

Die Sanierung notleidender Unternehmen[26] ist eine ungemein vielschichtige Aufgabenstellung, die es erforderlich macht, ökonomische[27] und juristische Aspekte miteinander zu verbinden[28]. Unter dem Begriff der Sanierung faßt man meistens „alle Maßnahmen, die die finanzielle Gesundung eines notleidenden Unternehmens bezwecken, also Maßnahmen, die geeignet sind, ein Unternehmen vor dem Zusammenbruch zu bewahren und wieder ertragsfähig zu machen", zusammen[29] oder man kennzeichnet die Sanierung in ökonomischer Ausrichtung als die „Neugestaltung der Finanzierungsgrundlagen einer notleidenden Betriebswirtschaft"[30]. Es soll also aus juristischem Blickwinkel verhindert werden, daß der Weg zum Konkurs- oder Vergleichsrichter wegen Zahlungsunfähigkeit (§§ 102, 209 Abs. 1 Satz 2 KO) oder wegen Überschuldung (§§ 207 Abs. 1, 209 Abs. 1 Sätze 2 und 3 KO) des Unternehmens angetreten werden muß. Mit den hier zu erörternden „Rechten und Pflichten der Kreditinstitute bei der Sanierung von Unternehmen", ist nur ein Ausschnitt der Bemühungen angesprochen, einem in die wirtschaftliche Krise geratenen Unternehmen durch finanzwirtschaftliche Maßnahmen außerhalb eines gesetzlich geregelten Insolvenzverfahrens

---

26 Das Thema Sanierung von Unternehmen wird seit vielen Jahren mit einem Höhepunkt aus Anlaß des 54. DJT 1982 diskutiert. Dieser Stellenwert ist angesichts der hohen Zahl von Unternehmensinsolvenzen in den letzten Jahren nicht überraschend.

27 Wenn man nicht über eigene praktische Erfahrungen verfügt, kann man sich mit einem Blick in die betriebswirtschaftliche Literatur einen Eindruck von der zahlreichen, vor allem prognostischen ökonomischen Problemen verschaffen; vgl. *Brandstätter*, aaO (Fn. 9).

28 Vgl. als Gesamtdarstellungen *Flessner*, Sanierung und Reorganisation, 1982; *Hess/Fechner*, Sanierungshandbuch, 2. Aufl. 1991; Maus, aaO (Fn. 9) §§ 2 bis 6; Berger, Sanierung und Konkursabwendung – Zukunftssicherung mittelständischer Unternehmen, in: Christians (Hrsg.), Finanzierungshandbuch, 2. Aufl., 1988, S. 783 ff.

29 So Bundesministerium der Finanzen (Hrsg.), Bericht der Studienkommission „Grundsatzfragen der Kreditwirtschaft", 1979, Tz. 872; ähnlich *Maus*, aaO (Fn. 9), § 3 Rdn. 1.

30 So *Rümker*, ZIP 1982, 1385, 1394.

wieder auf die Beine zu helfen[31]. Die damit angesprochene außergerichtliche oder freie Sanierung wird allgemein als der erfolgversprechendere Weg angesehen, ein Unternehmen vor einem Konkursverfahren zu bewahren[32]. Ihr wird auch aus einem rechtspolitischem Blickwinkel unstreitig eine eigenständige Legitimation zuerkannt[33], weil auch die privatautonom disponierenden Beteiligten sich im Einzelfall die Frage vorlegen müssen, ob das von einer Insolvenz bedrohte Unternehmen sanierungsfähig (sanierungswürdig) ist. Dies ist vor allem folgerichtig, wenn man die Grundannahme teilt, von der auch die neue Insolvenzordnung getragen ist[34], daß privatautonom getroffene Entscheidungen der betroffenen Beteiligten ein höheres Maß an wirtschaftlicher Effizienz gewährleisten können als hoheitliche Regulierungen. Wer demgegenüber aus ordnungspolitischer Sicht den marktwirtschaftlichen Ausleseprozeß durch Sanierungsbemühungen gefährdet sieht[35], dem sind die immensen individuellen und volkswirtschaftlichen Schäden

31 *Brandstätter*, aaO (Fn. 9), S. 7.

32 *Karsten Schmidt*, Gutachten D zum 54. DJT, 1982, S. D 103; *ders.*, ZIP 1982, 11; ebenso *Stürner*, ZIP 1982, 761, 763, 771; *Maus*, aaO (Fn. 9), § 5 Rdn. 89ff; *Honsell*, JBl. 1987, 146; *Heinsius*, aaO (Fn. 7), S. 150 f; *Hopt*, aaO (Fn. 16), S. 39ff; *Hommelhoff*, Frühwarnsysteme und Auslösemechanismen für das Insolvenzverfahren, ZfB 1984, 698, 704.

33 *Karsten Schmidt*, Gutachten D zum 54. DJT, 1982, S. D 104 i. V. m. S. D 26; *ders.*, WM 1983, 490, 492.

34 Vgl. dazu RegE zur InsO, Allgemeine Begründung (A 2) S. 77 = RefE zur InsO, 2. Teil, Allgemeine Begründung, 1989, S. 26f. Das Instrument der InsO ist insoweit der „Insolvenzplan" (vgl. §§ 1 Satz 1, 217ff InsO). Kritisch zu diesem Konzept der InsO *Henckel*, Konkursrecht und allgemeines Zivilrecht, in: Lüke (Hrsg.), Grundfragen des Privatrechts, 1989, S. 1, 13f.

35 Vgl. dazu *Meyer-Cording*, Konkursverzögerung durch erfolglose Sanierungsversuche, NJW 1981, 1242; *ders.*, ZfgKW 1982, 799; gegen diesen Einwand schon *Herrhausen*, Die Bank 1979, 358.

eines Konkurses[36] entgegenzuhalten, die es rechtfertigen, besondere Anstrengungen zur Abwendung einer Insolvenz von sanierungsfähigen und sanierungswürdigen Unternehmen zu ergreifen.

3. Rechtsfragen der freien Sanierung unter Mitwirkung von Kreditinstituten und Gang der Darstellung

a) Rechtsfragen

In dem schon erwähnten Vortrag hat *Hopt*[37] als juristische Schwierigkeit der freien Sanierung die Erwägung in den Vordergrund gerückt, daß man die in Sanierungsituationen tatsächlich zu beobachtende Mitwirkung von Kreditinstituten nicht ohne weiteres rechtsverbindlich machen könne[38]. Auf der anderen Seite wird auch beklagt, daß einem erwünschten Engagement von Kreditinstitute nicht nur wirtschaftliche Hindernisse, sondern nicht selten auch vermeidbare rechtliche Risiken in den Weg gelegt würden. So hat *Karsten Schmidt*[39] vor einigen Jahren sogar von einem „verbreiteten Mißbehagen gegenüber der Rechtsprechung in Insolvenzfällen" gesprochen, weil die Rechtsprechung die kaufmännischen Prognoseentscheidungen im Nachhinein besserwisserisch würdige

36 Fast drei Viertel aller beantragten Konkursverfahren werden mangels Masse nicht eröffnet. Die Höhe der entstehenden Forderungsausfälle der Wirtschaft hat sich von 5 Mrd. DM im Jahr 1980 auf 30 Mrd. DM erhöht (Bundesverband der Inkassounternehmen, Frankfurter Allgemeine Zeitung Nr. 263 vom 11.11.1994, S.19; vgl. auch Verband der Vereine Creditreform, Frankfurter Allgemeine Zeitung Nr. 291 vom 15.12.1994, S.21). Der Schaden pro Insolvenzfall beträgt durchschnittlich fast eine Million DM (Quelle: Frankfurter Allgemeine Zeitung Nr. 124 vom 31. Mai 1994, S.18). Es wird geschätzt, daß 1994 durch Insolvenzen 370.200 Arbeitnehmer ihren Arbeitsplatz verloren haben, Verband der Vereine Creditreform, Frankfurter Allgemeine Zeitung Nr. 291 vom 15.12.1994, S.21.

37 ZHR 143 (1979), 139, 140.

38 Andernfalls sind die Beteiligten nämlich nicht mehr frei, eine solche Praxis zu befolgen und dafür geschäftliche Bedingungen zu stellen.

39 WM 1983, 490.

und bisweilen den Blick für das kaufmännisch Vertretbare vermissen lasse, aber ihrerseits die Erwartungen an die Rechtssicherheit nicht einlöse. Die Beteiligung an Sanierungsmaßnahmen wird Kreditinstituten also nicht einfach gemacht: zu der schwierigen ökonomischen Erfolgsprognose kommen juristische Hindernisse hinzu.

Aus juristischem Blickwinkel geht es um die Frage, ob sich in der Sanierungssituation besondere Verhaltenspflichten für Kreditinstitute ergeben, die mit der geltenden Rechts- und Wirtschaftsordnung vereinbar sind[40]. Was die Lösung dieser Rechtsfrage allerderings so schwierig macht, ist der oft beschriebene *Zielkonflikt*, der sich in der Sanierungssituation einstellt[41]. Im Ausgangspunkt sieht das Kreditinstitut seine Kreditforderung gefährdet und den Wert seiner Sicherheiten bedroht. Es verfolgt deshalb legitimerweise ein *Gläubigerinteresse* und kann sich meistens auch darauf berufen, insoweit nicht einmal eigennützig, sondern mit Rücksicht auf die Einlagen seiner anderen Kunden zu handeln. Dem steht das Interesse des kreditnehmenden Unternehmens gegenüber, das zumindest nach einem Stillhalten, wenn nicht gar nach einem zusätzlichen, die Sanierung fördernden Engagement des Kreditinstitus verlangt. Dies erwarten außerdem die Arbeitnehmer, die ungesicherten Lieferanten und die Anteilseigner. Schließlich ist an die neuen Gläubiger zu denken, die bei einer verdeckten Sanierung über die Bonität des Unternehmens getäuscht werden können. Es soll also gleichzeitig der Schutz des Krisenunternehmens, der Schutz der Bank selbst und der Schutz der anderen Gläubiger des Unternehmens, also auch der Arbeitnehmer, einschließlich der neuen Gläubiger[42] gewahrt werden. Lösungsüberlegungen müssen deshalb darauf achten, daß es in diesem Interessengeflecht nicht zu Pflichtenkollisionen kommt.

Aus der Finanzierungsverantwortung der Gesellschafter wird zunehmend ein zusätzlicher Wertungsgesichtspunkt erwonen[43]. Es darf nämlich nicht mit zweierlei Maß gemessen werden. Risiken, die für Kreditinstitute als vertretbar angesehen werden, dürfen bei Gesellschaftern,

40 *Hopt*, ZHR 143 (1979), 139, 140.

41 Vgl. nur *Herrhausen*, Die Bank 1979, 358; *Karsten Schmidt*, WM 1983, 490; *Koziol*, ÖBA 1992, 673; *Wiegelmann*, aaO (Fn. 13), S. 2f.

42 Vgl. dazu *Karsten Schmidt*, WM 1983, 490.

43 Sporadisch wird das hier zu berücksichtigende Gebot der Wertungskongruenz gesehen.

denen ja die Finanzierungsverantwortung für ihr Unternehmen primär obliegt und bei denen man nicht von einer Sanierungspflicht, sondern allenfalls von einer Beschränkung der Finanzierungswege ausgeht[44], nicht als unzumutbar eingestuft werden[45]. Es besteht der Eindruck, daß gerade diesem Aspekt auch in der neueren instanzgerichtlichen Rechtsprechung zunehmend Aufmerksamkeit geschenkt wird.

b) Gang der Darstellung

Die folgende Darstellung gliedert sich nach den beiden Entscheidungslagen eines Kreditinstituts[46]: Zunächst wird die Rechtslage in der Situation angesprochen, daß das Kreditinstitut sich *nicht* an der Sanierung *beteiligt*. Anschließend wird die Rechtslage erörtert, die sich ergibt, wenn das Kreditinstitut zum Beispiel mit einem Sanierungskredit an einer Sanierung mitwirkt.

Entschließt sich das Kreditinstitut dazu, *nicht* an der Sanierung mitzuwirken, so wird regelmäßig nach der Kreditversorgungspflicht in der Krise des Unternehmens gefragt, vor allem dann, wenn es sich um die Hausbank handelt. Welchen Schranken unterliegt zum Beispiel das Recht zur Kreditkündigung in der Krise? Eine Rechtspflicht zur schonende Ausübung des Kündigungsrechts kann die Krise des angeschlagenen Unternehmens bei einer Unterkapitalisierung zwar nicht beseitigen, die überstürzte Kündigung kann aber die Zahlungsunfähigkeit des Unternehmen herbeiführen[47]. Das Problem der Liquidität ist ebenfalls angesprochen, wenn nach der Pflicht gefragt wird, dem Krisenunternehmen zusätzlich Kredit zu gewähren. Ein Sanierungskredit ist freilich nur in der Lage, die Zahlungsunfähigkeit zu beheben, nicht aber auch die Überschuldung[48]. Dazu bedarf es regelmäßig der Mitwirkung der Un-

44 Vgl. *Hopt*, aaO (Fn. 16), S. 45; *Westermann*, in: Häuselmann/Rümker/Westermann, Die Finanzierung der GmbH durch ihre Gesellschafter, 1992, S. 12.

45 Vgl. nur *Hopt*, aaO (Fn. 16), S. 45.

46 So auch *Obermüller*, Handbuch Insolvenzrecht, aaO (Fn. 18), Rdn. 1002.

47 Vgl. zum Zusammenhang zwischen Kreditkündigung und Zahlungsunfähigkeit BGH WM 1992, 1083.

48 Dazu auch *Rümker*, KTS 1981, 493; *Claussen*, ZHR 147 (1983), 195; *Obermüller*, Handbuch Insolvenzrecht, aaO (Fn. 18), Rdn. 1034.

ternehmenseigner, zum Beispiel durch eine Kapitalerhöhung; es kommt auch ein konzertierter Forderungserlaß oder ein Rangrücktritt von Gläubigern einschließlich der Kreditinstitute in Betracht. In diesem Zusammenhang hat sich unlängst unter dem Stichwort des „Akkordstörers" die Frage ergeben, wie die Rechtsstellung eines Kreditinstituts beschaffen ist, daß es einem außergerichtlichen Vergleich fernbleibt.

Wirkt das Kreditinstitut aus freien Stücken, zum Beispiel mit einem Sanierungskredit, an der Sanierung *mit*, so werden erneut zahlreiche Rechtsproblme aufgeworfen. Vor allem stellen sich intrikate Haftungsfragen, wenn die Sanierung scheitert[49], und jede Sanierung schließt bekanntlich das Risiko ihres Scheiterns mit ein.

II. Kreditversorgungspflicht der Kreditinstitute in der Krise des Unternehmens

Mit dem Arbeitstitel „Kreditversorgungspflicht der Kreditinstitute in der Krise" sind einmal die *Schranken einer Kreditkündigung* angesprochen, darüberhinaus geht es um die Frage, ob ein Kreditinstitut verpflichtet ist, u.U. einen schon gewährten Kredit über eine vereinbarte Zeit hinaus zu verlängern oder sogar noch weitere Kreditmittel zur Verfügung zu stellen. Derartige Pflichten der Bank zur Versorgung eines sanierungsbedürftigen und sanierungsfähigen Kunden mit Kredit werden auf zwei Ebenen erörtert.

1. Pflicht zur Kreditversorgung im öffentlichen Interesse?

In der öffentlichen Diskussion wird, wenn von den Aufgaben der Kreditinstitute in der Wirtschaftsordnung die Rede ist, ihnen nicht selten eine besondere öffentliche Verantwortung für die Wirtschaft zugeschrieben.

49 Nach *De Meo*, aaO (Fn 24), S. 195 Rdn. 4, steht diese Haftung mit bemerkenswerter Konstanz immer wieder „im Brennpunkt juristischer Diskussionen".

Daran anknüpfend hat vor allem *Hopt*[50] die Frage näher untersucht, ob wegen dieser Funktion eine besondere rechtliche Verantwortung für die Kreditversorgung anzuerkennen ist; er hat diese Frage zutreffend verneint[51]. Die moderne Industrie- und Wirtschaftsgesellschaft kommt zwar ohne die Angebote der Kreditinstitute nicht aus. Mit der Kreditvergabe haben sie deshalb auch erheblichen Einfluß nicht nur auf einzelne Unternehmen, denen sie Kredit versagen oder gewähren, sondern auf die gesamte Wirtschaft. Darauf ist die teilweise rechtliche Sonderstellung der Kreditinstitute im Bank-, Wirtschafts- und Wettbewerbsrecht zurückzuführen. Der aufgezeigte (gesamt-) wirtschaftliche Stellenwert erlaubt aber keine Schlüsse auf rechtliche Pflichten oder Verhaltensspielräume. Soll auch hinsichtlich der Kreditvergabe von einer rechtliche Sonderstellung ausgegangen werden, muß sich dies – wie auch in den anderen Zusammenhängen – aus Gesetzen mit präzise fixierten Tatbeständen ergeben. Die unstreitige Mittlerrolle der Kreditinstitute ist nach wie vor in die allgemeinen bankvertraglichen und sonstigen speziellen Vertragsbeziehungen der Kreditinstitute eingebettet. Eine öffentliche Verantwortung der Kreditinstitute für die Kreditversorgung von Unternehmen, die sich in bestimmten Rechtspflichten diesen Unternehmen oder Dritten gegenüber niederschlagen könnte, ist, so zutreffend *Hopt*[52], rechtlich nicht faßbar. Eine irgendwie geartete Pflicht der Banken zur Kreditversorgung im öffentlichen Interesse ist mithin abzulehnen. Die besondere wirtschaftliche Stellung der Kreditinstitute führt nicht zu einer öffentlichen Verantwortung mit einem privatrechtlichen „Kontrahierungszwang“[53]. Ohne klare gesetzliche Vorgaben ist ein derartiger Eingriff in die Privatautonomie (Art. 2 Abs. 1 GG)[54] nicht

---

50 Kreditkündigung und Kreditverweigerung gegenüber sanierungsbedürftigen Bankkunden, ZHR 143 (1979), 113ff.

51 Zustimmend auch *Pleyer*, Zur Frage der Kündigungsschranken und der Kreditgewährungpflicht für eine Bank in der Krise des Kunden, in: Gedächtnisschrift für Schultz, 1987, S.271, 278.

52 Kreditkündigung und Kreditverweigerung gegenüber sanierungsbedürftigen Bankkunden, ZHR 143 (1979), 113ff.

53 Ablehnend auch *Hopt*, aaO (Fn. 16), S.46.

54 Vgl. BVerfGE 89, 314, 132 = WM 1993, 2199 = JZ 1994, 408 (*Wiedemann*), S 411. Zum allgemeinen Stellenwert dieser Entscheidung mit z.Tl. unterschiedlicher Gewichtung *Grün*, NJW 1994, 713; *Adomeit*, NJW 1994, 2467; *Rittner*, NJW 1994, 3330; *Schimansky*, WM 1995, 461, 464.

zu rechtfertigen. Wenn einem sanierungsbedürftigen Unternehmen der Kreditmarkt nicht in voller Breite offensteht, so liegt dies regelmäßig nicht an einem Marktversagen, sondern daran, daß die Risiken einer Kreditgewährung als zu hoch eingeschätzt werden[55], und wer wollte einer Bank die Folgen einer unternehmerischen Fehlentscheidung abnehmen.

2. Vertragsrechtliche Kreditversorgungspflicht

Auf einer anderen rechtlichen Ebene ist die Frage angesiedelt, ob ein Kreditinstitut jedenfalls einem Unternehmen, mit dem es *als Hausbank* in einer ständigen Geschäftsverbindung steht[56], mit dem notwendigen Kredit versorgen muß, wenn das Unternehmen Rückschläge erlitten hat. Mit der Einschränkung der Fragestellung auf die Hausbank ist möglicherweise aber schon mehr vorausgesetzt als die Praxis einlösen kann, denn die Rolle der Hausbank soll eine Funktionsbeschreibung sein, die im Schwinden begriffen ist[57].

Solche besonderen vertragsrechtlichen Pflichten werden im Schrifttum vor allem seit dem Vortrag von *Canaris*[58] auf dem erwähnten bankrechtlichen Kolloquium der ZHR im Jahre 1979 vermehrt und kontrovers diskutiert. Wenngleich *Canaris* den Pflichtenkreis der Kreditinstitute nur sehr vorsichtig erweitert hat und den Ausnahmecharakter auch in der Sanierungssituation betont hat, ist die Diskussion seitdem nicht abgerissen. Es sind mit dieser Kreditversorgungspflicht drei Problemkreise angesprochen: Die Schranken des Rechts zur ordentlichen und

55 Bei einem Marktversagen hinsichtlich der Kreditversorgung muß der Staat mit Wirtschafts-, Subventions- und Steuerrecht, mit besonderen Verbots- und Gebotsregeln oder indirekt durch Anreize und Vergünstigungen kompensierend eingreifen. Vor allem sind kompensatorische Einrichtungen hinsichtlich Sicherheiten gefragt, z.B. Bürgschaftbanken oder Kreditinstitute mit speziellen Aufgabenstellungen (KfW).

56 Vgl. zu dieser Voraussetzung einer privatrechtlichen Kreditversogrungspflicht *Pleyer*, aaO (Fn. 51), S. 283.

57 Zum offenbar aber wieder wachsenden Stellenwert der Hausbankfunktion aus neuerer Zeit *Martini*, ÖBA 1991, 615, 617; ferner *Gröschel*, Sparkasse 1993, 510; *Terrahe*, aaO (Fn. 14).

58 ZHR 143 (1979), 113.

zur außerordentliche Kündigung eines gewährten Kredits (dazu unten III.) sowie das Problem einer Pficht zur Verlängerung oder Neugewährung von Krediten (dazu unten IV., S. 98ff).

III. Schranken des Rechts zur Kündigung eines Kredits in der Krise des Unternehmens

Das Recht zur Kündigung von Darlehen (Krediten) und die Möglichkeit, ein Darlehensversprechung vor der Darlehensgewährung noch zu widerrufen, sind in §§ 609, 610 BGB nur knapp geregelt. Als gesetzliche Wertung ist für die Sanierungssituation bemerkenswert, daß es § 610 BGB dem Darlehensgeber gestattet, bei einer wesentlichen Verschlechterung der Vermögensverhältnissen des Darlehensnehmers ein Darlehensversprechen zu widerrufen. Kommt es zur einer Kreditgewährung durch Kreditinstitute stehen aber nicht diese gesetzlichen Vorschriften, sondern die Kündigungsregelungen in den Allgemeinen Geschäftsbedingungen der Kreditinstitute im Vordergrund.

1. Ausgangslage nach den Allgemeinen Geschäftsbedingungen der Kreditinstitute

Die Bestimmungen in den bis Ende 1992 praktizierten AGB der Kreditinstitute über die Kündigung von Seiten des Kreditinstituts (Nr. 17 AGB-Banken a.F. und Nr. 13 Abs. 1 und 2 AGB-Sparkassen a.F.) hielten nach überwiegender Meinung in Rechtsprechung und Lehre einer gerichtlichen *Inhaltskontrolle* nach dem AGB-Gesetz stand[59]. Für dieses Ergebnis war hinsichtlich der *ordentlichen fristlosen Kündigung* ausschlaggebend, daß in der AGB-Klausel ausdrücklich der Vorrang einer anderweitigen Vereinbarung berücksichtigt und die Kündigungsmög-

59 Vgl. dazu m.w.N. *Hadding*, FS Heinsius, 1991, S. 183, 187; *Hopt/Mülbert*, Kreditrecht, 1989, § 609 BGB Rdn.. 70ff; *Canaris*, Bankvertragsrecht, 3. Aufl., Band I, 1988, Rdn. 1239.

lichkeit ohnehin durch das Verbot einer unzeitigen oder rechtsmißbräuchlichen Kündigung aus § 242 BGB eingeschränkt war[60].

Die Kündigungsbestimmungen in den AGB der Kreditinstitute, die seit dem 1. Januar 1993 Anwendung finden (Nr. 19 AGB der Banken und Nr. 26 AGB der Sparkassen), sehen Regelungen vor, die den vorausgegangenen weitgehend entsprechen[61]. Änderungen ergeben sich vor allem in folgendem Punkt: Während bei einer ordentlichen Kündigung der Geschäftsverbindung insgesamt oder einzelner Geschäftsbeziehungen außerhalb des Kreditbereichs nach Nr. 19 Abs. 1 AGB der Banken 1993 nunmehr eine angemessene *Kündigungsfrist* einzuhalten ist, gilt dies für die ordentliche Kündigung von Krediten und Kreditzusagen nach Nr. 19 Abs. 2 AGB der Banken 1993 nicht. Für dieser Sonderregelung der Kreditvergabe gab den Ausschlag, daß unbefristete Kreditzusagen nach dem neugefaßten Grundsatz I zu § 10 KWG[62] mit Eigenkapital zu unterlegen sind, was bei jederzeitiger Kündbarkeit der Kredite entfällt[63]. Es ist damit wohl auch auf bestimmte mindestreserverechtliche Überlegungen Rücksicht genommen worden[64]. Die ordentliche Kündigung eines Kredits ist daher grundsätzlich nicht an eine bestimmte Kündigungsfrist gebunden, sondern nach wie vor eine fristlose. Die Banken haben allerdings einmal – offenbar anknüpfend an die bisherige Rechtsprechung – als salvatorische Klausel den Satz in die AGB aufgenommen, daß die Bank bei der Ausübung dieses nicht fristgebundenen ordentlichen Kündigungsrechts auf die berechtigten Belange des Kunden Rücksicht nehmen wird. Darüberhinaus wird die Bank nach Nr. 19 Abs. 5 AGB der Banken 1993 – eine Neuheit in der Kündigungsklausel[65]- dem Kunden für die Rückerstattung des Kredits eine angemessene

---

60 Vgl. nur BGH WM 1985, 1437; BGH WM 1985, 1136; BGH WM 1981, 150.

61 So *Köndgen*, NJW 1994, 1508; ferner *Hoeren*, Die neuen AGB-Banken, NJW 1992, 3263; *Aden*, Die neuen AGB-Sparkassen 1993, NJW 1993, 832; *Merkel*, WM 1993, 725, 734; *Graf von Westphalen*, BB 1993, 8; *Krings*, ZBB 1992, 326.

62 Vgl. dazu den Abdruck in WM 1993, 353.

63 Dazu *Merkel*, WM 1993, 725, 734.

64 Vgl. dazu *Hoeren*, NJW 1992, 3263, 3265.

65 *Merkel*, WM 1993, 725, 733. Eine solche Schonfrist für die Rückerstattung ließ sich nach dem bisher geltenden Recht nicht begründen, vgl. dazu nur *Hopt*, ZHR 143 (1979), 139, 173.

Frist einräumen, soweit nicht eine sofortige Erledigung erforderlich ist. Im Ergebnis sieht die Rechtslage nach der Neufassung der Kündigungsklausel bei ordentlicher Kündigung also wie folgt aus: Keine Frist für die Ausübung des Kündigungsrechts, sondern eine angemessene Frist für die Rückerstattung nach rechtswirksamer Kündigung. Hinsichtlich der offenbar erwünschten Befristung handelt es sich um einen Unterschied in der rechtssystematischen Konzeption ohne notwendige Unterschiede in den praktischen Auswirkungen.

2. Schranken der ordentlichen Kündigung

a) Verbot der Kündigung „zur Unzeit"

Die grundsätzliche Fristlosigkeit der ordentlichen Kündigung ist nach der Neufassung der Allgemeinen Geschäftsbedingungen in ihrem praktischen Stellenwert – wie gesehen – durch die angemessene Frist zur Rückerstattung abgeschwächt. In der Vergangenheit hat als Ausprägung des Gebots der Rücksichtnahme auf schutzwürdige Belange des anderen Beteiligten die Kündigungsschranke des *Verbots der „Kündigung zur Unzeit"* eine Rolle gespielt[66]. Diese Verbot ist mit der Rücksicht auf die berechtigten Belange des Kunden in den Wortlaut der im Jahre 1993 neugefaßten AGB aufgenommen worden[67] und daher auch ungeachtet der angemessenen Rückerstattungsfrist nach wie vor zu beachten. Es handelt sich freilich, wie *Canaris*[68] zutreffend formuliert, nur um eine *„schuldrechtliche" Kündigungsschranke*; sie läßt die Rechtswirksamkeit der unzeitig erklärten Kündigung und damit die Beendigung des Kreditverhältnisses unberührt[69]. Damit ist ihr Stellenwert in der Sanierungssituation eher gering. In Betracht kommt nur eine Schadenersatzpflicht des unzeitig Kündigenden (vgl. §§ 627 Abs. 2, 671 Abs. 2, 675 a.E., 723

66 *Pleyer*, aaO (Fn. 59), S. 280; *Rümker*, KTS 1981, 493, 495.

67 Ausdrücklich in Nr. 26 Abs. 1 a.E. AGB der Sparkassen.

68 Vgl. *Canaris*, Bankvertragsrecht, aaO (Fn. 51), Rdn. 1266.

69 A.A. nur *van Venrooy*, JZ 1981, 53 ff.

Abs. 2 BGB)[70]. Eine solche Kündigung zur Unzeit liegt vor, wenn die Bank in der Art kündigt, daß dem Kreditkunden keine Möglichkeit bleibt, sich den benötigten Kredit anderweitig zu verschaffen (vgl. § 671 Abs. 2 Satz 1, 1. Halbs. BGB), was in der Krisensituation als kaum aussichtsreich angesehen wird[71]. Nicht unzeitig hat das Kreditinstitut gekündigt, wenn dafür ein wichtiger Grund gegeben ist. Berücksichtigt man allerdings die neue Rückerstattungsfrist (Nr. 19 Abs. 5 AGB der Banken), so erscheint es fraglich, ob es überhaupt unter Berücksichtigung der genannten Umstände zu einem ersatzfähigen Schaden des Kreditnehmers kommen kann.

b) Einwand der rechtsmißbräuchlich erklärten Kündigung

Nicht zweifelhaft ist ferner, daß eine rechtsmißbräuchlich ausgesproche Kündigung rechtsunwirksam ist. Der Einwand des Rechtsmißbrauchs (§ 242 BGB) ist insbesondere begründet, wenn der Vorteil der Kündigung für die Bank in einem groben Mißverhältnis zu den Nachteilen steht, die dem Kreditnehmer aus einer Beendigung des Darlehensverhältnisses drohen[72]. Eine solche Situation kann nach der Literatur[73] insbesondere dann gegeben sein, wenn die Bank über ausreichende Sicherheiten verfügt – ausreichend gemessen an dem Zerschlagungswert der Sicherheiten – und der Kreditnehmer sich in einer überwindbaren Lage befindet, also sowohl sanierungsbedürftig als auch sanierungsfähig ist.

---

70 BGH WM 1978, 234, 236 = NJW 1978, 947, 948 = JR 1978, 415 (*U.H. Schneider)*; BGH WM 1983, 1038; OLG Hamm NJW-RR 1989, 208, 209; OLG Köln WM 1985, 1128, 1132; OLG Celle ZIP 1982, 942, 952.

71 *Pleyer*, aaO (Fn. 51), S. 281.

72 Vgl. nur BGHZ 102, 68, 78 = WM 1988, 8 = NJW 1988, 700; BGH WM 1981, 150, 151; BGH WM 1978, 234, 236 = NJW 1978, 947, 948 = JR 1978, 415, 416 (*U.H. Schneider)*; OLG Hamm WM 1985, 1411; OLG Köln WM 1985, 1128, 1132.

73 *Canaris*, Bankvertragsrecht, aaO (Fn. 51), Rdn. 1262 ff; *Karsten Schmidt*, WM 1983, 490, 491.

c) Ausschluß der Kündigung „ohne ernstlichen Anlaß"?

Eine ordentliche fristlose Kündigung soll nach Stellungnahmen insbesondere in der Rechtsprechung[74], aber auch im Schrifttum[75] wegen des erwähnten Gebots der Rücksichtnahme auf schutzwürdige Belange des Kreditnehmers ferner nicht „ohne ernstlichen Anlaß", sondern nur bei einem berechtigten Interesse des Darlehensgebers ausgesprochen werden dürfen. Wollte man mit dieser Einschränkung Ernst machen, so wäre, wie *Karsten Schmidt*[76] es anschaulich formuliert hat, die ordentliche Kündigung zur kleinen Schwester der außerordentlichen Kündigung aus einem minder wichtigem Grund verkümmert. Das Gebot der Rücksichtnahme darf jedoch beim Kündigungsdarlehen, wie *Hopt*[77] zutreffend ausgeführt hat, den Grundsatz der jederzeitigen, freien ordentlichen Kündbarkeit eines Darlehens nicht in Frage stellen. Dies gilt grundsätzlich auch dann, wenn die Bank hinreichend gesichert ist und wenn die Kündigung u.U. der Anlaß dafür ist, daß der Kreditnehmer in Konkurs fällt. Das Ausscheiden ist in einer Marktwirtschaft ein normaler Vorgang und hat im Wettbewerb eine wichtige Indiz- und Steuerungsfunktion, die rechtlich nicht verfälscht werden darf[78]. Es wird gegen eine Einschränkung der ordentlichen Kündigungsmöglichkeit ferner zutreffend eingewandt[79], eine Enttäuschung des Kreditkunden über die Kündigung allein könne kein hinreichender Grund sein, das ordentliche Kündigungsrecht abzuwehren. Es müsse zur Einschränkung auf Seiten des Kreditkunden schon ein Vertrauensschutzaspekt hinzutreten. Schutzwürdiges Vertrauen werde in aller Regel aber nur vorliegen, wenn zwischen der Bank und dem Kreditkunden etwa eine Laufzeit oder ein

---

74 BGH WM 1986, 605, 606 = WuB I A Nr. 17 ABG-Banken 5.86 (*Schröter*) = NJW 1986, 1928; BGH WM 1983, 1038; BGH WM 1977, 834, 835; OLG Hamburg MDR 1965, 294, 295.

75 *Canaris*, Bankvertragsrecht, aaO (Fn. 51), Rdn 1329; *Uwe H. Schneider*, JR 1978, 417; *ders.*, Risikoreiche, fehlerhafte und verbotene Formen der Unternehmensfinanzierung, in DSGV (Hrsg.), Die Zukunft gestalten, 1989, S.376, 378.

76 *Karsten Schmidt*, WM 1983, 490.

77 WuB I E 1. – 3.90; kritisch auch *Pleyer*, aaO (51), S.285.

78 So *Hopt*, WuB I E 1. – 3.90.

79 *Canaris*, Bankvertragsrecht, aaO (Fn. 51), Rdn 1267 i.V. mit Rdn. 1329; *Karsten Schmidt*, WM 1983, 490, 492.

Tilgungsplan vereinbart ist. Bei derartigen Abreden über die Rückerstattung ist für eine ordentliche Kündigung aber ohnehin kein Raum.

d) Sanierungsvereinbarung

Eine Einschränkung der ordentlichen Kündbarkeit kann sich insbesondere auch ergeben, wenn eine Sanierungsvereinbarung unter Einschluß des Kreditinstituts getroffen worden ist[80]. Solche Sanierungsvereinbarungen sind Absprachen, die, wie angesichts der damit verbundenen Risiken nicht verwundert, nach oft langwierigen Bestandsaufnahmen und Verhandlungen ganz individuell getroffen werden. Meistens handelt es sich um Vereinbarungen, die darauf abzielen, daß laufende Kredite nicht gekündigt oder daß sie sogar verlängert werden oder daß die Bank neue Gelder zuführt[81]. Sowohl das Reichsgericht[82] als auch der Bundesgerichtshof[83] haben aus solchen Vereinbarungen eine Bindung des Kreditinstitut an die Kreditgewährung entnommen und mithin die ordentliche Kündbarkeit ausgeschlossen, solange die Sanierung sich in dem erwarteten Rahmen bewegt und keine wesentliche Verschlechterung in den Verhältnisses des Kreditnehmers eingetreten ist[84]. So darf ein sog. Stützungskredit vor Beendigung der Sanierung nicht gesperrt werden, wenn die Verhältnisse der zu sanierenden Firma sich seit der Stützungsabrede nicht wesentlich verschlechtert haben[85]. Der noch nicht verwirklichte Sanierungszweck des Kredits schließt die ordentlichen Kündigung aus. Treten jedoch Umstände ein, welche die Sanierung als nicht mehr

---

80 *Hopt* ZHR 143 (1979), 143, 169; *Rümker*, KTS 1981, 498ff; *Hopt/Mülbert*, aaO (Fn. 59), § 607 BGB, Rdn. 209ff; *Feddersen*, FS Helmrich, 1994, S.597, 605; *Wiegelmann*, aaO (Fn. 13), S.212ff. BGH WM 1956, 217; RG Bank-Archiv 1937/38, 311, 312; OLG Hamm WM 1991, 1116, 1118.

81 Dazu unten IV. 4., S.103.

82 RG Bank-Archiv 1937/38, 311, 312

83 BGH WM 1956, 217 = LM Nr. 1 zu § 610 BGB.

84 RG Bank-Archiv 1937/38, 311, 312; BGH WM 1956, 217 = LM Nr. 1 zu § 610 BGB; zustimmend *Hopt/Mülbert*, aaO (Fn. 59), , § 609 BGB, Rdn. 74; *Feddersen*, FS Helmrich, 1994, S.597, 602. Weitergehend OLG Hamm, WM 1991, 1167.

85 RG Bank-Archiv 1937/38, 311.

aussichtsreich erscheinen lassen, ist die darin liegende wesentliche Verschlechterung des Kundenvermögens nach Nr. 19 Abs. 3 AGB-Banken 1993 trotz der anderweitigen Stützungsvereinbarung ein wichtiger Grund zur einseitigen Aufhebung der Geschäftsverbindung. Eine solche Verschlechterung ist auch nicht etwa deshalb ausgeschlossen, weil das Unternehmen schon bei der Zusage des Stützungskredits konkursreif war. Einer Verschlechterung steht vor allem gleich, wenn die Bank erst später das wahre Ausmaß der Verluste erfährt. Wird mit der Sanierungszusage eine Prüfung der finanziellen Lage des notleidenden Unternehmens eingeleitet, und ergibt diese Prüfung eine so starke Überschuldung, daß die Voraussetzungen für eine Sanierung nicht gegeben sind, so ist die Bank zu weiteren Stützungsaktionen nicht verpflichtet.

3. Schranken der außerordentlichen Kündigung

a) Ausgangslage nach den Allgemeinen Geschäftsbedingungen der Kreditinstitute

In Fällen einer befristeten Kreditgewährung oder einer anderweitigen Kündigungsvereinbarung rückt in den Vordergrund, daß die Bank nach Nr. 19 Abs. 3 AGB der Banken 1993 ein Recht zur außerordentlichen fristlosen Kündigung hat, wenn ein wichtiger Grund vorliegt. Ist das Darlehen noch nicht gewährt, sondern nur versprochen worden, kommt bei einer Verschlechterung der Vermögenslage des Kreditnnehmers auch ein nicht fristgebundener Widerruf gemäß § 610 BGB in Betracht[86]. Anknüpfend an die Umschreibung des wichtigen Grundes in § 626 Abs. 1 BGB liegt nach Nr. 19 Abs. 3 Satz 1 AGB der Banken 1993 ein solcher Anlaß vor, wenn der Bank die Fortsetzung des Kreditverhältnisses unter Berücksichtigung der Interessen des Kreditnehmers nicht zugemutet werden kann[87], was jeweils eine umfassende Interessenabwägung erfordert[88]. Beachtenswert ist, daß ein Verlust des Kündigungsrechtes eintre-

86 Vgl. dazu *Gruber*, NJW 1992, 419.

87 Vgl. dazu *Gruber*, ÖBA 1992, 1104.

88 BGH WM 1986, 605, 606; OLG München ZIP 1990, 1552, 1553; BGH WM 1979, 1176, 1178; BGH WM 1985, 1437; BGH WM 1978, 234, 235.

ten kann, wenn es nicht nach einer den Umständen angemessenen Frist ausgeübt wird[89]. Auch die in Nr. 19 Abs. 3 Satz 1 AGB der Banken 1993 nicht abschließend aufgezählten Beispiele des wichtigen Grundes sind als eine „grundsätzlich zulässige und zutreffende rechtsgeschäftliche Konkretisierung“ eines „wichtigen Grundes“ anzuerkennen[90]. In der *Sanierungssituation* spielt vor allem die Präzisierung des wichtigen Grundes in Nr. 19 Abs. 3 Satz 2 AGB der Banken 1993 eine Rolle, die daran anknüpft, daß eine wesentliche Verschlechterung der Vermögenslage eintritt oder zu besorgen ist *und* als zusätzliches Tatbestandsmerkmal dadurch die Erfüllung der Verbindlichkeit gegenüber der Bank gefährdet ist. Diese Neuformulierung beantwortet die bisher im Schrifttum umstrittene Frage[91], ob allein schon die Vermögensverschlechterung als solche für eine fristlose Kündigung genügt oder ob zusätzlich eine konkrete Gefährdung der Bankinteressen erforderlich ist, im letzteren Sinne. Unter diesem Gesichtspunkt wird die Ansicht vertreten[92], daß ausreichende Sicherheiten der Kündigung im Wege stehen, wenn nicht ihr Wertverfall und damit ein Nachteil für das Kreditinstitut zu erwarten oder schon absehbar ist. Es sind aber nach wie vor als praktische Fragen zu beantworten, ob im konkreten Fall die Sicherheiten das gesamte Kreditrisiko abdecken und ohne Schwierigkeiten verwertbar sind; dies ist nämlich in aller Regel angesichts des meistens viel geringeren sog. Zerschlagungswerts und der selten voraussehbaren Kosten der Verwertung durchaus ungewiß.

b) Erfordernis der Abmahnung?

Auch das Recht zur außerordentlichen Kündigung muß sich nach überwiegender Meinung im Krisenfall eine Einschränkung unter Rückgriff auf Treu und Glauben gefallen lassen[93]. Damit ist die Frage angespro-

89 BGH WM 1984, 1273; BGH WM 1980, 380, 381.

90 *Canaris*, Bankvertragsrecht, aaO (Fn. 51), Rdn 1247.

91 *Canaris*, ZHR 143 (1979), 113, 120ff; *Gruber*, ÖBA 1992, 1104, 1106.

92 *Canaris*, Bankvertragsrecht, aaO (Fn. 51), Rdn 1247; *Westermann*, in: Münchener Komm. z. BGB, 2. Aufl., 1985, § 610 Rdn 20.

93 So *Hopt*, aaO (Fn. 16), S. 46.

chen, ob das Kreditinstitut vor einer außerordentlichen Kündigung den Kreditinehmer jeweils abmahnen muß. Eine derartige *Abmahnung* würde im Ergebnis der außerordentlichen Kündigung den Zahn der Fristlosigkeit ziehen. Hierzu hat der Bundesgerichtshof im Urteil vom 10. November 1977[94] bemerkenswerte Grundsätze formuliert. Grundsätzlich ist danach eine vorherige Abmahnung *nicht erforderlich*, wenn ein wichtiger Grund für eine Kündigung gegeben ist[95]. Können aber bei einem Kreditnehmer, insbesondere wegen eines Entgegenkommens der Bank, Zweifel darüber bestehen, ob sie sein bisheriges meistens pflichtwidriges Verhalten beanstandet, etwa wenn die Bank wiederholten Überziehungen nicht entgegengetreten ist, so muß sie diese Zweifel durch eine Warnung oder Abmahnung ausräumen, bevor sie nachteilige Schlüsse aus dem Verhalten des Kreditnehmers zieht[96]. Ein Abmahnungserfordernis ergibt sich danach insbesondere dann, wenn die Bank wiederholten Überziehungen des Schuldners nicht entgegengetreten ist[97]. Problematisch ist die Fallgestaltung, daß der Kunde sich ohne Zutun der Bank und ohne sein Verschulden über die Vertragswidrigkeit seines Verhaltens irrt. Voraussetzung einer Hinweisobliegenheit der Bank vor Ausspruch der fristlosen Kündigung ist im Regelfall, daß sie erkennt, daß ihr Kreditnehmer sich in einem unverschuldeten Irrtum befindet[98]. Man kann in diesen Fällen auch sagen, daß es für das Kreditinstitut dann noch nicht unzumutbar ist, die Geschäftsverbindung fortzusetzen, so daß an einem wichtigen Grund für eine außerordentliche Kündigung fehlt[99]. Das Problem der Abmahnung ist damit aber

---

94 BGH WM 1978, 234 = JR 1978, 415; weitergehend offenbar *Westermann*, aaO (Fn. 92), § 610 Rdn. 19.

95 BGH WM 1978, 234, 236 = JR 1978, 415, 415; ferner BGH WM 1986, 605, 606; BGH WM 1985, 1437; BGH WM 1981, 150, 151; BGH WM 1979, 1176, 1179.

96 BGH WM 1978, 234, 236 = JR 1978, 415; zustimmend *Hopt*, ZHR 143 (1979), 139, 161; *Gruber*, ÖBA 1992, 1104, 1107.

97 BGH WM 1986, 605, 606; BGH WM 1986, 61, 62; zweifelhaft, aber wohl zustimmend BGH WM 1978, 234.

98 *Hopt*, ZHR 143 (1979), 139, 162; *Gruber*, ÖBA 1992, 1104, 1108.

99 *Hadding*, WuB I A Nr. 17 AGB-Banken 1.92.

nicht gelöst, sondern dogmatisch lediglich auf die Frage nach dem wichtigen Grund verschoben.

c) Unzeitige oder anlaßlose Kündigung aus wichtigem Grund?

Bei einer außerordentlichen fristlosen Kündigung ist für eine von der ordentlichen fristlosen Kündigung her bekannten Einschränkung für eine „Kündigung zu Unzeit“ oder eine solche „ohne ernstlichen Anlaß“[100] bei näherem Hinsehen kein Raum[101]. Schon das Merkmal des „wichtigen Grundes“ erfordert nämlich eine Abwägung der Interessen und bezieht damit die Erwägungen zur „unzeitigen Kündigung“ oder zum „Fehlen eines ernstlichen Anlasses“ mit ein. Auch die §§ 627 Abs. 2, 671 Abs. 2, 675 a.E., 723 BGB, die sich – mit Ausnahme von § 723 BGB – nur auf die ordentliche fristlose Kündigung beziehen, erlauben bei einem „wichtigen Grund“ eine „Kündigung zur Unzeit“, ohne daß sich daran als die Rechtsfolge eine Schadenersatzpflicht knüpft[102].

IV. Pflicht zur zusätzlichen Kreditgewährung in der Krise des Unternehmens?

Das wirtschaftliche Problem der Sanierung hat *Heinsius*[103], wie eingangs schon erwähnt, einmal treffend auf die Kurzformel gebracht: „Die Beschaffung von Finanzierungsmitteln ist das zentrale Problem jeder Sanierung“. Damit ist die Rechtsfrage aufgeworfen, ob und unter welchen Voraussetzungen ein Anspruch des Kreditnehmers auf Änderung des Kreditvertrags, zum Beispiel durch Stundungsvereinbarung, Vereinbarung über Tilgungsstreckung, Zinserstreckung oder sogar auf Erweiterung des bisherigen Kreditrahmen anerkannt werden kann.

---

100 Vgl. BGH WM 1981, 150.
101 Vgl. *Hadding*, WuB I A Nr. 17 AGB-Banken 1.92.
102 Vgl. *Hopt/Mülbert*, aaO (Fn. 59), § 609 BGB Rdn 644.
103 Diskussionsbeitrag, 54. DJT, 1982, S.M 121.

1. Der Denkanstoß von Canaris

Auf der erwähnten Tagung der ZHR hat *Canaris*[104] vertreten, die Hausbank könne gegenüber dem sanierungsbedürftigen und sanierungsfähigen Kreditnehmer bei ausreichenden Sicherheiten verpflichtet sein, einen unerläßlichen, kurzfristigen Liquiditätsengpaß auszugleichen, also nicht nur den eingeräumten Kredit zu prolongieren, sondern sogar zu erhöhen. Ein langfristiger Sanierungkredit soll nur in Betracht kommen, wenn weitere Umstände hinzutreten, etwa, wenn eine „so starke Bindung des Keditnehmers an die Hausbank besteht, daß ohne deren Mitwirkung eine Sanierung von vornherein aussichtslos ist“[105]. Als Rechtsgrundlage für die Pflicht, „im Rahmen vorhandener oder zusätzlich angebotener Sicherheiten den unerläßlichen kurzfritigen Liquiditätsbedarf zur Verfügung zu stellen“, soll nach *Canaris*[106] die „Treupflicht der Bank“ dienen, die anhand des Übermaßverbots konkretisiert gemäß § 242 BGB auf die laufende Geschäftsverbindung zwischen dem Kreditnehmer und der Bank zurückzuführen sei und „eine geeignete Grundlage für die Entwicklung von Pflichten zur Kreditverlängerung oder -erhöhung“ bilde. Auch was die Begründung einer Pflicht zur zusätzlichen Kreditgewährung angeht, rückt er den Gedanken der *Treupflicht* in den Vordergrund. Neben einer Verwirkung im Rahmen des Rechtsmißbrauchs könne auch eine „Erwirkung“ von Rechten, also ggf. eine Pflicht zur Kreditgewährung, in Betracht kommen. Dem Arbeitsrechtler ist dieser Gedankengang als Argument für die anspruchsbegründende Wirkung zum Beispiel einer betrieblichen Übung nicht fremd[107]. Die These von *Canaris* hat für Aufsehen gesorgt und überwiegend Widerspruch erfahren[108].

---

104 ZHR 143 (1979), 113, 133; *ders.*, Bankvertragsrecht, aaO (Fn. 92), Rdn. 1272.

105 ZHR 143 (1979), 113, 133; *ders.*, Bankvertragsrecht, aaO (Fn. 92), Rdn. 1272.

106 ZHR 143 (1979), 113, 121.

107 Vgl. dazu *Singer*, ZfA 1993, 487, der seinerseits auf eine Parallele zur Kreditkündigung verweist (S. 514 m. Fn 120).

108 *Obermüller*, ZIP 1980, 1059, 1061; *Rümker*, KTS 1981, 493, 503; *Claussen* ZHR 1983, 195, 200; ferner die Stellungnahmen bei *Karsten Schmidt*, WM 1983, 490, 492; *Westermann*, aaO (Fn. 92), § 610 BGB Rndr. 4, 16; *ders.*, ZIP 1982, 379, 380.

2. Stand der Rechtsprechung

Die Rechtssprechung hat den wiedergegebenen Gedankengang von *Canaris* – soweit ersichtlich – nicht aufgegriffen. Der Bundesgerichtshof[109] hat es vielmehr bisher vermieden, zu dieser Rechtsfrage Stellung zu nehmen und unentschieden gelassen, ob eine Bank ausnahmsweise nach Treu und Glauben verpflichtet sein kann, ihrem in wirtschaftliche Schwierigkeiten geratenen Dalehensschuldner zusätzlichen Kredit zu gewähren. In einer früheren Entscheidung hat der Bundesgerichtshof[110] einmal die selbstverständliche Feststellung getrofen, daß ein Kreditinstitut keinen Kredit gewähren muß, dessen Rückzahlung nicht gewährleistet ist.

Einige Oberlandesgerichte haben sich zu der Überlegung von *Canaris* ablehnend geäußert und überwiegend als Gegenargument die unternehmerische Eigenverantwortung der Kreditinstitute im Kreditgeschäft in den Vordergrund gerückt. So ist ein Kreditinstitut nach einem Urteil des OLG Zweibrücken[111] nicht verpflichtet, einem sanierungsbedürftigen und sanierungsfähigen Kreditnehmer trotz ausreichender Sicherheiten einen Kredit zu gewähren, um einen kurzfristigen Liquiditätsbedarf zu überbrücken[112]. Das OLG Zweibrücken meint vielmehr: Würde man eine derartige Pflicht des Kreditinstituts anerkennen, so würde man zwangsläufig dem Kreditinstitut eine unternehmerische Mitverantwortung auferlegen[113]. Deutliche Worte gegen eine Pflicht zur Gewährung eines zusätzlichen Kredits hat das OLG Düsseldorf[114] gefunden. Eine

---

109 Vgl. BGH NJW-RR 1990, 110, 111; BGH WM 1988, 1223, 1224.

110 BGH WM 1956, 217, 220.

111 WM 1984, 1635 = ZIP 1984, 1334; dazu *Rümker*, EWiR § 328 BGB 1/85, 61.

112 WM 1984, 1635, 1638.

113 BGH WM 1985, 1493, hat die Revision gegen dieses Urteil mit der nicht recht nachvollziehbaren Begründung nicht zur Entscheidung angenommen, da eine Verpflichtung, bei drohender Zahlungsunfähigkeit des Kunden eine im Interesse der Bank gebotene Kündigung zu unterlassen und zur Beseitigung der Zahlungsschwierigkeiten sogar noch zusätzlichen Kredit zur Verfügung zu stellen, „allenfalls dann gerechtfertigt sei, wenn feststünde, daß die Vertreter der beklagten Bank subjektives Verschulden betraf".

114 WM 1989, 1838 = WuB I E 1. – 3.90 (*Hopt*).

solche Pflicht könne sich nur aus einer Sanierungsvereinbarung ergeben, in der die Bank vertragliche Verpflichtungen übernommen hat. Auch nach OLG Karlsruhe[115] ist ein Kreditinstitut selbst bei einem langjährigen Kreditverhältnis nicht verpflichtet, dem Darlehnsschuldner eine kurz- oder mittelfristige Tilgungs- und Zinsstundung zu gewähren, um eine möglicherweise nur vorübergehende Zahlungsunfähigkeit zu überbrücken. Das Gericht geht davon aus, die Frage, ob und wie lange eine Bank als Darlehnsgeber einen Kunden durch weitere Darlehen unterstützt, müsse allein der Bank als unternehmerische Entscheidung überlassen bleiben. Die vertraglichen Bindungen der Bank zu ihren Kunden beschränkten sich nämlich auf bereits geschlossene Verträge. Auftretende Schwierigkeiten beim Kreditnehmer, die über das eingegangene Engagement der Bank hinausgehen, berührten die vertragliche Verpflichtung der Bank nicht. Ob sie weitere Kredite gewähre, bedürfe einer erneuten unternehmerischen Entscheidung, die im Rahmen der verfassungsmäßig garantierten Vertragsfreiheit allein Sache der Bank sei. Andernfalls wäre die Bank, wie auch schon das OLG Zweibrücken[116] argumentierte, gezwungen, das unternehmerische Risiko des Kunden mitzutragen; hierzu sei sie aber nicht verpflichtet; denn nicht einmal ein Gesellschafter sei zur Erhöhung eines vereinbarten Beitrags oder zur Ergänzung der durch Verlust geminderten Einlage verpflichtet.

Besonders bemerkenswert ist zu dem zuletzt erwähnten Argument der Hinweis des OLG Düsseldorf[117], daß ein Gesellschafter sich geweigert habe, ein vorhandenes Sparguthaben zum Ausgleich eines Gesellschafterdarlehns zur Verfügung zu stellen. Das Gericht meint, die Bank sei schon deshalb nicht zur Kreditaufstockung verpflichtet, weil der Gesellschafter selbst nicht bereit war, unter Einsatz seines Privatvermögens an der Unternehmenssanierung mitzuwirken. Für den einzelnen Gesellschafter mag es zwar zu Härten führen, wenn eine Sanierung nicht gelingt und er dann weitgehend mittellos dasteht. Rechtlich gesehen ist es jedoch in erster Linie Sache des Unternehmers selbst, seine Firma über Wasser zu halten. Wenn er dafür nicht gerade stehen will, ist das

115 OLG Karlsruhe, WM 1991, 1332 = WuB I E 1. – 1391 (*Münstermann*).

116 WM 1985, 1635 = ZIP 1984, 1334.

117 WM 1989, 1838 = WuB I E 1. – 3.90 (*Hopt*).

rechtlich nicht einmal zu beanstanden und in der Regel auch nicht einmal ehrenrührig. Doch geht es dann nicht an, Ansprüche an die Bank oder gar den Staat zu stellen. Das ist marktwirtschaftswidrig und rechtlich nicht zu vertreten. Mit dieser Entscheidung ist die Wertungskongruenz im Verhältnis von Kreditinstituten einerseits und Gesellschaftern andererseites angesprochen.

3. Stellungnahme

Auch *Hopt*[118] hat gefragt, ob der Bankkunde einen ihm gesetzten Kreditrahmen ausnahmsweise überschreiten darf. Für den Regelfall lehnt es dies ab. Denn das Kreditinstitut habe durch die Setzung der Kreditlinie unmißverständlich klargemacht, wo es das Limit sieht. Es sei Sache des Kunden sich daran zu halten und seine geschäftlichen Dispositionen dementsprechend einzurichten. Die Bank muß also weder die Kreditlinie übersteigende Überweisungen oder Schecks des Kunden honorieren noch muß sie eine Vertragsänderung auf Erhöhung der Kreditlinie zustimmen. Das gilt auch dann, wenn der Kunde der Bank Sicherheiten eingeräumt hat oder neue Sicherheiten anbietet. Denn die Entscheidung der Bank, ob und bis zu welcher Höhe sie einem Kunden Kredit gewähren will, ergibt sich aus verschiedenen Erwägungen, die keineswegs notwendig nur den Kunden betreffen, sondern allgemein geschäftspolitischer Natur oder sogar bankaufsichtsrechtlich vorgegeben sein können. Nur ausnahmsweise sei es vorstellbar, daß die Bank wegen der aus dem Bankvertrag sich ergebenden besonderen Treuepflicht verpflichtet sein könne, eigene Mittel vorübergehend vorzuschießen, um einen dem Kunden sonst drohenden gravierenden Schaden abzuwenden. Schließlich kann die Bank bei einem für bestimmte Zwecke gewährten Kredit verpflichtet sein, wenn die vereinbarte Kreditsumme nicht ausreicht, um das geplante Vorhaben zu verwirklichen, gehalten sein eine Anschlußfinanzierung zu gewähren. In aller Regel handelt es sich um eine Auslegung des Krediteröffnungsvertrags. Darüber hinaus eine all-

---

118 ZHR 143 (1979), 139, 157.

gemeine Pflicht aus dem Krediteröffnungsvertrag zur Vertragsänderung oder Abschluß eines neuen Vertrags in Betracht zu ziehen besteht nicht.

Wenn die Auffassung von *Canaris* sich im Schrifttum bisher nicht auf breiter Front durchsetzen konnte, so mag dies daran liegen, daß sich mehrere Einwände formulieren lassen[119].

a) Zunächst darf der Stellenwert der These von *Canaris* nicht überschätzt werden; denn in echten Sanierungssituationen dürfte es an den von ihm postulierten Voraussetzungen fehlen. Zunächst aus einem tatsächlichem Blickwinkel: *Canaris* verlangt in jedem Fall ausreichende Sicherheiten von dem Kreditnehmer. Sollen dies vollwertige und leicht realisierbare Sicherheiten sein[120], so fragt es sich, ob überhaupt eine besondere Sanierungssituation gegeben ist, wenn man die Sanierungssituation als eine existenzgefährdende Notlage versteht, aus der das Unternehmen nicht ohne fremde Hilfe herausfindet[121]. Ein Gesellschafterdarlehen wird zum Beispiel dann nicht als kapitalersetzend qualifiziert, wenn die Gesellschaft noch über ausreichende Sicherheiten verfügt, was für ihre Kreditfähigkeit spricht[122]. Denn unter diesen Voraussetzung wird das Unternehmen am Kreditmarkt Anbieter finden [123].

Auch *Canaris*[124] mutet dem Kreditinstitut nicht zu, allein die Sanierungslast zu tragen. Die „angemessene Beteiligung der Gesellschafter" könne in einer Erhöhung der Einlagen oder in der Bestellung dinglicher Sicherheiten am Privatvermögen der Gesellschafter bestehen. Eine Bürgschaft sei hingegen meistens unzumutbar. Der typischen Situation entspricht auch dies wohl nicht, denn meistens wendet man sich an das Kreditinstitut, vor allem im mittelständischen Bereich, erst, wenn die Gesellschafter mit ihrer wirtschaftlichen Kraft bereits am Ende sind. Bemerkenswert ist aber, daß das OLG Düsseldorf[125] – wie erwähnt – in einem Fall entschieden hat, die Bank sei schon deshalb nicht zur Kredit-

---

119 Vgl. *Obermüller*, Handbuch Insolvenzrecht, aaO (Fn. 18), Rdn. 1052; *Hopt/Mülbert*, aaO (Fn. 59), § 610 BGB, Rdn. 22.

120 *Obermüller*, ZIP 1980, 1059; OLG Celle, ZIP 1982, 942.

121 So *Brandstätter*, aaO (Fn. 9), S. 7.

122 *Fleck*, FS Werner, 1984, S. 116; *Karsten Schmidt*, ZIP 1981, 689, 695.

123 So *Obermüller*, ZIP 1980, 1059, 1062.

124 ZHR 143, (1979), 113, 135.

125 WM 1989, 1838.

aufstockung verpflichtet, weil der Gesellschafter selbst nicht bereit war, unter Einsatz seines Privatvermögens an der Unternehmenssanierung mitzuwirken.

b) Das Schrifttum hat zahlreiche Einwände gegen die Kreditversorgungspflicht mit zum Teil unterschiedlichem Stellenwert zusammengetragen. So wird eingewandt, daß es keine gesetzliche Pflicht der Kreditinstitute zur Wagnisfinanzierung gebe[126]; daß diese Pflicht *aufsichtsrechtlich* nicht haltbar[127] sei, da sie unkalkulierbare Risiken mit sich bringe. Die Entscheidung über die Sanierungsfähigkeit als Anspruchsvoraussetzung[128] müsse bei einer freien Sanierung den privatautonom entscheidenden Beteiligten selbst überlassen bleiben; den Banken können keine derart unsichere Prognose aufgezwungen werden[129]. Denkbar sei allein, eine von sachfremden Erwägungen geleitet Versagung des kurzfristigen Liquiditäsbedarfs durch das Kreditinstitut zu versagen[130].

c) Ausführlich und kritisch hat *Timm* in seiner Habilitationsschrift über „Die Sanierung von Unternehmen" (1984), die demnächst veröffentlicht werden soll, vor allem die von *Canaris* betonte Notwendigkeit, zwischen kurzfristigem und langfristigem Finanzierungsbedarf in der Krise zu trennen[131], analysiert. Die kurzfristige Finanzierung beseitigt nämlich die wirtschaftliche Notlage nicht, sie verzögert nur die Konkurseröffnung, fördert aber nicht die Sanierung. Es wird die Überschuldung nicht behoben, sondern sogar vergrößert, nur die Zahlungseinstellung kurzfristig hinausgeschoben[132]. Es findet u.U. ein Springen von Krise zu Krise statt, letztlich mit der Konsequenz, daß ein langfristiger Sanierungskredit notwendig wird. Bei diesem Szenario wird dann in aller Regel die von *Canaris* vorausgesetzte starke Bindung an die Hausbank als Voraussetzung für einen langfristigen Sanierungskredit vorlie-

126 *Hopt*, ZHR 143 (1979), 139, 142.

127 Vgl. dazu vor allem *Hopt*, ZHR 143 (1979), 139, 142; *Obermüller*, ZIP 1980, 1059, 1062; *Rümker*, KTS 1981, 493, 502; *ders.*, ZIP 1982, 1385, 1389; *Westermann*, ZIP 1982, 379, 380; *Karsten Schmidt*, WM 1983, 490, 492.

128 *Canaris*, ZHR 143 (1979), 113, 133.

129 *Karsten Schmidt*, WM 1983, 490, 492.

130 Ähnlich in der Tendenz *Hopt* und *Westermann*, aaO (Fn. 127).

131 *Karsten Schmidt*, WM 1983, 490, 492.

132 So *Obermüller*, ZIP 1980, 1059.

gen, denn ohne Beteiligung der Hausbank wird die Sanierung ohnehin scheitern. Die ursprünglich unverdächtige Ausnahmesituation kann somit unversehens in eine allgemeine Sanierungspflicht umschlagen.

d) Schließlich birgt die Kreditversorgungspflicht von *Canaris* weitere Risiken in sich. *Canaris*[133] sieht nämlich, daß es meistens ohne Einflußnahme der Bank auf die Geschäftsführung nicht abgeht, vor allem dann nicht, wenn berechtigte Sorge besteht, daß der Inhaber des Unternehmens der Sanierungsaufgabe nicht gewachsen sei. So heißt es, es könne erforderlich sein, einen Treuhänder einzuschalten oder einen Vertrauensmann zu entsenden und diesen an der Vertretung zu beteiligen. Das gelte auch dann, wenn berechtigte Sorge besteht, daß der Inhaber des Unternehmens der Sanierugnsaufgabe nicht gewachsen sei. Geschieht dies aber als Konsequenz der Kreditversorgungspflicht, so droht die Umqualifizierung des Darlehens zu Haftkapital, eine Haftung analog §§ 302, 303 im qualifiziert faktischen Konzern oder eine Außenhaftung nach § 826 BGB. Damit ergeben sich Pflichtenkollisionen, die nicht hingenommen werden können.

4. Sanierungsvereinbarung

Hat die Bank einen Kredit für bestimmte Zwecke gewährt, wird sie auch von anderen Autoren[134] für verpflichtet angesehen, eine Anschlußfinanzierung zu gewähren, wenn die vereinbarte Kreditsumme nicht ausreicht, um das geplante Vorhaben zu verwirklichen. Diese Fallgestaltung macht deutlich, daß die Übergänge zu vertraglich vereinbarten Sanierungspflichten fließend sein können. Sanierungsvereinbarungen können nämlich auch konkludent zustande kommen; davon wird man ausgehen können, wenn die Bank die Sanierungsbedürftigkeit des Unternhmen erkennt und gleichwohl einen Kredit gewährt[135]. Ihr Inhalt ist im übrigen vielfältig. Er kann die Verpflichtung zur Sanierung vorsehen, die Zweckbindung des Darlehns und regelmäßig besondere Absicherungen des Kredites regeln. Unter dieser Zweckabrede kann vereinbart werden, Kredite nicht zu kün-

133 ZHR 143 (1979), 113, 132, 134.

134 Z.B. *Hopt/Mülbert*, aaO (Fn. 59), § 607 BGB Rdn 209.

135 BGH WM 1957, 949; dazu *Wiegelmann*, aaO (Fn. 41), S. 214.

digen, sie zu verlängern und ggf. Aktienpakete, Gesellschaftsanteile oder Forderungen sicherheitshalber an die Bank zu übertragen[136].

Treten jedoch Umstände ein, welche die Sanierung als nicht mehr aussichtsreich erscheinen lassen, so ist die darin liegende wesentliche Verschlechterung des Kundenvermögens trotz der anderweitigen Stützungsvereinbarung als ein wichtiger Grund zu einseitigen Beendigung der Geschäftsverbindung anzusehen.

V. Der „Akkordstörer"

„Freie Sanierungen sind freiwillige Sanierungen. Niemand – Gläubiger, Eigentümer, Arbeitnehmer – ist zu Opfern oder auch nur zur Mitwirkung ohne ein Opfer verpflichtet" – so lautet die unmißverständliche Stellungnahme von *Heinsius*[137]. Auch sonst wird im Schrifttum[138] im Einklang mit diesem Ausgangspunkt betont, der außergerichtliche Vergleich sei „ein Kind der Vertragsfreiheit". Der Sanierungsfall co-op hat gleichwohl die Frage aufgeworfen, ob einzelne Kreditinstitute, die einem *außergerichtlichen Sanierungsvergleich* ferngeblieben und nicht mit einem Rangrücktritt ihrer Forderungen einverstanden gewesen sind, ihre Darlehensforderungen noch uneingeschränkt durchsetzen können, wenn die überwiegende Zahl der Kreditinstitute mit ihrem vergleichsweisen Teilerlaß erst für eine (nachträgliche) Werthaltigkeit dieser (Außenseiter-) Forderung gesorgt haben. Als der wohl größte Nachteil des außergerichtlichen Vergleichs wird es angesehen, daß er mit jedem Gläubiger einzeln geschlossen werden muß und eine Mehrheitsentscheidung der Gläubiger die Außenseiter mangels einer gesetzlichen Regelung nicht bindet[139].

Bisher ist in der Rechtsprechung zum außergerichtlichen Vergleich meistens nur die Frage erörtert worden, wie es sich auf das Zustande-

---

136 Dazu vor allem *Hopt/Mülbert*, aaO (Fn. 59), § 607 BGB Rdn. 209.

137 *Heinsius*, aaO (Fn. 7), S. 151.

138 Vgl. *Künne*, Außergerichtliche Vergleichsordnung, 7. Aufl. 1968, S. XXIV; *Maus*, aaO (Fn. 9), § 5 Rdn. 89.

139 Vgl. dazu *Maus*, aaO (Fn. 9), § 5 Rdn. 94.

kommen der vergleichsweisen Vereinbarungen mit der überwiegenden Zahl der Gläubiger auswirkt, wenn eine Minderheit dem Vergleich fernbleibt und nach der Gesundung des Unternehmens in volle Höhe befriedigt wird. Der Bundesgerichthof[140] geht hierzu davon aus, es würden „die das Abkommen schließenden Gläubiger ihre Bindung in der Regel nur von der Bedingung abhängig machen, daß alle diejenigen Gläubiger zustimmen, deren es zur Durchführung des Vergleichs bedarf". Im Schrifttum wird eine Lösung in der ergänzenden Vertragsauslegung gesehen[141]. Zu der aus Anlaß des co-op-Falles aufgeworfenen Frage hat der *IX. Zivilsenat* des Bundesgerichtshof[142] aus rechtspolitischer Sicht zwar für das Anliegen des betroffenen Unternehmens und der akkordierenden Gläubiger, ein Außenseiter solle aus den Solidaritätsopfern der übrigen Gläubiger kein „Kapital schlagen", Verständnis gezeigt, gleich wohl aber in dem ungewöhnlich ausführlich begründeten Urteil keinen Anhaltspunkt im geltenden Recht gefunden, der dem sog. „Akkordstörer" die Durchsetzung seines Anspruch gegen das Krisenunternehmen versagen könnte[143]. Es ist allerdings bekannt geworden, daß Instanzgerichte zum Beispiel in der Vollstreckungsschutzbestimmung des § 765a ZPO einen solchen Weg gesehen haben. Auch die herrschende Meinung[144] geht davon aus, daß ein Gebot der Gleichbehandlung der Gläubiger beim außergerichtlichen Vergleich nicht gilt, aus „Treu und Glauben unter Heranziehung der Verkehrssitte" wird

---

140 BGH WM 1961, 403, 404 = MDR 1961, 464, unter Hinweis auf RG KTS 1941, 54, 55; erneut BGH, WM 1985, 1151, 1152 = WuB IV A § 779 BGB 1.86 (*Johlke*).

141 Vgl. dazu *Habscheid*, Zur rechtlichen Problematik des außergerichtlichen Sanierungsvergleichs, in: Gedächtnisschrift für Bruns, 1980, S. 253 ff.

142 WM 1992, 322, 324 = NJW 1992, 967 = EWiR § 799 BGB 1/92, 256 *Tiedtke*.

143 Im Falle co-op haben einzelne Banken, die dem Vergleich zugestimmt haben, anschließend u. a. mit dem Argument dagegen geklagt, der Verzicht auf 75 % ihrer Fordrungen sei zu hoch gewesen. Die Klage ist in der ersten Instanz ohne Erfolg geblieben (LG Frankfurt, WM 1993, 1345) und während des Berufungsverfahren außergerichtlich verglichen worden (vgl. dazu Börsen-Zeitung Nr. 76 vom 21.4.1994, S. 5).

144 Vgl. dazu *Maus*, aaO (Fn. 9), § 5 Rdn. 94.

aber auch das Gegenteil vertreten[145], oder es wird der Rechtsmißbrauchseinwand (§ 242 BGB) bemüht, um die Rechtsposition der Außenseiter einzuschränken[146]. Nach Ansicht des Bundesgerichtshofs[147] fehlte es in dem co-op-Fall schon an den tatsächlichen Voraussetzung für ein rechtsmißbräuchliches Handeln. *Habscheid*[148] hatte die Gerichte zur Rechtsfortbildung aufgerufen, um den Gedanken einer „Gläubigergemeinschaft" durchzusetzen[149], mit dessen Hilfe eine Vollbefriedigung einzelner dissentierender Gläubiger ausgeschlossen werden kann. Demgegenüber verweist der Bundesgerichtshof[150] auf die Zuständigkeit des Gesetzgebers zur Bewältigung der Aufgabe, dem Sanierungsgedanken in einem weiteren Umfang, als bislang geschehen, Geltung zu verschaffen.

VI. Risiken der Kreditinstitute beim Scheitern einer Unternehmenssanierung

Der Vorsitzende der Studienkommission „Grundsatzfragen der Kreditwirtschaft" (sog. Bankenstrukturkommission), *Ernst Geßler*[151], hat vor vielen Jahren mitfühlend folgendes geschrieben: Gelingt die Sanierung, dann kümmert sich niemand um die rechtliche Problematik des Sanierungskredits, wehe aber wenn die Sanierungsmaßnahmen nur vorübergehend wirken und die Gesellschaft doch noch Konkurs anmelden muß,

145 *Kohler/Gehrig*, Außergerichtlicher Vergleich zur Schuldenbereinigung und Sanierung, 1987, S. 63. Vgl. auch *Behmer*, Der außergerichtliche Vergleich, Diss. Würzburg, S. 103, 104, der einen Anspruch auf Vergleichszustimmung gegen den Außenseiter auf § 744 Abs 2 BGB stützen möchte; dagegen *Tiedtke*, EWiR § 799 BGB 1/92, 256.

146 Vgl. *Soergel/Teichmann*, BGB, 12. Aufl., § 242 Rdn. 293.

147 WM 1992, 322, 324 = NJW 1992, 967 = EWiR § 799 BGB 1/92, 256 *Tiedtke*.

148 Vgl. dazu *Habscheid*, Zur rechtlichen Problematik des außergerichtlichen Sanierungsvergleichs, in: Gedächtnisschrift für Bruns, 1980, S. 253, 264.

149 Vgl. dazu auch *Wüst*, Vom ungebundenen Individualgläubiger zum rücksichtsvollen Mitgläubiger, FS W. Wilburg, 1965, S. 257.

150 WM 1992, 322, 324 = NJW 1992, 967 = EWiR § 799 BGB 1/92, 256 *Tiedtke*.

151 *Geßler*, FS Ph. Möhring, 1975, S. 173; dazu auch *Obermüller*, Handbuch Insolvenzrecht, aaO (Fn. 18), Rdn. 1035.

weil die Gläubiger zu weiterem Kredit oder zur Teilnahme an einer Kapitalerhöhung nicht mehr bereit sind. Andere Gläubiger erheben dann den Vorwurf, das Kreditinstitut habe das vorgelegte Sanierungskonzept nicht sorgfältig auf seine Realisierungschance hin geprüft und begehren Schadenersatz wegen *Konkursverschleppung*; der Konkursverwalter verlangt die in der Krise eingeräumten Sicherheiten mit der *Konkursanfechtung* heraus und die Kreditforderung ist schließlich unter dem Gesichtspunkt des *kapitalersetzenden Darlehens* bedroht. Mit diesen Stichworten sind die kritischen Punkte angesprochen, die auch heute noch die Sanierungsbemühungen aus rechtlicher Perspektive belasten und auf die sich die folgenden Ausführungen beschränken[152].

1. Haftung aus § 826 BGB wegen Konkursverschleppung

Während das Reichsgericht[153] zur tatbestandlichen Präzisierung einer Haftung aus § 826 BGB fünf Fallgruppen gebildet hat: nämlich die Konkursverschleppung, Aussaugung, stille Geschäftsinhaberschaft, Kreditbetrug und Gläubigergefährdung, hat der Bundesgerichtshof[154] in ständiger Rechtsprechung diese Tatbestandsgruppen nur als Anhaltspunkte im Rahmen der gebotenen umfassenden Würdigung der Umstände des Einzelfalles herangezogen[155]. In der Rechtsprechung[156] steht bei einer Kreditgewährung in der Krise als Gläubigergefährdung oder Gläubigerbenachteiligung der Vorwurf der *Konkursverschleppung* im Vordergrund, der zu Schadenersatzansprüchen der geschädigten Gläubiger gegenüber der Bank aus § 826 BGB führen kann – rechtssystematisch

152 Nicht angesprochen wird z.B. die Haftung eines am Krisenunternehmen beteiligten Kreditinstituts analog §§ 302, 303 AktG, wenn es als herrschendes Unternehmen eines sog. qualifiziert faktischen Konzerns anzusehen; dazu zuletzt BGH WM 1994, 2016 = ZIP 1994, 1690; *Karsten Schmidt*, ZIP 1994, 1741; ausführlich *De Meo*, aaO(Fn 24), S.272ff.

153 Insbesondere RGZ 136, 247, 253.

154 BGH NJW 1970, 657, 658; BGH WM 1956, 283; BGHZ 10, 228, 233.

155 Vgl. dazu *Obermüller*, Handbuch Insolvenzrecht, aaO (Fn. 18), Rdn. 1033.

156 BGH NJW 1970, 657; kritisch dazu ÖstOGH ÖBA 1986, 570, 571.

ein Beispiel der Berufshaftung zum Schutz des Vermögens bei beruflichem Fehlverhalten[157]. Diese Rechtsprechung wird im neueren Schrifttum[158] mit der „Annahme einer Sonderstellung der Kreditinstitute in der deutschen Wirtschaftsordnung" erklärt. Dem Verhalten der Banken wird wegen ihres (vermeintlichen) Informationsvorsprungs und ihrer finanziellen Macht[159] die Bedetung eines Vertrauenstatbestandes hinsichtlich der Kreditwürdigkeit ihres Kreditnehmers zugesprochen. An das konkursverschleppende Verhalten von Kreditinstituten werden ähnliche Rechtsfolgen geknüpft wie an vergleichbares Verhalten von Organen von Kapitalgesellschaften[160]. Daß nicht schon ein *bloßes Stillhalten* oder auch eine zusätzliche Kreditgewährung trotz Konkursreife für sich anstößig ist, hat der Bundesgerichtshof[161] in der Tat in der Herstatt-Entscheidung wie folgt begründet: „Ein Verhalten, das nach § 92 Abs. 2 AktG einem ordentlichen Geschäftsleiter erlaubt oder sogar geboten ist, kann nicht gleichzeitig gegen die guten Sitten verstoßen". Es müssen deshalb weitere Umstände hinzutreten, um bei Sanierungkrediten eine *haftungsbegründende Gläubigerbenachteiligung* anzunehmen[162]. Der Vorwurf sittenwidriger Schädigung kann zum Beispiel begründet sein, wenn der Kreditgeber im Zusammenwirken mit dem Schuldner Dritte zur Kreditgewährung veranlaßt oder sie von der rechtzeitigen Beitrei-

157 *Schiemann*, FS Gernhuber, 1993, S.387, 404.

158 So zuletzt *Schiemann*, FS Gernhuber, 1993, S.387, 404.

159 *Mertens*, ZHR 143 (1979), 174ff, insb. 188; *ders.*, in: Münchener Komm. z. BGB, 2. Aufl., 1986, § 826 Rdn. 147f.

160 BGHZ 75, 97; BGH WM 1986, 2.

161 BGHZ 75, 96, 114; schon BGH WM 1965, 475.

162 Umfassend dazu *Mertens*, in: Münchener Komm. z. BGB, aaO (Fn. 159), § 826 Rdn. 151; *ders.*, ZHR 143 (1979), 174; zu dieser Rechtsprechung ferner *Koller*, JZ 1985, 1013, 1017; *Canaris*, Bankvertragsrecht, aaO (Fn. 51), Rdn. 130ff; *Hopt/Mülbert*, aaO (Fn. 59), § 607 BGB Rdn. 293; *Obermüller*, ZIP 1980, 1059; *ders.*, ZIP 1980, 337; *Rümker*, KTS 1981, 493; *Dechamps*, Haftung wegen Kreditvergabe an solvenzschwache Unternehmen, Die Pflicht eines einflußreichen Kreditgebers zum Ersatz der Forderungsausfälle seiner Mitgläubiger im Konkurs des gemeinsamen Schuldners, Diss. Hamburg, 1983

bung ihrer Forderung abhält und darüber täuscht, daß der Schuldner bereits kreditunwürdig ist[163].

Ein solcher Fall der Kredittäuschung kommt insbesondere auch bei der Konkursverschleppung in Betracht. Eine *eigensüchtige Konkursverschleppung* als haftungsbegründender Tatbestand liegt vor, wenn der Kreditgeber den Konkurs des Unternehmens um eigener Vorteile Willen lediglich hinausschiebt und für ihn abzusehen ist oder nicht ernstlich zweifelhaft sein kann, daß der Zusammenbruch allenfalls verzögert, aber nicht auf Dauer verhindert werden kann[164]. Als anstößig wird es empfunden[165], wenn die Bank den Zusammenbruch des Kunden durch eine ersichtlich unzureichende weitere Kapitalzufuhr nur hinausschiebt, um sich gegenüber den anderen Gläubigern Sondervorteile zu verschaffen, insbesondere sich wegen alter Kredite zu befriedigen, und wenn sie dabei in Kauf nimmt, daß dadurch Dritte über die Kreditwürdigkeit des Schuldners getäuscht werden[166].

Bei der Abgrenzung ist wesentlich vor allem darauf abzustellen, ob der Kreditvertrag bezweckt, den Schuldner wirklich zu sanieren und der Vertrag dafür auch geeignet ist, wobei die Rechtsprechung der Forderung Rechnung tragen muß, daß nicht alles, was sich im nachhinein als bankkaufmännische Fehleinschätzung herausstellt, schon den Vorwurf der Sittenwidrigkeit rechtfertigt; denn jeder Sanierungskredit schließt die Möglichkeit ein, daß er sich nur noch als Ursache einer Konkursverzögerung darstellt[167].

Wenig sachgerecht erscheint es allerdings, danach zu fragen, ob die Bank bei der Vergabe des neuen Kredits eigennützig oder uneigennützig gehandelt hat, denn eine Bank handelt als gewerbliches, auf Gewinnerzielung ausgerichtetes Unternehmen immer zumindest auch eigennützig.

---

163 Schadenersatzansprüche geschädigter Dritter gegen eine Bank können beim Verschweigen der Krise des Kreditnehmers begründet sein, wenn die Bank zum stillen Geschäftsinhaber geworden ist. Vgl. BGH WM 1978, 897; vgl. RGZ 136, 253; BGH WM 1985, 163; BGH WM 1964, 673.

164 BGHZ 96, 231, 237; BGH WM 1992, 1812, 1823.

165 Vgl. *Karsten Schmidt*, WM 1983, 490.

166 Dazu BGH WM 1986, 2 = WuB IV A § 826 BGB 2.86 (*Immenga*); OLG Düsseldorf, ZIP 1983, 786.

167 BGHZ 10, 228, 234 = NJW 1953, 1665.

Entscheidend ist der Umfang und die Art der Prüfungspflichten der Kreditinstitute in Hinsicht auf die Erfolgsaussichten der Sanierung[168]. Hierzu werden zunehmend die verschiedenen Phasen unterschieden, welche die Sanierungsbemühungen von der Überlegungsfrist bis hin zu einem Sanierungsplan durchlaufen[169] und eine jeweils angepaßte Kreditierungsmöglichkeiten als unbedenklich angesehen, also etwa während der Prüfungs- und Überlegungsphase zunächst nur Prolongierungen oder Überbrückungskredite[170].

Unterschiedlich wird schließlich beantwortet, ob in jedem Fall – wie es die Rechtsprechung[171] zum Teil verlangt – ein neutraler Wirtschaftsfachmann einzuschalten ist[172]. Die Auffassungen hierzu sind geteilt[173]. Einige meinen, die Banken seien gut beraten, sich bei der Prüfung der Plausibilität des Sanierungskonzepts nicht nur auf das eigene Urteil sondern auch auf das jenige externer Sachverständiger zu stützen, soweit dies unter dem Zeitdruck der Sanierung möglich ist[174]. Und daß es tatsächlich vorkommt, daß entsprechende Sachverständige hinzugezogen werden, kann der Theoretiker dem Tatbestand einer konkursrechtlichen Entscheidung des *IX. Zivilsenats* vom November 1992[175] entnehmen. *Hopt*[176] hält die Heranziehung eines Wirtschaftsprüfers bei der Aufstellung des Sanierungsplanes für „in aller Regel unerläßlich". Dagegen wird eingewandt, die Bank selbst habe auf Grund langjähriger Zusammenarbeit mit dem notleidenden Unternehmen oft einen weitaus besseren Einblick, als ihn ein neutraler Dritter in der zur Verfügung stehenden Zeit gewinnen könne. Vor allem, weil oft rasch entschieden werden müsse,

168 Dazu *Rümker*, KTS 1981, 493, 508; *ders.* ZHR 143 (1979), 194, 204f; *Obermüller*, Handbuch Insolvenzrecht, aaO (Fn. 18), Rndr. 1041; *Mertens*, ZHR 143 (1979), 174, 186.

169 *De Meo*, aaO (Fn. 24), S.297 m. Fn. 462.

170 *Rümker*, WM 1982, 286, 287f.

171 BGHZ 10, 228 = NJW 1953, 1665; offengelassen in BGH WM 1956, 283, 284.

172 Ablehnend *Rümker*, ZHR 143, (1979), 195, 205; *Obermüller*, ZIP 1980, 1059, 1060; *Brandstätter*, aaO (Fn. 9), S.43.

173 Vgl. *Obermüller*, Handbuch Insolvenzrecht, aaO (Fn. 18), Rdn. 1042.

174 *Heinsius*, aaO (Fn. 7), S.150.

175 BGH WM 1993, 265.

176 Problme der Insolvenzvermeidung, S.47.

lasse sich gar kein geeigneter externer Fachmann finden. Dagegen wird wiederum vorgebracht, die Bank könne den Dritten ja unterstützen, ihn aber nicht ersetzen, weil das Urteil der Bank durch eigene Interessen vorgeprägt sei. Die Frage läßt sich aber abstrakt wohl gar nicht beantworten, da es sich um eine situationsabhängige Pflicht handelt. Die Faktoren Zeit und Kosten können gegen den externen Sachverständigen sprechen, wenn anderenfalls die Sanierung gefährdet ist oder die Kosten in keinem Verhältnis zu dem konkreten Fall stehen.

2. Gefährdung eingeräumter Sicherheiten

Kann einem Kreditinstitut wegen der Gewährung eines Sanierungskredits nicht mit haftungsbegründender Wirkung vorgeworfen werden, den Konkurs des Kreditnehmers „verschleppt" zu haben, so kann der Konkursverwalter ihm regelmäßig auch nicht den Einwand der Sittenwidrigkeit des Kreditvertrags einschließlich der Bestellung von Sicherheiten nach § 138 BGB entgegenhalten[177], wenngleich sich die Mäßstäbe zu § 826 BGB nicht notwendig mit denjenigen zu § 138 BGB decken[178]. Gleichwohl sind die eingeräumten Sicherheiten mit einem Risiko behaftet, vor allem wenn es zur Eröffnung eines Konkursverfahrens kommt[179]; sie sind dann nämlich von der Anfechtung durch den Konkursverwalter bedroht[180]. An dieser Stelle interessieren insbesondere die

---

177 Andere Fallgruppen zu § 138 BGB, z.B. Knebelung wegen übermäßiger Sicherung (dazu nur *Feddersen*, FS Helmrich, 1994, S. 597, 599), müssen hier außer Betracht bleiben.

178 BGH WM 1970, 399 = NJW 1970, 657, 658; *Mertens*, aaO (Fn. 159), § 826 Rdn. 92.

179 Zum Vorrang der Anfechtungstatbestände gegenüber § 138 BGB vgl. BGH WM 1994, 171, 174; BGH WM 1993, 738 = ZIP 1993, 521, 522; dazu kritisch *Häsemeyer*, ZIP 1994, 418, 422 im Sinne einer „Doppelwirkung"; ferner *Henckel*, Konkursrecht und allgemeines Zivilrecht, in: Lüke (Hrsg.), Grundfragen des Privatrechts, 1989, S. 1, 10.

180 *Karsten Schmidt*, Gutachten D zum 54. DJT, 1982, S. 106 (rechtpolitisch); *Obermüller*, ZIP 1981, 352; *Scholz/Lwowski*, Das Recht der Kreditsicherheiten, 6. Aufl., 1986, S. 635.

besondere Konkursanfechtung nach § 30 KO und die Absichtsanfechtung nach § 31 KO.

a) Konkursanfechtung

Die besondere Konkursanfechtung (§ 30 KO) verlegt den Zeitpunkt, von dem an die Konkursgläubiger gleich behandelt werden, auf den Zeitpunkt des sog. materiellen Konkurses vor, also auf den Zeitpunkt der Zahlungseinstellung als Ausdruck der Zahlungsunfähigkeit (§ 102 Abs. 2 KO) oder denjenigen der Konkursantragsstellung sowie bei inkongruenter Deckung noch zehn Tage vorher[181]. Der aus der für eine Anfechtung in Betracht kommenden Rechtshandlung begünstigte Partner genießt freilich grundsätzlich Vertrauensschutz, solange er die Zahlungseinstellung oder Konkursantragstellung nicht kennt.

aa) Erfährt ein Kreditinstitut, daß sein Kreditnehmer sich in wirtschaftlichen Schwierigkeiten befindet, verlangt es, wenn es das Kreditverhältnis aufrecht erhält, nicht selten (zusätzliche) Sicherheiten. Ist der Kreditnehmer dieser Aufforderung nachgekommen, kann die Bank einer erleichterten Anfechtung des Konkursverwalters wegen inkongruenter Deckung (§ 30 Nr. 2 KO) nicht mit Erfolg unter Hinweis auf ihre AGB entgegentreten. Zwar kann die Bank nach Nr. 13 Abs. 2 AGB der Banken „auch später noch eine Besicherung fordern", wenn Umstände eintreten und bekannt werden, die eine erhöhte Risikobewertung der Ansprüche gegen den Kreditnehmer rechtfertigen, insbesondere wenn die wirtschaftlichen Verhältnisse des Kunden sich nachteilig verändert haben oder sich zu verändern drohen (ähnlich Nr. 22 Abs. 1 AGB der Sparkassen). Dieser Anspruch aus des Allgemeinen Geschäftsbedingungen räumt aber nach der Rechtsprechung[182] eine inkongruente Deckung deshalb nicht aus,

181 Vgl. nur BGH WM 1991, 150, 151/2; BGHZ 59, 230, 232 = WM 1972, 1187 = NJW 1972, 2084 = LM Nr. 28 zu § 30 KO (L).

182 BGH WM 1993, 270, 272 = WuB VI B. § 31 Nr. 1 KO (*H.Hefermehl/Branz)* = NJW-RR 1993, 238; BGH WM 1984, 1178, 1179; BGH WM 1983, 853; BGH WM 1969, 968 = NJW 1969, 1719; BGHZ 33, 389, 393f = WM 1961, 28 = NJW 1961, 408. *Huber*, in: Gottwald (Hrsg.), Insolvenzrechts-Handbuch, 1990, § 49 Rdn. 41.

weil er nur allgemein auf die Bestellung von Sicherheiten, nicht aber auf die Bestellung einer ganz bestimmten Sicherheit gerichtet ist.

bb) Als ungeschriebenes Tatbestandsmerkmal aller Fallgruppen der Konkursanfechtung (§ 30 KO) ist eine objektive „Gläubigerbenachteiligung“ durch Verkürzung des Schuldnervermögens erforderlich[183], wobei insoweit die Beweislast beim Konkursverwalter liegt[184]. Mit Rücksicht auf diese Anfechtungsvoraussetzung können nach ständiger Rechtsprechung[185], die auch Eingang in die neue Insolvenzordnung gefunden hat (§ 142 InsO), Geschäfte, bei denen wirtschaftlich gleichwertige Leistungen Zug um Zug ausgetauscht werden, als sog. *Bargeschäfte* weder nach § 30 Nr. 1 Fall 2 KO (kongruente Deckung) noch nach § 30 Nr. 2 KO (inkongruente Deckung) angefochten werden, selbst wenn sie in der Krise, also nach Zahlungseinstellung, vorgenommen worden sind. Solche Geschäfte sind nur unter den Voraussetzungen der Absichtsanfechtung (§ 31 KO) angreifbar, die auch mittelbare Benachteiligungen der Konkursgläubiger erfaßt. Als ein derartiges anfechtungsfreies „Bargeschäft“ ist in der Rechtsprechung[186] auch die Gestaltung anerkannt, daß der spätere Gemeinschuldner ein Darlehen gegen eine Sicherheit erhält. Ein zeitlicher Abstand zwischen den einzelnen Teilen des Leistungsaustauschs kann nach der Rechtsprechung diese Ausnahme gefährden[187]. Voraussetzung für den Ausnahmetatbestand ist aber im-

---

183 BGH WM 1994, 265, 267 = WuB I B § 30 Nr. 3 KO 1.93 (*Smid*); BGH WM 1990, 649, 650 = NJW 1990, 2687; BGH WM 1985, 364, 365; BGH WM 1979, 776; OLG Hamburg ZIP 1984, 1373, 1375; *Kilger/Karsten Schmidt*, KO, 16. Aufl. 1993, § 29 Anm 13.

184 OLG Hamburg ZIP 1984, 1373, 1375.

185 Vgl. dazu BGH WM 1993, 2099, 2100 = ZIP 1993, 1653; BGH WM 1980, 779 = NJW 1980, 1961; BGHZ 70, 177, 184f = WM 1978, 133 = NJW 1978, 758.

186 BGH WM 1993, 265, 268 = WuB I B § 30 Nr. 3 KO 1.93 (*Smid*); BGH NJW 1980, 1961 = ZIP 1980, 518; BGH WM 1977, 254, 255 = NJW 1977, 718; BGHZ 70, 177, 184f = WM 1978, 133 = NJW 1978, 758; BGH NJW 1955, 709 (LS) = LM NR. 2 zu § 30 KO; OLG Hamburg ZIP 1984, 1373, 1374.

187 Vgl. BGHZ 70, 177, 184f = WM 1978, 133 = NJW 1978, 758; BGH WM 1977, 254, 255 = NJW 1977, 718. *Huber*, aaO (Fn. 182), § 48 Rdn. 45. Nach OLG Hamburg, ZIP 1984, 1373, 1374, schadet ein Zeitpunkt von 4 Monaten zwischen Kreditgewährung und Eintragung des Grundpfandrechts nicht.

mer die Gleichwertigkeit der Gegenleistung; diese wird bei einer Sicherungsübertragung verfehlt, wenn die Gegenstände vereinbarungsgemäß und ohne Rangverhältnis[188] nicht nur den Rückerstattungsanspruch aus dem Neukredit, sondern auch Forderungen aus früheren Krediten zusätzlich sichern sollen[189]. Das Schrifttum[190] kennzeichnet den Ausnahmetatbestand des „Bargeschäft" zutreffend und weiterbildend als eine Vermögensumschichtung[191] und möchte deshalb das einschränkende Kriterium des zeitlichen Zusammenhangs der einzelnen Akte aufgeben, wenn bereits in dem Kreditvertrag eine durchsetzbare Verpflichtung zur Bestellung der Sicherheit vereinbart worden ist[192].

b) Absichtsanfechtung

Der Bundesgerichtshof[193] hat sich in jüngerer Zeit aus Anlaß der Sicherung von Sanierungskrediten auch mit der Absichtsanfechtung gemäß § 31 Nr. 1 KO in zwei Entscheidungen zu demselben Sanierungsfall auseinandergesetzt und darin den Anwendungsbereich der Absichtsanfechtung eng gezogen. In einem Sanierungsplan hatten die beteiligten Ban-

188 Vgl. dazu OLG Hamburg ZIP 1984, 1373, 1374.

189 BGH WM 1993, 265, 268 = WuB I B § 30 Nr. 3 KO 1.93 (*Smid*); OLG Hamburg ZIP 1984, 1373, 1375. Eine anfechtbare inkongruente Sicherheit ist auch gegeben, wenn die Bank in der Krise von einem anderen Konkursgläubiger eine ungesicherte Forderung abtreten läßt, die abredegemäß unter den Deckungsbereich der Banksicherheit fällt (vgl. nur BGHZ 59, 230, 232 = WM 1972, 1187 = NJW 1972, 2084 = LM Nr. 28 zu § 30 KO (L).

190 *Häsemeyer*, ZIP 1994, 418, 419; *Huber*, aaO (Fn. 182), § 48 Rdn. 44; *Karsten Schmidt*, WM 1983, 490, 493; *Canaris*, FS 100 Jahre KO, 1977, S. 73, 83.

191 So auch BGH WM 1993, 2099, 2100 = BGH ZIP 1993, 1653.

192 BGH WM 1993, 2099, 2100 = BGH ZIP 1993, 1653, unterscheidet jetzt auch im Zusammenhang mit dem Ausnahmetatbestand der „Bargeschäfts" zwischen konkongruenter und in kongruenter Deckung und nimmt eine nicht vereinbarungsgemäße Deckung davon aus; kritisch zu dieser Beschränkung zutreffend *Häsemeyer*, ZIP 1994, 418, 419 Fn. 10.

193 BGH WM 1993, 265, 268 = WuB I B § 30 Nr. 3 KO 1.93 (*Smid*); BGH WM 1993, 270, 272 = WuB VI B § 31 Nr. 1 KO (*H. Hefermehl/Branz*) = NJW-RR 1993, 238.

ken ihre Sicherheiten gepoolt[194] und die schon vorher getroffenen Sicherungsabreden auf alle Sicherheiten der Poolmitglieder erstreckt sowie der Gemeinschuldnerin neue Betriebsmittelkredite gegen weitere Sicherheiten, aber mit einer sog. weiten Zweckerklärung gewährt. Wegen der weiten Zweckerklärung ist der Bundesgerichtshof[195] davon ausgegangen, daß die Poolvereinbarung insgesamt zu einer inkongruenten Sicherung der Bank geführt habe, und zwar auch soweit die zusätzlichen Sicherheiten die neuen Kredite erfaßten, weil die Abreden kein Vorrangverhältnis zugunsten der Sicherung der neuen Kredite ergaben[196]. Ausschlaggebend war also, daß die neuen Sicherheiten auch die noch offenen Altforderungen abdecken sollten.

Der Bundesgerichtshof schränkt allerdings die bei inkongruenter Deckung sonst meistens angenommene Indizwirkung für die Benachteiligungsabsicht (§ 31 Nr. 1 KO)[197] ein; denn die Indizwirkung dieses Beweisanzeichen soll schon dann entfallen, wenn der Anfechtungsgegner sie erschüttert. Der Bundesgerichthof[198] legt die Sicherungsvereinbarung zwar nicht als unanfechtbare Bardeckung hinsichtlich der Sicherheiten für die Neukredite aus, sieht aber die Indizwirkung der inkongruenten Deckung für die Benachteiligungsabsicht als erschüttert an, „wenn die Gewährung der inkongruenten Sicherung den Bestandteil eines ersthaften, letztlich aber fehlgeschlagenen Sicherungsversuchs bildet". Zu fordern ist nach Ansicht des Bundesgerichtshofs[199] „ein in sich

194 BGH WM 1993, 265, 266, sieht in der Poolvereinbarung der mehreren Kreditinsitute keine Umgehung konkursspezifischer Regelungen; dazu näher *Smid*, WuB I B § 30 Nr. 3 KO 1.93

195 BGH WM 1993, 270, 272 = WuB VI B § 31 Nr. 1 KO (*H.Hefermehl/Branz*) = NJW-RR 1993, 238.

196 Ebenso OLG Hamburg, ZIP 1984, 1373, 1375.

197 BGH WM 1990, 649 = ZIP 1990, 459, 460; BGH WM 1985, 923 = ZIP 1985, 1008; BGH WM 1985, 295; BGH WM 1984, 625 = ZIP 1984, 572, 580; BGH WM 1965, 85, 87; BGH WM 1959, 1007; *Huber*, aaO (Fn. 182), 1990, § 50 Rdn. 5.

198 BGH WM 1993, 270, 272 = WuB VI B § 31 Nr. 1 KO (*H.Hefermehl/Branz*) = NJW-RR 1993, 238.

199 BGH, WM 1993, 270, 272 = WuB VI B § 31 Nr. 1 KO (*H.Hefermehl/Branz*) = NJW-RR 1993, 238; BGH, WM 1984, 625 = NJW 1984, 1893, 1899 = ZIP 1984, 572, 580; kritisch *Huber*, aaO (Fn. 182), § 50 Rdn. 6.

schlüssiges Konzept, das jedenfalls in den Anfängen schon in die Tat umgesetzt ist und infolgedessen auf der Seite des Gemeinschuldners zur Zeit der angefochtenen Rechthandlung ernsthafte und begründete Aussichten auf Erfolg rechtfertigt". Die bloße Hoffnung des Gemeinschuldners, auf diese Weise sein Unternehmen retten zu können, genügt nicht. Dem Berufungsgericht, das die Benachteiligungsabsicht erst dann verneinen wollte, wenn der Gemeinschuldner davon überzeugt ist, das Sanierungsvorhaben werde gelingen, hält der Bundesgerichtshof[200] – sanierungsfreundlich – entgegen, diese Auffassung widerspreche der Risikoverteilung bei einer Anfechtung nach § 31 Nr. 1 KO und überspanne die Anforderungen an die Darlegungs- und Beweislast des Anfechtungsgegners, sie begründe die Gefahr, daß Kreditgeber ihre Mitwirkung auch an aussichtsreichen Sanierungsvorhaben verweigern, weil sie das hohe insolvenzrechtliche Risko im Falle des Scheiterns der Bemühungen befürchten müssen.

3. Sanierungskredit als kapitalersetzendes Gesellschafterdarlehen

Während das Risiko einer deliktischen Haftung der kreditgewährenden Bank wegen des Vorwurfs der Konkursverschleppung bei sorgfältiger Prüfung der Sanierungschancen beherrschbar erscheint, vor allem weil das bloße Stehenlassen von Krediten nicht als haftungsbegründend im Sinne des § 826 BGB angesehen wird, ist die Situation der Bank beim Scheitern der Sanierung ausweglos, wenn sie gleichzeitig Gesellschafterin des Unternehmensträgers ist. Es sind nämlich auch bei Sanierungsdarlehen von Banken die Rechtsprechungsgrundsätze des Bundesgerichtshofs zu den „kapitalersetzenden Gesellschafterdarlehen" im Sinne der §§ 30 GmbHG[201] und auf der zweiten Stufe[202] die gesetzlichen Regelungen aus

200 BGH, WM 1993, 270, 272 = WuB VI B § 31 Nr. 1 KO (*H. Hefermehl/Branz*) = NJW-RR 1993, 238; BGH WM 1984, 625 = WuB I B § 30 Nr. 3 KO 1.93 (*Smid*) = ZIP 1984, 572, 580.

201 Vgl. nur BGH WM 1985, 1028; BGHZ 81, 311 = WM 1981, 1200 = ZIP 1981, 1200 = NJW 1982, 383.

202 Vgl. zu diesem systematischen Konzept der gleichzeitig zu berücksichtigenden Regelungen *Hommelhoff*, ZGR 1988, 460, 481; *ders.*, FS 100 Jahre GmbHG, 1992, S. 421, 432.

§§ 32a, 32b GmbH und §§ 129a, 172a HGB zu berücksichtigen[203], eine Rechtsmaterie, die *Lutter*[204] als einen „Dornbusch" bezeichnet hat, „in dessen Mitte die schöne Prinzessin kaum mehr zu erkennen ist".

a) Der Bundesgerichtshof[205] hat in dem sog. „Sonnenringurteil" aus dem Jahre 1981 die Grundsätze über kapitalersetzende Gesellschafterdarlehen auch auf Sanierungskredite eines an dem Krisenunternehmen beteiligten Kreditinstituts angewandt[206]. Das Gericht hat einen zur Rettung bereits bestehender Kreditforderungen gewährten und mit einem Beteiligungserwerb verbundenen neuen Bankkredit ebenso wie das aufrechterhaltene Altdarlehen zu haftendem Eigenkapital zurückgestuft und damit einem Rückzahlungsverbot solange unterworfen, bis das Unternehmen nachhaltig saniert ist. Diese Rechtsprechung wird als das wohl größte Risiko eines Kreditinstituts sowohl bei der Neuvergabe von Sanierungskrediten also auch hinsichtlich des Stehenlassen von Altkrediten angesehen[207]. Das Sanierungshindernis betrifft nicht nur die GmbH und die GmbH & Co KG, sondern nach dem BuM/WestLB-

---

203 Vgl. die Bestandsaufnahme zu den kapitalersetzenden Gesellschafterdarlehen bei *K. Peters*, Sparkasse 1994, 187ff; ferner den Überblick zur Rechtslage bei Überblick bei *Timm*, JuS 1991, 655, 738 *Karsten Schmidt*, Gesellschaftsrecht, 2. Aufl. 1991, § 37 IV.1, S.956f; *Hopt/Mülbert*, aaO (Fn. 59), § 607 BGB Rdn. 106; *Moser*, Kapitalersetzende Gesellschafterdarlehen bei der GmbH, 1989. Aus wirtschaftswissenschaftlicher Sicht *Klaus*, Gesellschafterfremdfinazierung und Eigenkapitalersatzrecht bei der Aktiengesellschaft und der GmbH, 1994.

204 Die Fortentwicklung des Aktienrechts durch die Rechtsprechung, in: Lutter (Hrsg.), 25 Jahre Aktiengesetz, 1991, S.53, 58.

205 BGHZ 81, 311 = WM 1981, 1200 = ZIP 1981, 1200 = NJW 1982, 383.

206 Dazu aus dem umfangreichen Schrifttum: *De Meo*, aaO(Fn 24), S.255ff; *Karsten Schmidt*, ZHR 147 (1983), 165ff; *Claussen*, Kapitalersetzende Darlehen und Sanierung durch Kreditinstitute, ZHR 147 (1983), 195; *Fleck*, Das kapitalersetzende Bankdarlehen in der GmbG, FS W. Werner, 1984, S.107ff.; *Rümker*, FS Stimpel, 1985, 673; *Westermann*, ZIP 1982, 379; *Menzel*, AG 1982, 197; *Karsten Schmidt*, Gutachten D zum 54. DJT 1982, S.106f: Problem des Bankenengagements zu undifferenziert.

207 *Feddersen*, FS Helmrich, 1994, S.597, 602; *Heinsius*, aaO (Fn. 7), S.152.

Urteil des Bundesgerichtshofs[208] auch die AG, wenn das Kreditinstitut eine Beteiligungsquote von regelmäßig mehr als 25% hält[209]. Liegt die Beteiligungsquote unter 25%, so müssen für eine Umwidmung des Gesellschafterdarlehens ergänzende Umstände hinzutreten, die dem Gesellschafter mit unternehmerischem Interesse einen Einfluß auf die Unternehmenleitung sichern (Sperrminorität)[210]. Es ist in der neueren Rechtsprechung ferner deutlich geworden, daß für die Rückstufung von (Sanierungs-) Darlehen einerseits die formale Stellung des Kreditinstituts als Gesellschafter ausreicht[211], andererseits aber auch die Position eines Pfandgläubigers am Gesellschaftsanteil – wohl aus Gründen des Umgehungsschutzes – als gesellschafterähnliche Stellung i.S. des § 32a Abs. 3 GmbHG in Betracht kommt, wenn das darlehensgewährende Kreditinstitut sich „eine Position einräumen läßt, die nach ihrer konkreten Ausgestaltung im wirtschaftlichen Ergebnis der Stellung eines Gesellschafters gleich- oder jedenfalls nahekommt“[212].

---

208 BGHZ 90, 381 = WM 1984, 625 = NJW 1984, 1893 = JZ 1984, 1031 *(Schwark)*; ebenso OLG Düsseldorf WM 1991, 1119. Zustimmend *Lutter*, Die Fortentwicklung des Aktienrechts durch die Rechtsprechung, in: Lutter (Hrsg.), 25 Jahre Aktiengesetz, 1991, S. 53, 58; ferner *Obermüller*, Handbuch Insolvenzrecht, aaO (Fn. 18), Rdn. 1152; *Ketzer*, Eigenkapitalersetzende Aktionärsdarlehen, 1989. Zu den Konsequenzen des Urteils für die Bankpraxis vgl. *Rümker*, FS Stimpel, 1985, S. 673.

209 Bei der GmbH wird eine bestimmte Beteiligungsquote mit Ausnahme sog. Zwergbeteiligungen nicht als erforderlich angesehen; vgl. dazu *Obermüller*, Handbuch Insolvenzrecht, aaO (Fn. 18), Rdn. 1149; *Fleck*, FS Werner, 1984, S. 107, 126; *Ullrich*, GmbHRdsch 1983, 133, 144; *Karsten Schmidt*, ZHR 147 (1983) 165, 187.

210 BGHZ 90, 381 = WM 1984, 625, 628; dazu *Obermüller*, in: Gottwald (Hrsg.), Insolvenzrechts-Handbuch, 1991, § 89 Rdn. 44 ff; auch OLG Düsseldorf, WM 1991, 1119 = WuB II A § 57 AktG 1.91 *(Hunecke)*.

211 BGHZ 105, 386 = WM 1988, 1525: Sicherungstreuhand an Geschäftsanteilen einer GmbH; a.A. *Rümker*, FS Stimpel, 1985, S. 673, 688.

212 BGHZ 119, 191 = WM 1992, 1655; dazu *Dreher*, ZGR 1994, 144; *Priester*, FS Helmrich, 1994, S. 721. Der weitergehende Vorschlag von *Kruppa*, Bankenhaftung bei Sanierung, 1982, S. 71 ff, § 32a Abs. 1 und Abs. 3 GmbHG bei Sanierungskrediten auch ohne gesellschafterliche Beteiligung des Kreditinstituts anzuwenden, ist zutreffend allgemein auf Ablehnung gestoßen; vgl. nur *Karsten Schmidt*, WM 1983, 490, 495; *ders.*, ZHR 147 (1983), 165, 183.

b) Gesellschafterdarlehen werden nach § 32a GmbHG und den fortgelten den Grundsätzen der Rechtsprechung zu § 30 GmbHG[213] dann als Ersatz für Eigenkapital gewertet, wenn die Gesellschaft zwar noch nicht notwendig überschuldet ist oder ihr Stammkapital eingebüßt hat, sie aber gleichwohl nicht mehr kreditwürdig ist, weil sie von dritter Seite keinen Kredit mehr zu marktüblichen Bedingungen erhalten würde[214]. Neben der insolvenzrechtlich ausgestalteten Regelung §§ 32a, b GmbHG; 32a KO, 3 AnfG hat die Rechtsprechung an ihren bisherigen Grundsätze über die entsprechende Anwendung der §§ 30, 31 GmbHG festgehalten[215], so daß ein zurückerstattetes Gesellschafterdarlehen zum Beispiel auch außerhalb des Konkurses und länger als ein Jahr mit einer fünfjährigen Verjährungsfrist (§ 31 GmbHG) mit dem Nennbetrag des Stammkapitals als Grenze vom Empfänger zurückverlangt werden kann. Der Bundesgerichthof[216] sieht ein unabweisbares Bedürfnis dafür, die als lückenhafte beurteilte Regelung der GmbH-Novelle durch Fortgeltung des Grundsätze der bisherigen Rechtsprechung zu schließen[217]. Ist allerdings nur ein kurzfristiger Überbrückungskredit zur Deckung eines vorübergehenden Geldbedarfs gewährt worden, ordnet die Rechtsprechung[218] solche Darlehen wegen dieser Zweckbestimmung nicht als Kapitalersatz ein.

c) Die Behandlung von Krediten als Eigenkapital ist nach der Rechtsprechung auch dann geboten, wenn der Gesellschafter der Gesellschaft das Darlehen in einem Zeitpunkt gewährt hat, in dem die wirtschaftlichen Verhältnisse noch gesund waren, er es aber bei Eintritt der Kreditunfähigkeit stehen läßt, so daß die Liquidation unterbleibt. Ob-

---

213 Vgl. nur BGHZ 90, 370, 378 = WM 1984, 652, 654; dazu *Hommelhoff*, ZGR 1988, 460, 480f.

214 BGH WM 1993, 145, 147; BGH WM 1992, 1650, 1651 = NJW 1992, 2891, 2892; BGH WM 1990, 182, 183; BGH WM 1985, 1028.

215 Grundlegend: BGHZ 90, 370, 378 = WM 1984, 652, 658 (sog. Nutzfahrzeuge-Entscheidung); ferner BGH WM 1985, 1028, 1029.

216 BGHZ 90, 370, 378 = WM 1984, 652, 658.

217 Zustimmend *Kübler*, FS Stimpel, 1985, S.3; *Ulmer*, ZIP 1984, 1163.

218 BGHZ 90, 370, 378 = WM 1984, 652, 658; BGH WM 1990, 100, 102 m.w.Nw.

wohl ein Anhaltspunkt im Wortlaut des § 32a GmbHG fehlt, unterfallen nach der Rechtsprechung[219] auch stehengelassene Gesellschafterdarlehen dieser Vorschrift. Stehengelassene Kredite werden mit einer Darlehnsgewährung i.S. der §§ 30, 31, 32a, 32b GmbHG gleichgesetzt, es sei denn der Gesellschafter wäre an einer Kündigung des Kredits aus Rechtsgründen gehindert[220]. Die Bank büßt das ausgereichte Darlehen als Kapitalersatz also ein, wenn sie in der Krise nicht kündigt. Die Wertungsgrundlage der Rechtspechung im Falle des Stehenlassens von Krediten hat *Fleck*[221] mit dem Hinweis offengelegt, es sei mit einer Liquidation dem wohlverstandenen Interesse aller Gläubiger und damit unter Umständen auch der Gesellschaft selbst oft besser gedient als mit dem Versuch ihrer Fortführung unter Stillhalten der Gesellschaftsgläubiger, ein Versuch, der, wenn er mißglückt, meistens zu einer weiteren Vernichtung der Masse führt. Der Liquidation des Krisenunternehmens wird also der Vorrang vor der Sanierung eingeräumt.

d) Für ein am Unternehmen als Gesellschafter beteiligtes Kreditinstitut ergibt sich die fatale Situation, daß es die Umqualifizierung des Kredits als Eigenkapital mit einem Verlust von Sicherheiten nur durch eine Kreditkündigung vermeiden kann, selbst wenn dadurch das Unternehmen wegen Zahlungsunfähigkeit in Konkurs fällt[222]. Vor allem deshalb wird gefordert, solche Sanierungskredite, zumindest von Banken, zu pri-

---

219 BGH WM 1985, 1028, 1029 = NJW 1985, 2719 (dazu *Fischer/Lepper*, ZIP 1986); BGH WM 1985, 115.

220 Vgl. BGHZ 105, 168, 185 = WM 1988, 1525; BGH WM 1985, 1028, 1029 (Entbehrlichkeit einer Stehenlassen-Vereinbarung); BGHZ 121, 31 = WM 1993, 145, 146; BGH, WM 1994, 2280, 2284 = NJW 1995, 326 (Zum Einwand der fehlenden Kenntnis von der Krise).

221 FS Werner, 1984, S. 107, 111.

222 Vgl. zum Zusammenhang zwischen Kreditkündigung und Zahlungsunfähigkeit BGH, WM 1992, 1083.

vilegieren[223], statt sie, wie es gegenwärtig noch geschieht, zu diskriminieren. Im Schrifttum sind unterschiedliche Ansätze verfolgt worden, um Sanierungsdarlehen von den Regeln über kapitalersetzende Darlehen auszunehmen. Eine Auffassung differenziert nach dem konkreten Rollenverhalten der Kreditinstitute; es soll entscheidend sein, ob das Kreditinstitut als bloßer Gläubiger (Kreditgeber) oder aber als Gesellschafter tätig wird[224]. Der Bundsgerichtshof[225] ist demgegenüber der Auffassung, Gesellschafter- und Gläubigerinteresse ließen sich nicht voneinander trennen, „wenn der Gesellschafter der Gesellschaft anstelle von Eigenkapital, das sie benötigt, um lebensfähig zu bleiben, Darlehen gibt, die jene in Ermangelung einer ausreichenden Vermögensgrundlage zu marktüblichen Bedingungen von dritter Seite nicht erhalten hätte“[226]. Eine andere Meinung präzisiert an Hand von Fallgruppen den zu privilegierenden „Typus Sanierungskredit“, um ihn gegenüber den Fällen der Gläubigergefährdung und Konkursverschleppung als Formen von Scheinsanierungen abzugrenzen[227].

---

223 *Feddersen*, FS Helmrich, 1994, S. 597, 604 Fn. 21; *Obermüller*, Handbuch Insolvenzrecht für die Kreditwirtschaft, 4. Aufl. 1991, Rdn. 1035; *Claussen*, ZHR 147 (1983), 195, 216ff; *Menzel*, AG 1982, 197; *Westermann*, ZIP 1982, 379, 380; *Stürner*, ZIP 1982, 761; Rümker, ZIP 1982, 1385, 1392; *Uhlenbruck*, KTS 1981, 372; *ders*., GmbHRdsch 1982, 141. Vgl. auch die Diskussionsbeiträge auf dem 54. DJT 1982: *Fischer*, S. M 118/9: Sanierungsfeindlich; *Heinsius*, S. M 122: Sanierungsdarlehen müßten privilegiert und nicht diskrimiert werden in Hinsicht auf den Eigenkapitalersatz; ähnlich *Liebs*, S. M 123, 124: Vorschlag zugunsten einer „Sanierungsbeteiligung“; *Obermüller*, S. M 128: wenigstens bevorzugte Befriedigung.

224 So insbesondere *Karsten Schmidt*, ZHR 147 (1983), 165, 182f; *Menzel*, AG 1982, 197.

225 BGHZ 105, 168 = WM 1988, 1525, 1427; BGHZ 81, 311, 315 = WM 1981, 1200.

226 *Karsten Schmidt*, Anm. NJW 1988, 3148, 1349, meint, damit dürfe nicht die Streitfrage verwechselt werden, ob ein Gesellschafter (z.B die Hausbank) ausnahmsweise darlegen und beweisen könne, daß er den Kredit überhaupt nicht als Gesellschafterdarlehen, sondern als Drittdarlehen gegeben hat.

227 *Rümker*, ZIP 1982, 1385, 1394; *Westermann*, ZIP 1982, 379, 386.

Keine der genannten Vorstellungen vermochte sich bislang in der Rechtsprechung durchzusetzen[228]. Deshalb resignieren inzwischen selbst Autoren[229], die früher im Einklang auch mit den Vorschlägen der „Bankenstrukturkommission“[230] eine Privilegierung von Sanierungsdarlehen befürwortet haben, wenn Banken sich an notleidenden Gesellschaften zu Sanierungszwecken beteiligen. Es wird vermutet, daß die einschränkenden Auffassungen sich auch deshalb nicht durchsetzen konnten, weil die unglücklich als „Bankenprivileg“[231] bezeichnete Sonderbehandlung zu viele Irritationen geweckt habe und ein Nutzen für die Gläubiger beim Scheitern des Sanierungsversuchs nicht einsichtig gemacht werden konnte[232]. Es sollte allerdings nicht auf den Nutzen im Falle des Scheiterns der Sanierung ankommen, sondern darauf, ob eine Beteiligung des Kreditinstituts die Erfolgschancen der Sanierung erhöht. Gleichwohl erscheint eine Wiederbelebung der Diskussion schon deshalb wenig erfolgversprechend, weil sich jetzt auch der Gesetzgeber in der neuen Insolvenzordnung gegen entsprechende Ausnahmen für finanzierende Kreditinsitute entschieden hat. Als Konsequenz aus dieser Rechtslage wird von Bankenseite[233] geäußert, es sei zum Beispiel der häufig sinnvolle überbrückende Anteilserwerb im Rahmen einer Sanierung für eine kreditgewährende Bank zu risikoreich und „für die Bank praxis generell nicht mehr zu empfehlen“, es sei denn, die Bank wolle eine unmitelbare unternehmerische Verantwortung übernehmen und einen eigen ständigen Sanierungsversuch riskieren[234].

228 Aus dem Schrifttum gegen eine derartige Privilegierung z.B. *Lutter*, ZIP 1989, 477, 478, 789; *Hopt/Mülbert*, aaO (Fn. 59), § 607 BGB Rdn. 150; *Fleck*, FS Werner, 1984, S. 122f; *Hopt*, ZfB 1984, 743, 754; *Ullrich*, GmbHRdsch 1983, 143; *Ulmer*, ZIP 1984, 1167.

229 Vgl. nur *Westermann*, in: Häuselmann/Rümker/Westermann, Die Finanzierung der GmbH durch ihre Gesellschafter, 1992, S. 64.

230 Studienkommision „Grundsatzfragen der Kreditwirtschaft“, 1974, Tz. 877.

231 Vgl. z.B. *Lutter*, Neues zum Gesellschafterdarlehen?, ZIP 1989, 477, 478, 789.

232 Dazu *Westermann*, in: Häuselmann/Rümker/Westermann, Die Finanzierung der GmbH durch ihre Gesellschafter, 1992, S. 65.

233 *Rümker*, FS Stimpel, 1985, S. 673, 691

234 *Feddersen*, FS Helmrich, 1994, S. 579, 604.

VII. Fazit

Die vorstehenden Ausführungen haben im Sinne einer Bestandsaufnahme oder eines Überblicks versucht, bankspezifische Problemstellungen anzusprechen, die sich aus Anlaß einer freien Unternehmenssanierung für beteiligte Kreditinstitute ergeben können. Die Skala der Fragestellungen ist – wie gezeigt – weit gespannt. Bei Kreditkündigungen ergeben sich Ausübungsschranken, die vor allem in der Unternehmenskrise virulent werden. Eine Pflicht der Hausbank zu Gewährung von Sanierungkrediten stößt allgemein auf Ablehnung. Der Kreis der Risiken beim Scheitern einer Sanierung wird durch die mögliche deliktische Haftung wegen Konkursverschleppung markiert, die insbesondere das Problem der Prüfung der Erfolgsaussichten einer Sanierungsmaßnahme aufwirft, sich aber einer generalisierenden Betrachtung verschließt. Die Rechtslage zur Konkursanfechtung von Sicherheiten für einen Sanierungskredit ist eher als günstig zu beurteilen. Nicht beherrschbar ist nach dem gegenwärtigen Stand insbesondere der Rechtsprechung das nicht vertraglich gestaltbare Risiko, daß auch der Sanierungskredit einer Bank nach den Regeln über kapitalersetzenden Gesellschafterdarlehen als Eigenkapital behandelt wird, wenn das Kreditinstitut an dem Krisenunternehmen als Gesellschafter beteiligt ist.

Wenn sich auch an bestimmten Stellen Privilegierungen von Sanierungssituationen feststellen lassen, so ist nach geltendem Recht eine Verpflichtung von Banken, sanierungsbedürftige Unternehmen weiter zu unterstützen grundsätzlich nicht gegeben. Im Vordergrund steht die Gefährdungssituation, die bei Sanierungsbedürftigkeit eines solchen Unternehmens regelmäßig gegeben ist, weil es in den meisten Fällen an ausreichenden Sicherheiten fehlt. In der Regel kann die Bank sich zurückziehen, wenn es sich „nicht um eine nach der bisherigen wirtschaftlichen Entwicklung ganz unerwartete auf eine augenblickliche ungünstige Verfassung des Kreditmarkts zurückzuführende und voraussichtlich vorübergehende Schwäche des Unternehmens handelt“[235]. In dem letzten Fall, der aber gerade kein Sanierungsfall ist, werden die Kündigungsschranken relevant.

---

235 BGH, WM 1978, 234, 237.

Auswirkungen der Insolvenzrechtsreform auf die Kreditsicherheiten

Dr. Manfred Obermüller,
Syndikus der Deutsche Bank AG, Frankfurt am Main

Inhaltsübersicht

I. Die Entwicklung der Insolvenzrechtsreform

Unter der These, das Konkurs- und Vergleichsrecht sei weitgehend funktionsunfähig geworden und müsse durch ein modernes Insolvenzrecht ersetzt werden, hat die Bundesregierung im Januar 1992 den „Entwurf einer Insolvenzordnung (InsO)“ vorgelegt[1] Begründet wird das Bedürfnis für diese Reform vor allem mit dem hohen Anteil der Abweisungen von Konkursanträgen mangels Masse (75 %) und der geringen Anzahl der erfolgreichen Vergleichsverfahren (unter 1 %). Dazu be-

---

1 BT-Drucks. 12/2443 mit Stellungnahme des Bundesrates und Gegenäußerung der Bundesregierung.

merkte der Gravenbrucher Kreis, eine lose Vereinigung von Insolvenzverwaltern mit überregionalem Tätigkeitsbereich, den Verfassern des Entwurfs sei offenbar entgangen, daß sich die Insolvenzpraxis auf der Grundlage der geltenden Gesetze und mit nachhaltiger Unterstützung der Rechtsprechung mittlerweile ein funktionsfähiges Instrumentarium zur Abwicklung von Insolvenzen geschaffen habe und anstelle einer kompletten Neuregelung eine kleine Zahl von punktuellen gesetzgeberischen Maßnahmen zur Optimierung der bestehenden Gesetze im Interesse einer überschaubaren und entbürokratisierten Verfahrensabwicklung ausreiche[2]. Unbeirrt von dieser Kritik hat der Bundestag weiterhin das Ziel einer großen Insolvenzrechtsreform verfolgt, jedoch im Zuge der Beratungen seines Rechtsausschusses nicht nur versucht, den Entwurf zu verschlanken, sondern auch eine Vielzahl anderer Anregungen aus der Praxis aufgenommen.

Die InsO wird, von geringfügigen Ausnahmen abgesehen, zum 1. Januar 1999 in Kraft treten. Auf Konkurs- und Vergleichsverfahren, die vor dem 1. Januar 1999 beantragt werden, und deren Wirkungen sind weiter die bisherigen gesetzlichen Vorschriften anzuwenden (Art. 107 EGInsO). Angesichts der langen Dauer von Insolvenzverfahren wird dadurch das alte Recht noch bis weit in das nächste Jahrtausend seine Bedeutung behalten[3].

II. Kreditsicherheiten

Die Insolvenzrechtsreform hat erhebliche Änderungen für das Bankgeschäft zur Folge. Schwerpunktmäßig wirkt sich dies aus im Kreditgeschäft, dort insbesondere in der Kreditbesicherung und im Konsumentenkreditgeschäft. Die folgende Darstellung soll sich auf die weitgehend neugefaßten Bestimmungen über die Behandlung der Absonderungsrechte beschränken.

Die Sicherheiten unterteilt die InsO in vier Gruppen:

---

2 ZIP 1992, 657.

3 Zur Behandlung von Kreditsicherheiten in der Insolvenz nach geltendem Recht s. *Obermüller*, Handbuch Insolvenzrecht für die Kreditwirtschaft, 4. Aufl. 1991.

- Immobiliarsicherungsrechte (§ 49)
- Mobiliarpfandrechte (§ 50)
- besitzlose Mobiliarsicherungsrechte (§ 51)
- Eigentumsvorbehaltsrechte (§§ 47, 107)

Für jede dieser Arten von Absonderungsrechten gelten unterschiedliche Verwertungsregeln. Zunächst lassen sich zwei große Gruppen bilden, nämlich Grundpfandrechte einerseits und Sicherheiten an beweglichen Sachen und Forderungen andererseits.

1. Verwertung unbeweglicher Gegenstände

Ausgangspunkt der Verwertungsregelungen für Immobilien ist § 165 InsO, der dem bisherigen § 126 KO entspricht. Danach ist der Gläubiger berechtigt, die Verwertung der Immobilie im Wege der Zwangsversteigerung oder der Zwangsverwaltung zu betreiben. Das Verwertungsrecht des Gläubigers soll allerdings in doppelter Hinsicht beschränkt werden:

a) Einstweilige Einstellung der Zwangsversteigerung

Die *Einstellung der Zwangsversteigerung,* für die bisher die §§ 30 c ZVG und 775 Nr. 2 ZPO galten, wird erleichtert. Von Bedeutung sind die Einstellungsmöglichkeiten des künftigen § 30 d ZVG. Danach „ordnet das Insolvenzgericht auf Antrag des Verwalters die einstweilige Einstellung an, wenn

1. der Berichtstermin noch bevorsteht, oder
2. das Grundstück für die Fortführung des Unternehmens oder die Vorbereitung einer Betriebsveräußerung benötigt wird,
3. die Versteigerung die Durchführung eines Insolvenzplans gefährden würde, oder
4. in sonstiger Weise eine angemessene Verwertung der Insolvenzmasse durch die Versteigerung wesentlich erschwert würde."

Der Antrag ist abzulehnen, wenn die Einstellung dem Gläubiger unter „Berücksichtigung *seiner* wirtschaftlichen Verhältnisse" nicht zuzumuten ist. Im Kreditgeschäft kommt diese Ausnahme wohl nur zum Zuge, wenn die Bank sich selbst in einer ernsten Krise befindet.

Den gesicherten Gläubigern wird ein *Nachteilsausgleich* zugebilligt. So kann die einstweilige Einstellung nur mit der Auflage angeordnet werden, daß dem betreibenden Gläubiger für die Zeit nach dem Berichtstermin laufend die geschuldeten, das heißt die vertraglich vereinbarten Zinsen gezahlt werden (§ 30e Abs. 1 ZVG). Bei Einstellung im Antragsverfahren hat die Zahlung spätestens nach drei Monaten einzusetzen (§ 30e Abs. 1 S.2 ZVG). Wird das Grundstück weiter von dem Verwalter benutzt, so muß er für einen etwaigen Wertverlust einen Ausgleich leisten (§ 30e Abs. 2 ZVG). Beides gilt naturgemäß nicht, sofern es sich um eine sogenannte Schornsteinhypothek handelt, der gesicherte Gläubiger also aus der Sicherheit wegen seines Nachrangs ohnehin nicht befriedigt worden wäre. Ist das Grundpfandrecht vom Wert des Grundstücks nur teilweise gedeckt, so sind Zinsen nur auf diesen Teilbetrag zu entrichten. Offen ist, was geschieht, wenn sich nachträglich herausstellt, daß der Gläubiger gemessen am Versteigerungserlös zu viel oder zu wenig Zinsen erhalten hat.[4]

b) Kostenbeitrag der Grundpfandrechtsgläubiger

Zusätzlich sieht das Einführungsgesetz in Artikel 20 vor, daß im Falle der Zwangsversteigerung eines Grundstücks der Insolvenzmasse die Kosten zu erstatten sind, die durch die Feststellung des mithaftenden Grundstückszubehörs entstehen. Diese Kosten werden pauschal mit 4 % des Verkehrswertes der beweglichen Sachen berechnet (§ 10 Abs. 1 Nr. 1a ZVG). Diese Kostenforderungen erhalten den Rang nach § 10 Abs. 1 Nr. 1 ZVG und gehen damit den Grundpfandrechten vor. Dies kann naturgemäß nicht ohne Auswirkung auf den Beleihungswert der Grundstücke bleiben.

Wegen der Abgrenzungsschwierigkeiten zwischen Zubehör und selbständigen Sachen lassen sich die Kreditinstitute solche Gegenstände oft rein vorsorglich noch zur Sicherung übereignen. Diese Vorsorgemaßnahme führt jedoch wegen der unterschiedlichen Kostenbeiträge, nämlich 4 % bei Grundstückszubehör und 9 % bei selbständigen Sachen, nachträglich zu Schwierigkeiten.

4 S. dazu *Obermüller/Hess*, InsO, 1995, Rn. 810.

2. Verwertung beweglicher Gegenstände

Nach der Konkursordnung obliegt die Verwertung von Gegenständen, an denen Absonderungsrechte bestehen, regelmäßig dem Gläubiger. Der Gläubiger kann den Gegenstand ohne Rücksicht auf die Interessen der übrigen Gläubiger an sich ziehen und den Erlös bis zur Höhe seiner Forderung vereinnahmen. Die hier geplante Änderung stellt den wohl kritischsten Punkt für die Kreditwirtschaft in der gesamten Insolvenzrechtsreform dar. Sie enthält zwei Schwerpunkte:

- Übergang des Verwertungsrechts auf den Verwalter,
- Kostenbeteiligung der gesicherten Gläubiger

a) Übergang des Verwertungsrechts

Eine bewegliche Sache, an der ein Absonderungsrecht besteht, darf der Insolvenzverwalter freihändig verwerten, wenn er sie in seinem Besitz hat (§ 166 Abs. 1 InsO).

aa) Verwertung von Sachen

Damit ist in erster Linie das *Sicherungseigentum* getroffen, die Vorschrift kann sich aber auch auf *gepfändete Sachen* oder solche Sachen erstrekken, die mit einem *Vermieterpfandrecht* belastet sind. Ausgenommen sind dagegen grundsätzlich solche Sachen, an denen der Gläubiger ein Vertragspfandrecht erworben hat. Dies erklärt sich aus dem Hintergrund der Regelung: Es soll nämlich vor allem verhindert werden, daß nach Eröffnung eines Verfahrens die Sicherungsrechte aus dem Unternehmensverbund herausgelöst werden und damit das insolvente Unternehmen Betriebsmittel verliert, die für seine Fortführung, auch wenn es nur eine einstweilige Fortführung sein mag, unentbehrlich sein können; die Chancen für eine Sanierung des Unternehmens oder für eine Gesamtveräußerung oder auch nur den Verkauf von Betriebsteilen können durch die Herausnahme wesentlicher Gegenstände erheblich beeinträchtigt oder ganz vereitelt werden.

Dies gilt naturgemäß nicht für *Vertragspfandrechte*, von denen dem AGB-Pfandrecht der Bank wohl die größte Bedeutung zukommt. Diese Pfandrechte konnten nur unter einem Besitzverlust auf seiten des

Schuldners begründet werden. Wenn der Schuldner sich damit einverstanden erklärt hat, so zeigt dies, daß der Gegenstand für den Betrieb nicht notwendig war. Sollte der Verwalter wider Erwarten dennoch auf diesen Gegenstand angewiesen sein, sollte er nach dem Regierungsentwurf die Möglichkeit haben, beim Insolvenzgericht die Herausgabe zu beantragen (§ 199 EInsO). Der Rechtsausschuß hat zur Entlastung der Gerichte auf diesen Weg verzichtet und den Verwalter darauf verwiesen, zwingend notwendige Gegenstände durch Berichtigung der gesicherten Forderung auszulösen[5] .

Für die Verwertungsbefugnis des Verwalters ist ausschlaggebend, daß er die Sache in Besitz hat (§ 166 Abs. 1 InsO). Wenn der Gläubiger vorher seinen Herausgabeanspruch geltend gemacht und das Sicherungsgut zum Zweck der Verwertung an sich gezogen hat, kann er die Verwertung fortsetzen. Eine Rückgabepflicht an den Verwalter besteht nicht. Dadurch entfallen für dieses Sicherungsgut auch die später noch zu erörternden Kostenbeiträge. Für das Verwertungsrecht des Verwalters ist es ausreichend, daß er den Besitz im Antragsverfahren in seiner Eigenschaft als vorläufiger Verwalter erworben hat und daß ein Veräußerungsverbot erlassen war. Von diesem Zeitpunkt an konnte er eine Herausgabe an den Gläubiger abwehren. Er muß den Besitz aber tatsächlich übernommen haben.

bb) Verwertung von Forderungen

Ähnlich geregelt sind die Sicherungsrechte an *Forderungen*. Eine Forderung, die der Schuldner der Bank zur *Sicherung abgetreten* hat, darf der Verwalter einziehen (§ 166 Abs. 2). Der Regierungsentwurf hatte dem Verwalter demgegenüber das Einziehungsrecht nur dann zugebilligt, wenn die Abtretung dem Drittschuldner nicht angezeigt worden ist. Die Unterscheidung zwischen angezeigten und nicht angezeigten Zessionen hätte aber nach Ansicht des Rechtsausschusses zu praktischen Schwierigkeiten geführt, da offen geblieben sei, bis zu welchem Zeitpunkt die Anzeige hätte nachgeholt werden können. Anstatt insoweit für eine Klarstellung im Gesetz zu sorgen, was nicht schwergefallen wäre, hat der Rechtsausschuß ganz auf die Differenzierung verzichtet. Dies bedeutet, daß Kreditinstitute, die das Einziehungs-

5 BT-Drucks. 12/7302, S. 178.

recht des Verwalters vermeiden wollen, auf die Verpfändung von Forderungen verwiesen sind.

Aus der Formulierung von § 166 InsO und dem Bericht des Rechtsausschusses ergibt sich, daß eine verpfändete Forderung stets vom Pfandgläubiger verwertet werden kann. Nicht ohne weiteres verständlich sind allerdings die Ausführungen des Rechtsausschusses, die Abgrenzung zwischen einer offenen Sicherungszession und einer Verpfändung könne der Rechtsprechung überlassen bleiben. Abgrenzungsschwierigkeiten sind hier nämlich nicht ersichtlich. Die banküblichen Vertragstexte für diese beiden Sicherheitenarten unterscheiden sich so gravierend, daß eine Verwechslung kaum denkbar ist.

cc) Eigentumsvorbehalt

Demgegenüber werden Sachen im Besitz des Verwalters, an denen ein *einfacher Eigentumsvorbehalt* besteht, von der Regelung nicht erfaßt. Der Vorbehaltslieferant soll wie nach der geltenden Rechtsprechung zur Aussonderung berechtigt sein. Durch das Wahlrecht des Verwalters zwischen der Erfüllung des Kaufvertrages und der Ablehnung dieser Erfüllung (§ 103) und durch das Recht des Verwalters, die Ausübung des Wahlrechts bis zum Berichtstermin aufzuschieben (§ 107 Abs. 2), wird jedoch auch für Sachen, an denen ein einfacher Eigentumsvorbehalt besteht, sichergestellt, daß sie nach der Erfüllung des Insolvenzverfahrens zunächst nicht herausgegeben werden müssen. Insoweit hat der Rechtsausschuß eine Zusatzregelung für leicht verderbliche Sachen geschaffen (§ 107 Abs. 2 S. 2 InsO): Hier bleibt es bei der allgemeinen Vorschrift des § 103 InsO, daß der Verwalter sich auf Anfrage des Gläubigers unverzüglich entscheiden muß, ob er die Sache behalten und den Kaufpreis erfüllen oder ob er sie herausgeben will.

dd) Auskunftsansprüche

Den Gläubigern, deren Sicherungsgut der Verwalter verwerten darf, stehen *Auskunftsrechte* zu (§ 167 InsO). Hintergrund dieser Vorschriften sind die Regelungen, die den gesicherten Gläubigern Gelegenheit zum Hinweis auf günstige Verwertungsmöglichkeiten und ein Eintrittsrecht in geplante Verwertungsgeschäfte des Verwalters sowie Schutz vor einer Verzögerung der Verwertung gewähren (§§ 168, 169 InsO). Die Wahrnehmung dieser Rechte wird den Gläubigern erleichtert, wenn sie über den Zustand der Sachen und über die Höhe und Fälligkeit der Forderungen unterrichtet sind. Der Verwalter kann die Gläubiger darauf verweisen, sich selbst vom Zustand der Sachen zu überzeugen oder die Geschäftsunterlagen einzusehen (§ 167 InsO).

ee) Eintrittsrecht des Gläubigers

Ob ein Verwalter stets bessere oder wenigstens die gleichen Möglichkeiten zur Verwertung von Sicherungsgut besitzt wie der Gläubiger, ist im Laufe der Reformdiskussionen heftig umstritten gewesen. Die InsO sucht den Kompromiß in § 168, wonach der Verwalter, der von dem Absonderungsberechtigten auf eine günstigere Verwertungsmöglichkeit hingewiesen worden ist, diese wahrnehmen oder den Gläubiger so stellen muß, wie wenn er sie wahrgenommen hätte. Die günstigere Verwertungsmöglichkeit kann auch darin bestehen, daß der Gläubiger den belasteten Gegenstand zu den vorgesehenen Bedingungen selbst übernimmt. Auf seine Forderung wird lediglich der mit dem Verwalter vereinbarte Preis verrechnet. Das Risiko eines Mindererlöses und die Chance eines Mehrerlöses liegen bei dem Gläubiger. Ein Mehrerlös muß also nicht angerechnet werden.

Auf die im Regierungsentwurf enthaltenen Sonderregelungen für die Veräußerung im Rahmen der laufenden Geschäfte bei der Fortführung des Unternehmens oder bei der Veräußerung eines Betriebs oder einer anderen Gesamtheit von Gegenständen hat der Rechtsausschuß verzichtet, was angesichts der insgesamt etwas flexibleren Fassung des neuen § 168 InsO vertretbar ist.

Wie dies alles praktisch vorgehen soll, ist nur schwer auszumalen. So stellt sich zunächst die Frage, ob die andere Verwertungsmöglichkeit nur eine reine Chance sein braucht oder ob es notwendig ist, daß der Drittinteressent ein bindendes Angebot vorlegt. Eine ähnliche Problematik stellte sich bereits bei der Frage, ob der Verwalter mit einem Abnehmer einen Kaufvertrag unter Vorbehalt eines Vorkaufsrechts für den absonderungsberechtigten Gläubiger abgeschlossen haben muß oder ob auch hier ein bindendes Angebot des Interessenten oder gar eine Wohlwollenserklärung oder auch nur eine Bekundung eines Interesses genügt. Weiterhin bleibt offen, wie zu verfahren ist, wenn an einem Absonderungsrecht mehrere Gläubiger beteiligt sind und sich nicht einigen können, sei es, daß alle den Gegenstand für sich allein übernehmen wollen, sei es, daß nur einer ihn erwerben will und im letzteren Fall nur in Höhe seines Anteils.

ff) Ausgleichsanspruch

Befürchtungen der absonderungsberechtigten Gläubiger, der Verwalter könne sein Verwertungsrecht dazu mißbrauchen, daß er *untätig* bleibt und den Verkauf nicht zügig betreibt, beugt die InsO durch die allgemeine Verwertungspflicht nach dem Berichtstermin (§ 159 InsO) und vor allem dadurch vor, daß der Gläubiger vom Berichtstermin an laufend die geschuldeten Zinsen aus der Insolvenzmasse fordern kann (§ 169 InsO). Insoweit handelt es sich um eine Parallele zu § 30e Abs. 1 ZVG, der für die Hinauszögerung der Zwangsversteigerung von Immobilien gilt.

Ebenso wie bei Immobilien gibt es auch für Mobiliarsicherungsrechte einen *Ausgleichsanspruch* des Gläubigers, falls der Verwalter den Gegenstand für die Insolvenzmasse benutzt und dadurch ein Wertverlust eintritt. Auch hier hat der Verwalter von der Eröffnung des Verfahrens an laufende Zahlungen an den Gläubiger zu leisten, jedoch nur unter der Voraussetzung, daß der durch die Nutzung entstehende Wertverlust die Sicherung des Gläubigers beeinträchtigt (§ 172 Abs. 1 InsO). § 172 geht weiter als die Regelung für Grundstücke, was sich aus der Natur der Sache erklärt: Der Verwalter darf Mobiliarsicherungsrechte für die Masse verbrauchen, sei es durch Verkauf, sei es durch Verarbeitung; allerdings darf er den Wert der Sicherheit nicht beeinträchtigen. Die im Regierungsentwurf vorgesehene Möglichkeit, eine Ersatzsicherheit zu stellen, ist als zu praxisfremd entfallen.

b) Erlösverteilung

aa) Kostenbeitrag

Einen weiteren Eingriff in die Mobiliarsicherungsrechte, das heißt Sicherungseigentum, Sicherungsabtretung, Pfändungspfandrechte und gesetzliche Pfandrechte enthalten die §§ 170 und 171 InsO. Danach hat der gesicherte Gläubiger einen *Kostenbeitrag* aus dem Verwertungserlös an die Masse zu entrichten. Dieser Kostenbeitrag unterscheidet sich zunächst danach, wer die Verwertung betrieben hat.

Hat der Verwalter den Gegenstand (Sache oder zur Sicherung abgetretene Forderung) verwertet, so sind aus dem Verwertungserlös

- *4 %* des Erlöses für die Kosten der *Feststellung* als Pauschale,

- *5* % des Erlöses für die Kosten der *Verwertung* als Pauschale mit der Möglichkeit, die Pauschale durch die tatsächlich entstandenen Kosten abzulösen, falls diese erheblich niedriger oder erheblich höher lagen,
- *15* % des Erlöses für die *Umsatzsteuer*,

zu entnehmen.

Hat der Verwalter dem Gläubiger die Verwertung des Gegenstands überlassen, so sind

- 4 % des Erlöses für die Kosten der Feststellung,
- 15 % des Erlöses für die Umsatzsteuer

an die Masse abzuführen.

bb) Umsatzsteuer

Im Regelfall (Verwertung durch den Verwalter) führt dies zu einer Belastung des Mobiliarsicherungsrechts mit 24 %, von denen allerdings der darin enthaltene Steueranteil dem Sicherungsgläubiger durch die seit dem 1. Januar 1993 geltende Neufassung von § 51 Abs. 1 S. 1 Nr. 2 der Umsatzsteuer- Durchführungsverordnung (UStDV) weitgehend verloren gegangen ist. Denn danach ist die Bank verpflichtet, bei Verwertungen *außerhalb* eines Konkursverfahrens die vom Sicherungsgeber für die Lieferung an die Bank geschuldete Umsatzsteuer aus dem Erlös des Sicherungsguts einzubehalten und abzuführen. Den Verlust dieser 15 % hat die Kreditwirtschaft ohne vernehmliches Klagen getragen und wohl in der Zinskalkulation entsprechend berücksichtigt

Im einzelnen ergibt sich für die Behandlung der Umsatzsteuer künftig folgende Lage:

- Eine Verwertung von Sicherungsgut *außerhalb* des Insolvenzverfahrens löst die Pflicht des Sicherungsnehmers zur Abführung der Umsatzsteuer aus. Die Verwertung vollzieht sich jedenfalls dann außerhalb des Insolvenzverfahrens, wenn der Sicherungsnehmer die Verfügungsgewalt über das Sicherungsgut erlangt hat, bevor wenigstens ein vorläufiger Verwalter eingesetzt ist.
- Eine Verwertung von Sicherungsgut durch den Verwalter im eröffneten Verfahren führt zu einer Masseschuld, die der Verwalter aus dem Sicherheitenerlös zu berichtigen hat.
- Eine Verwertung von Sicherungsgut, das der Verwalter nicht selbst verwerten will, sondern dem Gläubiger zur Verwertung herausgibt,

verpflichtet den Gläubiger zur Abführung des Umsatzsteuerbetrages an die Masse (§ 170 Abs. 2 InsO).
- Eine Verwertung von Sicherungsgut, das der Verwalter nicht selbst verwerten durfte, z.B. weil er nie im Besitz der Sache war, durch den Gläubiger nach Verfahrenseröffnung fällt weder unter die Neufassung des § 51 Abs. 1 Nr 2 UStDV noch unter die Regelungen der §§ 170, 171 InsO[6]. Unter diese Kategorie fallen beispielsweise Pfandrechte an Sachen wie zum Beispiel das Vermieterpfandrecht.
- Eine Verwertung von Sicherungsgut im Antragsverfahren durch den vorläufigen Verwalter oder mit dessen Duldung führt nicht zu einer Pflicht des Sicherungsgläubigers zur Übernahme der Umsatzsteuer nach §§ 170, 171 InsO. Die dortigen Regelungen beziehen sich ausdrücklich nur auf den Insolvenzverwalter und nicht auf den vorläufigen Verwalter; sie können auch nicht analog angewendet werden, denn soweit Regelungen des eröffneten Verfahrens auf das Vorverfahren entsprechend angewendet werden sollen, ist dies im Gesetz ausdrücklich angeordnet; daran fehlt es hier. Im Wege einer extensiven Auslegung von § 51 UStDV könnte die Rechtsprechung jedoch dem Fiskus zu Hilfe kommen und Verwertungen im Vorverfahren als außerhalb des Insolvenzverfahrens geschehen betrachten mit der Folge, daß der Sicherungsnehmer zur Abführung der Steuer verpflichtet wird.

cc) Eigentumsvorbehalt

Bei Sachen, die unter *einfachem Eigentumsvorbehalt* geliefert sind, kann zwar im Einzelfall die tatsächliche Feststellung der Sachen und die Prüfung der rechtlichen Wirksamkeit des Eigentumsvorbehalts Schwierigkeiten bereiten; in der Mehrzahl der Fälle sind solche Schwierigkeiten dem Vernehmen nach nicht vorhanden oder erheblich geringer als bei den vom Verwertungsrecht des Verwalters erfaßten Sicherungsformen, so daß es der Regierung gerechtfertigt erschien, den einfachen Eigentumsvorbehalt nicht mit einem Kostenbeitrag zu belasten.

---

6 *Onusseit*, KTS 1994, 3.

c) Übersicherung

Im Gegensatz zu den Bestrebungen der ersten Kommission zur Reform des Insolvenzrechts haben die gesicherten Gläubiger die Möglichkeit, den Kostenbeitrag durch *Übersicherung* abzudecken. Dies setzt zweierlei voraus:

- Die Rechtsprechung, die gerade in den letzten Jahren immer restriktivere Regelungen über die Höhe der noch zulässigen Übersicherung aufgestellt hat, muß bereit sein, in die Berechnung des Höchstbetrages für die Sicherung auch den Kostenbeitrag aufzunehmen und
- die Kunden müssen in der Lage sein, überhaupt noch genügend Sicherheiten aufzubringen, um den gebotenen Zuschlag von weiteren 9% nach den schon durch die Änderung der Umsatzsteuerreglungen verlorengegangenen 15% abzudecken. Daran aber muß gezweifelt werden angesichts der Erfahrungen, daß schon heute die Sicherheiten kaum einmal ausreichen, um wenigstens die Forderung zuzüglich Zinsen zu befriedigen.

III. Wirtschaftliche Folgen

Wirtschaftlich gesehen offenbaren die §§ 170 und 171 InsO *den Kern der Großen Insolvenzrechtsreform,* nämlich eine Umverteilung von den Mobiliar- und Immobiliarsicherungsgläubigern auf den Fiskus und den Sozialplan:

- Die Mobiliarsicherungsgläubiger haben mindestens 24% des Sicherheitenerlöses abzugeben, die Immobiliarsicherungsgläubiger 4% des Verkehrswerts des Zubehörs.
- Der Fiskus verliert zwar sein bisheriges Privileg aus dem Vorrechtskatalog des § 61 KO, dort stand er jedoch ohnehin erst an zweiter Stelle und damit im Rang hinter den zahlreichen Massegläubigern und den Arbeitnehmern. Der Ausfall, den der Fiskus durch den Verzicht auf dieses Vorrecht erleidet, wird vermutlich weitgehend, wenn nicht gar vollständig ausgeglichen durch die Neuregelung der Umsatzsteuer für die Verwertung von Sicherungsgut. Bisher haben die Verwalter sich bemüht, noch in ihrer Eigenschaft als Sequester die Verwertung

möglichst weit voranzutreiben, um die Umsatzsteuer vor Konkurseröffnung auszulösen und in den Rang des § 61 Nr. 2 KO zu verweisen. Nunmehr ist dieser Weg nicht mehr gegeben, die Umsatzsteuer ist vielmehr aus der Masse zu entrichten. Insoweit wurde am Umsatzsteuersystem nichts geändert, insbesondere wurde auch nicht die Anregung des BFH[7] aufgegriffen, für den Anfall der Umsatzsteuer an den Zeitpunkt der Sicherheitenbestellung anstelle der Verwertung anzuknüpfen und damit dem Umsatzsteueranspruch den Rang einer einfachen Konkursforderung zuzuweisen. Stattdessen wurden die Befriedigungschancen des Fiskus hinsichtlich der Umsatzsteuer dadurch erheblich gesteigert, daß ihr Rang als Masseforderung gesetzlich bestätigt und die Masse durch die Beiträge der Mobiliarsicherungsgläubiger angereichert wird.

- Die Beschränkung des *Sozialplans* wurde gegenüber den vorangegangenen Entwürfen gemildert. So ist die Grenze von einem Viertel der Teilungsmasse (Diskussionsentwurf § 131 Abs. 2) auf ein Drittel erhöht. Die Masse wird also zunächst durch die Beiträge der gesicherten Gläubiger angereichert, um dann unter dem Fiskus und den Sozialplangläubigern neu verteilt zu werden.
- Der Regierungsentwurf geht davon aus, daß die Reform die *Kreditversorgung* der Wirtschaft kaum beeinflussen werde. Demgegenüber zeigt eine Untersuchung von Professor *Drukarczyk* (Universität Regensburg), der sämtliche durch Mobiliarsicherheiten gedeckten Engagements von drei verschiedenen Banken aus einem bestimmten Bezirk mittels Diskriminanzanalyse[8] überprüft hat, daß knapp 60 % aller von der Reform betroffenen Kreditengagements neu zu bewerten sein werden[9]. Die Anpassungsmaßnahmen werden von Zinserhöhungen über Reduzierungen des Kreditrahmens bis zu Kündigungen reichen. Ob es wirklich dazu kommt, bleibt abzuwarten.

7 ZIP 1983, 1120.

8 Zum Diskriminanzanalyseverfahren s. o.V., Kreditpraxis 1992, 265.

9 Veröffentlicht in WM 1992, 1136.

Risiken der Kreditinstitute bei der Sanierung von Unternehmen: Rechtsvergleichende Erfahrungen aus den USA, England und Frankreich

Professor *Dr. Johannes Köndgen,*
Hochschule St. Gallen

Inhaltsübersicht

Vorbemerkung: Die Internationalisierung der Sanierungsproblematik*

Man wagt wohl nicht zu viel mit der Behauptung, daß die spektakulären Großsanierungsaktionen der letzten Jahre – sie verbinden sich u.a. mit

---

* Folgende Literaturtitel werden abgekürzt mit dem Verfasser- bzw. Herausgebernamen zitiert:
USA: *Ebke*, Verhaltenspflichten der Kreditinstitute gegenüber sanierungsbedürftigen Kunden nach US-amerikanischem Recht, RIW 1987, 329; *Ebke/Griffin*, Lender Liability to Debtors: Toward A Conceptual Framework, 40 Southwestern L. J. 775 (1986); *Hass*, Insights into Lender Liability: An Argument for Treating Controlling Creditors as Controlling Shareholders, 135 Pa.L.Rev. 1321 (1987); *Lawrence*, Lender Control Liability, 62 S.C.L.Rev. 1387 (1989); *Norton/Baggett*, American Lender Liability: Common Law, Statutes and Contorts, in: Cranston (Hrsg.), Banks – Liability and Risk, London 1990, 203.
England: *Cranston*, Banks – Liability and Risk, in: *ders.* (Hrsg.), Banks -Liability and Risk, London 1990, 1; *Goode*, Principles of Corporate Insolvency Law, 1990; *Gower's* Principles of Modern Company Law, 5. Aufl., 1992; *Hood*, Lender Liability under English Law, in: Cranston (Hrsg.), Banks -Liability and Risk, London 1990, 21; *Lingard/Haag*, Administration and Insolvency: United Kingdom and German Approaches, in: Cranston (Hrsg.), Banks and Remedies, London 1992, 121; *Pennington*, Receiverships and Extrajudicial Remedies, in: Cranston (Hrsg.), Banks and Remedies, London 1992, 101; *Salter*, Remedies for Banks: An Outline of English Law, in: Cranston (Hrsg.), Banks and Remedies, London 1992, 13; *Segal*, Rehabilitation and Approaches Other Than Formal Insolvency Procedures, in: Cranston (Hrsg.), Banks and Remedies, London 1992, 131.
Frankreich: *Derrida/Godé/Sortais*, Redressement et liquidation judiciaires des entreprises, 3e éd., 1991; *Gavalda/Stoufflet*, Droit bancaire, 1992; *Grua*, Contrats bancaires, tome 1, Contrats des services, 1990; Juglart/Ippolito (Hrsg.), Traité des droit commercial, Band 7, Banques et Bourses, 3e éd., 1991 par *Martin*. (zit. *Martin*); *Prat*, La responsabilité du banquier et la „faillite" de son client, 2e éd., Paris 1983; *Rives-Lange/ Contamine-Raynaud*, Droit bancaire, 5e éd., 1990; *Vezian*, La responsabilité du banquier en droit privé français, 3e éd., 1983.
Die Arbeit von *Kremer*, Unternehmenssanierung in Frankreich, 1994, ist nach Abschluß des Manuskripts erschienen und konnte leider nicht mehr Berücksichtigung finden.

den Namen *Coop*, *Metallgesellschaft* und *Eurodisney* – ein neues Kapitel zum Thema Sanierungsverantwortlichkeit der Kreditinstitute geschrieben haben. Zum ersten scheinen die Sanierungsfälle wirtschaftlich zunehmend komplexer zu werden. War es noch bei dem dilettantisch eingefädelten Sanierungsversuch an der Beton- & Monierbau-AG in den Siebziger Jahren um einfache realwirtschaftliche Verlustgeschäfte in exotischen Ländern gegangen, so hatten die Hauptkreditgeber der Metallgesellschaft die finanzmarkttheoretisch überaus diffizile Frage zu entscheiden, ob die der Schuldnerin erwachsenen Verluste aus Warentermingeschäften[1] lediglich kurzfristige – und durch Kreditaufstockung zu überbrückende – „Buchverluste" waren[2] oder den endgültigen Exitus des Unternehmens ankündigten.

Profilierter noch ist ein zweiter Entwicklungstrend, den man als die *Internationalisierung der Sanierungsproblematik* charakterisieren kann. Er ist zum einen der Tatsache geschuldet, daß sich größere Sanierungsfälle heute typischerweise in Unternehmensgruppen mit multinational verzweigten Konzernstrukturen ereignen. Er ist zum anderen eine Folge der bekannten Internationalisierung des Kreditgeschäfts. Zumindest bei größeren Gesellschaften sind inzwischen an die Stelle der sog. Hausbank als Hauptkreditgeberin und -finanzierungsberaterin weitgehend internationale Kreditkonsortien getreten[3]. Diese Internationalisierung der Sanierungsproblematik bedeutet eine doppelte Herausforderung für die Bankrechtsvergleichung. Für den international orientierten Teil der Kreditwirtschaft wächst das Bedürfnis zu erfahren, mit welchen rechtlichen Verantwortlichkeiten man in anderen wichtigen Industrieländern

---

1 Die Verluste entstanden dadurch, daß die Metallgesellschaft (bzw. deren Konzerntochter) wegen des Verfalls der Ölpreise ihre Einschüsse auf die zum Zwecke des hedging abgeschlossenen kurzfristigen Terminkontrakte drastisch erhöhen mußte; vgl. die Meldung in der Süddeutschen Zeitung Nr. 237 vom 14.10.1994, S.27.

2 Zu diesem Ergebnis kommt eine Untersuchung des amerikanischen Finanzmarkttheoretikers und Nobelpreis-Laureaten *Merton Miller*; vgl. *Miller/Culp*, Metallgesellschaft and the Economics of Synthetic Storage, ZBB 1995, 2.

3 Im Falle Metallgesellschaft gab es keinen einzelnen Hauptkreditgeber, aber immerhin 18 in- und ausländische Institute, die mit Beträgen zwischen DM 106 und 539 Mio. engagiert waren.

konfrontiert werden könnte. Und jenseits solcher eminent praktischen Informationsbedürfnisse ist die Rechtsvergleichung in ihrer traditionellen Aufgabe gefordert, den reichen Vorrat ausländischer Problemlösungen für die Fortbildung des eigenen Rechts fruchtbar zu machen.

I. Systemübergreifende Strukturen des Sanierungsrechts

1. Die drei Dimensionen der Sanierungsverantwortlichkeit: Bankhaftungs-, Gesellschafts- und Insolvenzrecht

„Sanierung" ist kein rechtssystematischer Ordnungsbegriff wie „Vertrag", „unerlaubte Handlung" oder „Personenverband", sondern eine wirtschaftlich-unternehmerische Aufgabe. Als Rechtsfrage ist sie eine typische Querschnittproblematik. Das gilt für das ausländische Recht nicht weniger als für das deutsche. Konkreter gesprochen, schält sich aus der Kasuistik – wie sie für das deutsche Recht jetzt wieder *Franz Häuser* in vorbildlicher Weise aufbereitet hat[4] – so etwas wie eine *Drei- oder sogar Vierdimensionalität* der Sanierungshaftung heraus. Bekanntlich steht die kreditgebende Bank in Sanierungsfällen immer in einem spannungsreichen und mit Rollenkonflikten beladenen Beziehungsdreieck zwischen ihrem Kreditkunden und anderen Gläubigern. Juristisch betrachtet ist dieses einfache Beziehungsdreieck durchaus komplex und hat sehr verschiedenartige rechtssystematische Relevanzen.

Natürlich wissen wir, daß der Kreditgeber zu dem in die Krise geratenen Kreditnehmer in einer Vertragsbeziehung steht und bei Verletzung seiner Vertragspflichten nach Vertragsrecht haftpflichtig werden kann. Aber: Der Kreditnehmer ist in den allermeisten Fällen auch eine Handelsgesellschaft mit verbandlichen Entscheidungsstrukturen und -kompetenzen. Auch wo die Kreditbank – namentlich als sog. Hausbank – nicht in einer prekären Doppelrolle als Darlehensgeber und Gesellschaf-

4 In diesem Band, S. 75ff. Gute Zusammenfassung des Problemstandes auch schon bei *Obermüller*, Handbuch Insolvenzrecht für die Kreditwirtschaft, 4. Aufl., 1991, 290ff, 292ff.

ter des Schuldnerunternehmens agiert, wird sie häufig versucht sein, unmittelbar auf die Geschäftsführung oder doch indirekt auf die innergesellschaftliche Willensbildung beim Schuldnerunternehmen Einfluß zu gewinnen. Damit stößt man hier auf eine kritische Schnittstelle zwischen Vertrags- und Gesellschaftsrecht.

Rechtssystematisch ambivalent ist auch die Beziehung der Kreditbank zu ihren Mitgläubigern. In Deutschland ist sie bisher hauptsächlich unter den Schlagworten „Konkursverschleppung" und „Gläubigerbenachteiligung" diskutiert und damit unter das weit gewölbte Dach einer Deliktshaftung nach § 826 BGB gestellt worden[5]. Aber auch auf dieser Seite des Beziehungsdreiecks hat sich gerade in den jüngsten Großsanierungsfällen eine zusätzliche und neue Dimension aufgetan: Immer wieder liegt offenbar die Schwierigkeit darin, die Gruppe der Hauptgläubiger unter einen Hut zu bringen; so im Falle Coop, bei der Sanierung der Metallgesellschaft[6] oder auch bei Eurodisney[7], wo sich jeweils einzelne (meist kleinere) Kreditinstitute sträubten, bei einem von der ganz großen Mehrheit der übrigen Kreditgeber akzeptierten Sanierungsvergleich mitzuziehen. Auch in der Schweiz hat soeben ein Fall von sich reden gemacht, in dem die Sanierung um ein Haar daran gescheitert wäre, daß die Banken sich nicht mit den Obligationären darüber einig werden konnten, welche von beiden auf wie viele Prozente ihrer Forderungen verzichten sollte[8]. Die Problematik dieser Konstellation besteht darin, daß sie im Schnittpunkt von Deliktsrecht und Insolvenzrecht liegt. Dazu stellen sich zwei Fragen: Die meisten neuen Insolvenzrechte – darunter auch die neue Insolvenzordnung der Bundesrepublik – geben der unter den Gläubigern objektiv bestehenden Interessen- und Gefahrengemeinschaft dadurch Ausdruck, daß sie die Gläubigergemeinschaft in eine im Ansatz verbandsrechtliche Struktur zwingen – manifestiert

---

5 Auch dazu bereits *Häuser*, in diesem Band, S. 75, 109ff; *Obermüller*, aaO (Fn. 4).

6 „Streit der Gläubigerbanken sorgt für Zitterpartie um Metallgesellschaft"; Süddeutsche Zeitung Nr. 9 vom 13.1.1994, S. 17.

7 „Walt Disney, Creditor Banks Reach Accord On Debt-Cutting Bailout for Euro Disney", Wall Street Journal Europe vom 15.3.1994, S. 3.

8 So in der Krise des Papierherstellers Biber AG; vgl. Finanz & Wirtschaft Nr. 40 vom 21.5.1994, S. 16; Nr. 47 vom 15.6.1994, S. 14.

vor allem in der Befugnis der Gläubigermehrheit, die überstimmte Minderheit gegen deren Willen in die Pflicht zu nehmen (vgl. §§ 76 Abs. 2, 78, 237ff. InsO). Die erste Frage lautet dementsprechend, ob und inwieweit auch schon außergerichtliche Sanierungsverfahren solche verbandsrechtlichen Strukturen fordern. Das hat der BGH bekanntlich im Falle eines sog. Akkordstörers bei der Coop-Sanierung verneint[9]. Sicherlich zu Recht, so wie das deutsche Insolvenzrecht im Moment noch beschaffen ist. Stoff für weitere Überlegungen bietet aber auch die zweite Frage, ob man nämlich den Akkordstörer nicht unter qualifizierten Umständen wenigstens unter ein Haftungsrisiko für sein obstruktives Verhalten stellen soll.

2. Zu beachtende Systemunterschiede unter den nationalen Rechten

Mit diesen einleitenden Überlegungen ist zwar ein systemübergreifendes dogmatisches Raster für den anschließenden Bericht aus wichtigeren Auslandsrechtsordnungen aufbereitet. Ganz genauso wie das deutsche Recht lassen sich indes auch die ausländischen Lösungen zur Sanierungsverantwortlichkeit nicht ohne Ansehung nationaler Eigentümlichkeiten verstehen, oder anders gesagt: ein sinnvoller Vergleich setzt auch hier einige dogmatische Vorbereinigungen voraus. Wir müssen demnach den Blick wieder hinüber zu den Auslandsrechten wenden und kurz eine Übersicht über einige System- und Strukturunterschiede gewinnen, die der Sanierungshaftung in diesen Ländern von vornherein ein anderes Gepräge geben und die bedeutsamer sind als die Tatsache, daß irgendein ausländisches Gericht einmal irgendeinen Fall anders entschieden hat als die deutsche Rechtsprechung.

Die Unterschiede beginnen im materiellen Kreditsicherungsrecht. Ein Kreditinstitut, dem das Kreditsicherungsrecht die Ausbedingung eines Globalpfandrechts an sämtlichen Vermögensgegenständen des Schuldners gestattet[10], hat naheliegenderweise auch in der Krise des Schuldners

9 BGH ZIP 1992, 191; auch dazu *Häuser*, in diesem Band, S. 73, 105f.

10 Zum floating charge des englischen Rechts vgl. noch unten, II. 2. a) aa), S. 165f.

eine weitaus stärkere Position als ein deutscher Geldkreditgeber, der sich den Kuchen nicht nur mit den Warenkreditgebern zu teilen, sondern im Zweifelsfall auch noch hinter letztere zurückzutreten hat. Weiter ist beispielhaft zu nennen das Prinzip der deliktischen Generalklausel, welches es dem französischen[11] und zu einem gewissen Grade auch dem angelsächsischen Recht[12] erlaubt, reine Vermögensschädigungen schon bei einfacher Fahrlässigkeit des Schädigers unter eine Haftungsdrohung zu stellen. Das ändert Einiges für die Anspruchsposition der Mitgläubiger, die sich regelmäßig nur für primäre Vermögensbeeinträchtigungen schadlos halten wollen. Von weittragender Konsequenz ist ferner, daß das angloamerikanische Gesellschaftsrecht zentral um die Rechtsfigur des *trust* (fiducia, Treuhand) gebaut ist[13], was es im Prinzip ermöglicht, jede auch nur faktische Einflußausübung auf die Geschicke der Gesellschaft durch Treue- und Sorgfaltspflichten zu binden. Schließlich gilt es zum angelsächsischen Recht im Auge zu behalten, daß dieses die kollektivrechtlich strukturierten Sanierungsverfahren lange vor dem Zeitpunkt der technischen Insolvenz einsetzen läßt. Damit werden die „dualistischen“ Haftungsverhältnisse des Kreditgebers zum Schuldner bzw. zu seinen Mitgläubigern abgelöst durch verbandsartige Strukturen – was die Tauglichkeit und die Relevanz haftpflichtrechtlicher Lösungen zumindest in der zeitlichen Dimension um einiges verkürzt. Speziell im englischen Recht kommt noch hinzu, daß sämtliche gesetzlich organisierten Sanierungsverfahren mit der Einsetzung eines Zwangsverwalters, Sequesters o.ä.[14] einhergehen, welcher eine ausgleichende Mittlerfunktion zwischen Kreditgebern und Schuldner einerseits sowie unter den einzelnen Gläubigern andererseits einnimmt.

---

11 Art. 1382 cc.

12 Zum negligence-Tatbestand des angelsächsischen Rechts vgl. einführend *Prosser/Keeton*, Torts, 5. Aufl., 1984, 160ff.

13 Zur Einführung statt aller *Gower's* Modern Company Law, 550ff.

14 Genaueres hierzu noch unter II. 2. a), S. 165ff.

II. Länderbericht[15]

1. Vereinigte Staaten

a) Insolvenzrechtliche Rahmenbedingungen

Die Sanierungsprozedur nach Chapter 11 des amerikanischen *Bankruptcy Code* von 1979[16] gilt auch in Europa mit einigem Recht als Vorreiter eines modernen Insolvenzverfahrens. Nachahmung gefunden haben inzwischen vor allem der Primat des Sanierungsziels und die Option des Schuldners auf eine sehr frühzeitige Verfahrenseröffnung; in deren Gefolge die weitgehende Belassung der Unternehmensführung in der Hand des Schuldners (Konzept des *debtor in possession*); ein plangesteuertes Verfahren sowie die Unterwerfung auch der dinglich gesicherten Gläubiger unter die Solidarität des Gläubigerkollektivs. Nicht zuletzt gefördert durch gewisse Fehlentwicklungen beim Verbraucherkonkurs scheint nun allerdings in Deutschland der Glaube verbreitet, Unternehmen und Kreditgeber in den USA würden sich auch schon beim Anschein einer krisenhaften Entwicklung mit fliegenden Fahnen in ein Chapter 11-Verfahren begeben. Diese Vorstellung geht an der Rechtswirklichkeit vorbei[17]. Schon der Schuldner selbst wird – wenn er denn

15 Da die amerikanische lender liability auch im deutschen Schrifttum bereits kompetente Darstellungen erfahren hat (vgl. immer noch vorbildlich *Ebke*, RIW 1987, 329ff), beschränkt der Bericht sich insoweit auf Grundzüge und neueste Entwicklungen. Der Schwerpunkt des Länderberichts liegt bewußt auf dem englischen und französischen Recht.

16 Gute und aktuelle Übersicht bei *LoPucki/Triantis*, A Systems Approach to Comparing U.S. and Canadian Reorganization of Financially Distressed Companies, 35 Harv. Int. L. J. 267, 278ff (1994); aus dem deutschen Schrifttum *Jander*, RIW 1993, 547ff. Zum wesentlichen Inhalt des – die Gläubigerrechte geringfügig etwas erweiternden und ein spezielles Sanierungsverfahren für Kleinunternehmen einführenden (Chapter 10) – Bankruptcy Improvements Act vom Herbst 1993 vgl. vorläufig *Hirte/Otte*, ZIP 1994, 1493.

17 Vgl. insoweit die Richtigstellung durch *Norton/Baggett*, aaO (*-Fn.), 244.

sein Unternehmen überhaupt fortführen will – die Sanierung lieber ohne den nicht gerade reputationsfördernden Gang zum Insolvenzrichter versuchen; Zuflucht zu Chapter 11 wird er häufig erst nehmen, wenn seine Bank ihn durch vorzeitige Fälligstellung der Kredite (bzw. deren Androhung) unter Druck setzt. Vollends haben die Kreditgeber grundsätzlich kein Interesse, es zu einem Chapter 11-Verfahren kommen zu lassen. Gibt man dem Schuldner eine schlechte Prognose, so wird man das Darlehen unverzüglich fällig stellen; bei günstiger Prognose hingegen wird man die Verdienstchancen aus weiteren Kreditgewährungen nutzen wollen. Nach Eröffnung eines Insolvenzverfahrens ist nicht nur dessen Ausgang – Liquidation oder Sanierung? – ein Vabanque-Spiel; auch die Position des gesicherten Kreditgebers ist geschwächt – wenn er nicht gerade das Glück hat, als Neukreditgeber im Sanierungsverfahren neue Privilegien in Anspruch nehmen zu dürfen[18]. Als dissentierender Gläubiger muß die Bank eine Verkürzung ihrer Rechte auch gegen ihren Willen befürchten. Innerhalb der einzelnen Gläubigerklassen können *dissenting creditors* schon von einer einfachen Mehrheit der Gläubiger und zwei Dritteln der Forderungswerte überstimmt werden; ja, der Insolvenzrichter kann einen Plan, der „fair and equitable“ ist, sogar gegenüber Gläubigerklassen durchsetzen (sog. *cram down*), die den Plan mehrheitlich verworfen haben[19]. Aus Sicht der Kreditgeber ist daher das Insolvenzverfahren seltener das anzusteuernde Ziel als eine mögliche

18 Die Priorität gilt jedoch grundsätzlich nur gegenüber ungesicherten Altforderungen; vgl. Bankruptcy Code § 364 und die kommentierenden Bemerkungen von *LoPucki/Triantis*, aaO (Fn. 16), 299ff. Einem „post-filing lender“ wird es sogar gestattet, die ihm lästigen Bedingungen der Altverträge zu seinen Gunsten zu revidieren; vgl. *In re Florida West Gateway, Inc.*, 147 B.R. 817 (Bankr. S.D. Fla. 1992). Allgemein zur Stellung der Kreditinstitute in einem Chapter 11-Verfahren *Lawrie*, Dealing With The Financially Troubled Corporation, 106 Banking L. J., 515 (1989).

19 Ähnliche Regelung jetzt in §§ 244–246 InsO. Hauptzweck des cram down ist es allerdings, die materiellrechtliche Prioritätenordnung gegenüber eigensüchtig votierenden Gläubigerklassen wiederherzustellen. Doch können durch cram down z.B. die Ansprüche ungesicherter Gläubiger gegen deren Willen in Beteiligungstitel umgewandelt werden. Vgl. weitere Einzelheiten bei *LoPucki/Triantis*, aaO (Fn. 16), 320ff.

Spätfolge, die man nach dem Motto „to think about the unthinkable"[20] ins Kalkül einzubeziehen hat.

Neben den international weitgehend vergleichbaren Risiken anfechtbaren Rechtserwerbs[21] ist hier als originäre Schöpfung des amerikanischen Insolvenzrechts vor allem die Gefahr einer vom Konkursrichter zu verhängenden Rangdeklassierung aus Billigkeitsgründen (*equitable subordination*) virulent. Von ihr ist noch gesondert zu handeln[22]. Schließlich: Gleichviel, ob es zum Insolvenzverfahren kommt oder nicht: Über der Bank hängt immer das Damoklesschwert der *lender liability*.

b) Lender Liability

aa) Rechtspolitischer Hintergrund

Die in den USA sogenannte *lender liability* hat dort bekanntlich eine Zeit lang „Schockwellen durch das Kreditgewerbe gesandt"[23]. Dafür gab es im wesentlichen zwei Gründe. Bis auf die – noch anzusprechende – Umwelthaftung der Kreditinstitute beruht die Entwicklung der lender liability weder auf gesetzgeberischen Eingriffen noch auf besonderen dogmatischen Innovationen, sondern auf der extensiven und geradezu aggressiven Mobilisierung hergebrachter Common-law-Doktrinen für die Anwendung auf Kreditverhältnisse – zunächst durch die Kreditnehmer und ihre Anwälte, dann zunehmend auch durch die Instanz-

---

20 *Norton/Bagett*, aaO (Fn. 17). Nur 15% der Chapter 11-Verfahren werden auf Antrag von Gläubigern eröffnet; vgl. *LoPucki/Triantis*, aaO (Fn. 16), 280 Fn. 34.

21 Bemerkenswert dazu vielleicht, daß eine mindestens 20%ige Beteiligung an der Schuldnergesellschaft oder die (nicht mitgliedschaftlich vermittelte) faktische Übernahme der Geschäftsführung den Kreditgeber zum „insider" machen mit der Folge, daß sich die Anfechtungsfristen von 90 Tagen auf 1 Jahr vor Stellung des Insolvenzantrags verlängern; Einzelheiten bei *Norton/Baggett*, aaO (*-Fn.), 244f.

22 Unten b) cc) (6), S. 163f.

23 So die Formulierung eines amerikanischen Beobachters, vgl. *Putz/Klippen*, Commercial Bad Faith: Attorney Fees – not Tort Liability – Is the Remedy for „Stonewalling", 21 U.S.F.L. Rev. 419, 465 (1987).

gerichte[24]. Ihren Höhepunkt erreichte diese Entwicklung, als die Gerichte darauf verfielen, Privatstrafen – die als sog. punitive damages bekanntlich ein neben dem Schadensersatz stehendes präventives Sanktionsinstrument gegen Deliktstäter sind – für besonders frivole Vertragsverletzungen zu verhängen[25]. Das nennt man dann „deliktischen Vertragsbruch" (*tortious breach*), eine Rechtsfigur, die einem an strenge systematische Grenzen gewöhnten kontinentaleuropäischen Juristen kalte Schauer über den Rücken jagt. Davon soll hier nicht weiter die Rede sein, weil punitive damages auch nach dem Urteil glühender Bewunderer des angloamerikanischen Rechts hierzulande wohl kaum jemals Eingang in das haftpflichtrechtliche Sanktionensystem finden werden. Immerhin läßt ein Rückblick auf die Entwicklungsgeschichte der lender liability den Schluß zu, daß letztere primär Sproß eines politischen Klimawandels war unter der Devise „to change the traditional (and often ‚one-sided') balance of power between lender and borrower"[26].

Während der Brennpunkt der lender liability inzwischen auf der Umwelthaftung von Kreditinstituten liegt[27], gehen ihre Ursprünge in der Tat auf Sanierungsfälle zurück, und dort mit eindeutigem Schwerpunkt auf der *Vertragshaftung* gegenüber dem in Bedrängnis geratenen Schuldner.

bb) Die Infiltration des Darlehensvertrages mit Treu und Glauben

Das wichtigste dogmatische Vehikel für eine Verschärfung der Sanierungsverantwortlichkeit liegt in einer extensiven Anwendung des Prinzips von Treu und Glauben (*good faith and fair dealing*) auf Darlehensverträge. Das klingt für den deutschen Beobachter zunächst nicht gerade aufregend. Es bedeutet jedoch mehr als der (gewiß triviale) Grundsatz, wonach eine Darlehensbeziehung wie jeder andere Vertrag unter dem Gebot von Treu und Glauben steht. Das träfe schon deshalb nicht zu, weil jedenfalls die pflichten- und ggf. haftungsbegründende Funktion von Treu und

24 So der zutreffende Befund von *Norton/Baggett*, aaO (*-Fn.) 204.

25 Zusammenfassend zu dieser Rechtsprechung *Köndgen*, RabelsZ 1992, 696ff (715f); ausführlicher *Norton/Baggett*, aaO (*-Fn.), 253ff, 265ff.

26 *Norton/Baggett*, aaO (*-Fn.), 203.

27 Die allerdings ihrerseits im Sanierungskontext auftreten kann, vgl. noch unten 1. b) cc) (5), S. 161ff.

Glauben im amerikanischen Vertragsrecht außerhalb von Handelskaufverträgen nicht voll akzeptiert ist[28]. Noch über das Gebot von good faith and fair dealing hinaus geht der Versuch einiger Gerichte, der Darlehensbeziehung eine *fiduziarische* Basis zu unterlegen[29]. Darin liegt ein bemerkenswerter Unterschied zur in Deutschland noch herrschenden Lehre, derzufolge zwar fast das gesamte sonstige Bankgeschäft Geschäftsbesorgung ist – und damit ein interessewahrendes Verhalten von der Bank verlangt –, nicht jedoch das Darlehensgeschäft[30]. Interessant ist es nun zu sehen, wie sich diese Infiltration mit Treu und Glauben sowie mit fiduziarischen Elementen in Sanierungsfällen praktisch ausgewirkt hat.

Wie im deutschen und im französischen Recht geht es auch in den USA um zwei Grundkonstellationen: die Nichtvalutierung eines verbindlich eröffneten Kreditrahmens sowie die Auflösung eines unbefristeten aber jederzeit kündbaren Kreditverhältnisses (sog. *demand note*), wenn die Kündigung zur Unzeit ausgesprochen wird. Schließlich haben Fälle die Gerichte beschäftigt, wo der Kreditgeber eine Sicherheitenverstärkung verlangt hat und die diesbezügliche Weigerung des Kunden zum Vorwand für die Kündigung nimmt. Gegenüber all diesen Konstellationen haben die Gerichte das Prinzip von good faith and fair dealing in seiner schranken- wie in seiner pflichtenbegründenden Funktion angewendet. So hat die Bank auch vor Fälligstellung einer *demand note* dergestalt Rücksicht auf den Kunden zu nehmen, daß sie ihm zuvor ein Umschuldungsangebot unterbreitet oder, wenn schon die Vertragslösung unvermeidlich erscheint, ihrer Kündigung eine Abmahnung voranschickt und damit dem Schuldner die Chance einräumt, sich noch um eine alternative

28 UCC § 1-103 i.V.m. § 1-201(19), wo good faith überaus eng als „honesty in fact in the conduct or transaction concerned" definiert ist; ferner Restatement (2d) of Contracts § 205. Aus der Literatur statt vieler *Farnsworth*, Contracts (1990), vol. II, §§ 7.17 (S. 310ff), 7.17a; *Ebke/Griffin*, Good Faith and Fair Dealing in Commercial Lending Transactions: From Covenant to Duty and Beyond, 49 Ohio State L. J. 1237ff, 1239ff (1989).

29 Vgl. die Rechtsprechungsübersicht bei *Norton/Baggett*, aaO (*-Fn.), 207, 216ff, 254ff; *Ebke/Griffin*, aaO (Fn. 28), 1244ff. Die Konstruktion einer „special" oder „fiduciary relationship" wurde im Regelfall dazu gebraucht, einen Anspruch auf punitive damages zu rechtfertigen; vgl. bereits oben, Text bei Fn. 25.

30 Letzter Meinungsstand bei *Köndgen*, NJW 1994, 1508, 1510f.

Finanzierung zu kümmern[31]. Ähnliches gilt, wenn ein Kreditgeber sich weigert, im Rahmen eines noch nicht ausgeschöpften, aber voll besicherten Kreditrahmens weitere Ausleihungen vorzunehmen[32]. Einer treuwidrigen *außerordentlichen* Kündigung[33] gleich kommt auch eine Aufrechnung des noch nicht fälligen Darlehensrestsaldos gegen Einlagen des Kunden; damit muß der Kreditgeber warten, bis er nach Treu und Glauben zu dem Schluß kommen darf, der Schuldner werde zur Rückzahlung außerstande sein[34]. Die Verletzung solcher Loyalitätsgebote macht nicht nur die Kündigung wirkungslos, sondern verpflichtet die Bank auch zum Schadensersatz. Ob und inwieweit das *implied covenant of good faith and fair dealing* durch eine entsprechende Vertragsgestaltung „ausgehebelt" werden darf, unterliegt erheblichen Zweifeln[35]. Problemlos möglich ist nach allem fast nur noch die Rückforderung eines Kredits mit vertraglich vorgesehener fester Laufzeit[36].

Gegenüber dem auch in den USA formularmäßig vorgesehenen Recht der Bank, jederzeit die Verstärkung von Sicherheiten verlangen zu können, wirkt das Prinzip von Treu und Glauben als Schranke, insofern die Bank konkrete Anhaltspunkte für eine Bonitätsverschlechterung vorweisen können muß. Das ist der Rechtszustand, wie wir ihn in Deutschland erst Anfang 1993 in Gestalt von Ziff. 13 Abs. 2 der neuen AGB-Banken erreicht haben.

Die – soweit ersichtlich – einzige richterliche Äußerung zum Problem des sog. *Akkordstörers* ist ebenfalls als Lender-liability-Problem formuliert worden. In casu behauptete der Schuldner gegenüber der (unbestrittenen) Zahlungsklage einer „dissidenten" Bank einen Anspruch auf Verfahrensaussetzung, da durch die individuelle Rechtsverfolgung eines

---

31 *Reid* v. *Key Bank*, 821 F. 2d 9 (1st Cir. 1987).

32 *K.M.C. Co.* v. *Irving Trust Co.*, 757 F. 2d 752 (6th Cir. 1985).

33 Von der außerordentlichen bzw. Vorfälligkeitskündigung (acceleration) darf der Kreditgeber nach UCC § 1–208 nur Gebrauch machen, „if he in good faith believes that the prospect of payment or performance is impaired"; für das Vorliegen dieser Voraussetzung trägt er die Beweislast.

34 *Rigby Corp.* v. *Boatmen's Bank and Trust Co.*, 713 S.W. 2d 517 (Mo. Ct. App. 1986).

35 Dazu mit allen Nachw. *Note*, „Contracting Around" The Good Faith Covenant to Avoid Lender Liability, 199 Colum. Bus. L. Rev. 359 (1991).

36 *Centerre Bank of Kansas City* v. *Distributors*, 705 S.W. 2d 42 (Mo. App. 1985).

einzelnen Kreditgebers ein praktisch perfekter Sanierungsakkord unter den Gläubigern verhindert und stattdessen der Gang zum Konkursrichter erzwungen würde. Ein New Yorker Bundes-Distriktgericht sah sich mangels Rechtsgrundlage außerstande, auf dieses Ersuchen einzutreten[36a].

cc) Lender Control Liability

Es ist das gute – und häufig vertraglich ausbedungene – Recht eines Kreditgebers, auf das Schicksal der von ihm ausgeliehenen Gelder und der erhaltenen Sicherheiten ein waches Auge zu haben. Inwieweit ihm dieses *credit monitoring* erlaubt, in das Schuldnerunternehmen „hineinzuregieren" – bis hin zur faktischen Übernahme der Geschäftsführung –, ist eine Rechtsfrage, die in allen zum Vergleich herangezogenen Rechtsordnungen als *Gläubigerkontrollhaftung* umfassend thematisiert wird. Das amerikanische Recht zeichnet sich hier durch ein geradezu redundantes Angebot von Konstruktionen und Doktrinen aus[37], die das Sanktionsinstrumentarium entsprechend dem Maße der jeweiligen Kontrollintensität abstufen. Diese Sanktionen wiederum schützen teilweise die Gesellschaft selbst, teilweise deren Gläubiger, gelegentlich auch die Aktionäre. Selbstverständlich sanktioniert die Kontrollhaftung auch die Einmischung in die Belange eines einzelkaufmännischen Unternehmens. Sobald der Schuldner jedoch als Gesellschaft organisiert ist, läuft der Gläubiger unvermeidlich Gefahr, sich mit der Einflußnahme auf die Geschäftsführung des Schuldners auch in den auf fest umrissenen Organkompetenzen beruhenden Willensbildungsprozeß der Gesellschaft einzumischen.

(1) Fiduziarische Verantwortlichkeit kontrollierender Personen

Wie schon erwähnt[38], sind fiduziarische Verantwortlichkeiten im amerikanischen Gesellschaftsrecht geradezu allgegenwärtig – überall dort näm-

---

36a *Chase Manhattan Bank* v. *Cenville Properties Inc.*, 110 Banking L. J. 68 (1993) (S.D.N.Y. 1992).

37 Vgl. als umfassendste Darstellung immer noch *Lawrence*, aaO (*-Fn.), 1403ff; ausführlicher als die folgende, auf das Notwendigste beschränkte Darstellung *Köndgen*, Faktische Geschäftsführung und Einmischung in die Leitung der Kapitalgesellschaft, erscheint 1995 in der Schriftenreihe der Juristischen Studiengesellschaft Karlsruhe.

38 Oben, Text bei Fn. 13.

lich, wo eine Person dominierenden Einfluß auf die Gesellschaft ausübt. Das gilt natürlich in allererster Linie für die Leitungsorgane der Gesellschaft. Schon seit dem 18. Jahrhundert hat die englische *equity*-Rechtsprechung des Court of Chancery Grundsätze entwickelt, wonach alle Personen, die fremdes Vermögen verwalten oder repräsentative Funktionen zum Nutzen anderer Leute ausüben, in besonderem Maße auf Treu und Glauben verpflichtet sind und sorgsam die Interessen derer zu wahren haben, die sie repräsentieren[39].

Längst haben sich aber auch fiduziarische Pflichten für nur faktische Einflußnahme auf die Geschicke der Gesellschaft entwickelt, und zwar weit über die auch im Common Law bekannten Durchgriffsfälle[40] hinaus. Unter der Devise der sog. Kontrollhaftung hat man inzwischen nach den herrschenden Gesellschaftern auch Gläubiger, die sich aus eigennützigen Motiven in die Geschäftsleitung einmischen, in die fiduziarische Pflicht genommen[41]. Während nun eine gesteigerte – und auch schadensersatzbewehrte – Treuepflicht des Mehrheitsgesellschafters trotz mancher Besonderheiten im Detail als solche für uns keinen großen Neuigkeitswert mehr besitzt[42], springt als konzeptioneller Unterschied ins Auge, daß die h. L. in Deutschland diese Treuepflicht als spezifisch mitgliedschaftlich begreift[43] – und sie deshalb prinzipiell auch nicht auf die AG

---

39 Vgl. zusammenfassend *Pennington*, Directors' Personal Liability, London 1987, 33f; *Gower's* Company Law, aaO (*-Fn.), 550ff.

40 Das „peircing the corporate veil" wird insbesondere zugelassen, wenn die beherrschende Gesellschaft nur das „Instrument" oder das „Alter Ego" des herrschenden Unternehmens ist. Vgl. mit Rechtsprechungsnachweisen *Hass*, aaO (*-Fn.), 1343ff. Die Instrumentality-Doktrin wird gelegentlich auch außerhalb der Durchgriffsfälle bei restloser Übernahme der Geschäftsführung durch einen Großgläubiger verwendet; vgl. noch unten b) cc) (5), S. 157ff.

41 Übersicht über die Rechtsprechungsentwicklung bei *Hass*, aaO (*-Fn.), 1329ff.

42 BGHZ 65, 15 – ITT. Allgemein zur Treuepflicht des herrschenden Gesellschafters etwa *Karsten Schmidt*, Gesellschaftsrecht, 2. Aufl., 1991, §§ 16 II 4c, 21 II 3, 39 III 2.

43 Wiederum statt vieler *Karsten Schmidt*, aaO § 39 III 2 (S. 911): für einen organhaftungsähnlichen Ansatz dagegen *Wilhelm*, Rechtsform und Haftung bei der juristischen Person, 1981, S. 344ff. Zur Ablehnung der früher sog. organschaftlichen Abhängigkeit vgl. BGH WM 1961, 1103.

ausdehnen will[44] –, wogegen in den USA die Haftung im Kern an die Übernahme und Ausübung von Leitungsmacht geknüpft wird[45].

Ungeachtet seiner Vorliebe für fiduziarische Verantwortlichkeiten behandelt das amerikanische Recht den Gläubiger selbst bei extensiver Kontrolle der Schuldnergesellschaft als Fiduziar doch nur dann, wenn er zugleich seinen Einfluß als Gesellschafter des Schuldnerunternehmens aufgeboten hat[46]. Zunehmende Bedeutung für die Sanierungsverantwortlichkeit gewinnen deshalb neue – oder doch neuartig interpretierte – und speziellere Zurechnungstatbestände.

(2) Agency

Auch außerhalb eines Konkurses kann ein kontrollierender Gläubiger den Vertragspartnern seines Schuldners gemeinsam mit diesem selbst haftpflichtig werden, wenn zwischen beiden eine *agency*-Beziehung besteht. *Agency* ist, kurz gesagt, im angloamerikanischen Recht der Oberbegriff des weisungsgebundenen Handelns für andere auf konsensualer Basis, und zwar auch im Rahmen mittelbarer Stellvertretung sowie ohne die deutsche Differenzierung in „abstrakte" Stellvertretung und auftragsrechtliches Grundverhältnis[47]. Es liegt nicht gerade sehr nahe, eine derartige konsensuale Beziehung zwischen einem Kreditgeber und seinem in Bedrängnis geratenen Schuldner – also in einer ausgeprägten

---

44 Vgl. aber BGH NJW 1988, 1579 (Linotype); dort bildete die Treuepflicht allerdings nicht die Grundlage für eine Schadensersatzpflicht, sondern nur für eine Anfechtungsklage.

45 Vgl. *Perlman v. Feldmann*, 219 F. 2d 173 (2d Cir. 1955). Neuere Entscheidungen gewähren allerdings zunehmend den Minderheitsgesellschaftern Direktansprüche gegen den controlling shareholder und betonen damit wieder stärker die mitgliedschaftsrechtliche Komponente der fiduciary duties. Vgl. mit Judikaturnachweisen *Hass*, aaO (*-Fn.), 1351–55; aus dem deutschen Schrifttum auch *Buxbaum/U.H. Schneider*, ZGR 1982, 199 (220f).

46 Vgl. *Taylor v. Standard Gas & Elec. Co.*, 306 U.S. 307, 59 S.Ct. 543, 83. L. Ed. 669 (1939). Zur weitergehenden konkursrechtlichen Haftung von Fiduziaren noch unten, (5), S. 161ff.

47 Vgl. die „Legaldefinition" durch Restatement (2d) of Agency (1958) § 1: „Agency is the fiduciary relation which results from the manifestation of consent by one person to another that the other shall act on his behalf and subject to his control, and consent by the other so to act."

Interessenkonfliktsituation – zu postulieren. Ansatzpunkt ist deshalb eine Spezialregel des agency-Rechts über gesicherte Kreditgeber, die sich ihre Einflußmöglichkeiten auf das Unternehmen des Schuldners häufig ausdrücklich in der Sicherungsvereinbarung garantieren lassen[48]. Dort zieht man die Grenze zwischen zulässiger Interessenwahrung und Usurpation von Direktionsbefugnissen wesentlich danach, ob der Kreditgeber lediglich Vetorechte geltend macht oder „positive" Weisungen erteilt[49]. In Anwendung dieses Grundsatzes ist eine agency-Beziehung etwa darin gesehen worden, daß der Großabnehmer einer Getreidehandelsgesellschaft deren gesamten Einkauf finanziert und dabei nicht nur die Gesellschaft mittels einer Warenandienungspflicht fest in seine eigene Beschaffungs- und Vertriebsorganisation eingebunden, sondern mit zunehmendem Kreditengagement auch in die interne Geschäftspolitik der Gesellschaft hineinregiert hatte – und zwar in das Finanzwesen ebenso wie in den Produktionsbereich[50]. Das genügte in casu zu der Feststellung, daß der Großgläubiger die „de-facto-Kontrolle" über die Schuldnerin übernommen und sich nicht lediglich der einem jeden Kreditgeber unbenommenen Vetorechte bedient habe[51]. Im Ergebnis bedeutete dies

48 Restatement (2d) of Agency (1958) § 140:
„A creditor who assumes control of his debtor's business for the mutual benefit of himself and his debtor, may become a principal, with liability for the acts and transactions of the debtor in connection with the business."
Weitere Einzelheiten und Nachweise bei *Lawrence*, (*-Fn.), 1410ff.

49 Vgl. den comment zu § 140 des Restatement (aaO).

50 Viel zitiert die Entscheidung *A. Gay Jenson Farms Co. v. Cargill, Inc.*, 309 N.W. 2d 285 (Minn. 1981); zum literarischen Echo auf diese Entscheidung vgl. *Ebke/Griffin*, aaO (*-Fn.), 793f; *Lawrence*, aaO (*-Fn.), 1416ff; *Hass*, aaO (*-Fn.), 1342ff.

51 Gestützt auf Restatement (2d) of Agency § 140 (1958). Im comment zu dieser Vorschrift heißt es u.a.:
„A security holder who merely exercises a veto power over the business acts of his debtor by preventing purchases or sales above specified amounts does not thereby become a principal. However, if he takes over the management of the debtor's business either in person or through an agent, and directs what contracts may or may not be made, he becomes a principal, liable as a principal for the obligations incurred thereafter in the normal course of business by the debtor who has now become a general agent."

eine Einstandspflicht für die Zahlungen, die die Gesellschaft ihren eigenen Lieferanten schuldig geblieben war[52].

(3) Instrumentality-Theorie

Die sog. *instrumentality*-Theorie setzt eine noch höhere Kontrollintensität voraus als die agency-Konstruktion, führt dann aber konsequent auch zu einer noch extensiveren Verantwortlichkeit des kontrollierenden Gläubigers. Ihren Namen leitet sie davon her, daß der Gläubiger den Schuldner quasi zu seinem willig funktionierenden „Instrument" degradiert haben muß[53] oder, in einem anderen Bilde, daß es geradezu zu einer „Identitätsverschmelzung" zwischen beiden gekommen ist[54]. Pauschal gesprochen, handelt es sich um eine Verantwortlichkeit für schlechte Unternehmensführung in mittelbarer Täterschaft und unter dem Schutz der beschränkten Haftung der Schuldner(kapital)gesellschaft[55]. Die Haftung richtet sich, anders als nach dem „vertretungsrechtlichen" Ansatz der agency-Konstruktion, nicht nur auf den Ausgleich für Verluste in einzelnen Transaktionen, sondern global auf alle Verluste, die auf die fehlerhafte Kontrolle durch den Gläubiger zurückzuführen sind[56].

Daß es in einem Kreditverhältnis zu einer solch absoluten Beherrschung des Schuldnerunternehmens kommt, liegt nicht besonders nahe, und so hat die Praxis eine „total actual control" über den Schuldner nur

52 Nicht ohne Grund hat man allerdings diese Entscheidung als zu weitgehend kritisiert, da der Großgläubiger seinen Schuldner zwar in weiten Bereichen als (verdeckten) agent benutzt, sich in dessen Beschaffungswesen aber gerade nicht eingemischt habe; vgl. *Lawrence*, aaO (*-Fn.), 1416ff.

53 Vgl. die Leitentscheidung *Krivo Industrial Supply Co. v. National Distillers & Chemical Corp.*, 483 F.2d 1098, 1105 (5th Cir. 1973).

54 So *Matter of Teltronics Services, Inc.*, 29 B.R. 139, 171 (Bkrtcy. 1983).

55 So die zutreffende Charakterisierung durch *Lawrence*, aaO (*-Fn.), 1418. Unrichtig dagegen die Bezeichnung als eine Durchgriffshaftung, da sich der kontrollierende Gläubiger nicht die vermögensrechtliche Separierung von Gesellschafter-Eigentümer und Gesellschaft zunutze macht.

56 *Lawrence*, aaO (*-Fn.), 1414 (1418f).

in äußerst seltenen Fällen bejaht[57]. Selbst wo ein Kreditgeber seinen Angestellten als Controller und Produktionsberater in das Schuldnerunternehmen geschickt, sich ein Vetorecht über alle Zahlungsvorgänge vorbehalten und eine allgemeine Beraterfunktion in Anspruch genommen hatte, genügten diese Indizien auch in ihrer Kumulation nicht, einer Klage der Lieferanten des Schuldners gegen dessen Hausbank zum Erfolg zu verhelfen[58].

(4) Unzulässige Einmischung in die Willensbildung einer Kapitalgesellschaft

Sämtliche bisher referierten Theorien der Kontrollhaftung haben allenfalls mittelbar gesellschaftsrechtliche Relevanz. Jeweils interveniert hier der kontrollierende Gläubiger direkt auf der operativen Ebene der Geschäftsführung des Schuldnerunternehmens – und kann damit auch für die von ihm unmittelbar (mit)verantworteten geschäftlichen Fehlschläge belangt werden. Geradezu ins Zentrum des Gesellschaftsrechts rückt das Problem hingegen, wenn der Gläubiger auf der tieferen und weniger sichtbaren Ebene der innergesellschaftlichen Willensbildung interveniert und sich darauf beschränkt, seine Ziele etwa über die unter sanftem Druck erfolgte Bestellung ihm genehmer und von seinem Wohlwollen

57 Ablehnend *Matter of Teltronics,* aaO (Fn. 54), 169–171. Vgl. ferner *In re W.T. Grant Co.*, 699 F.2d 599 (2d Cir.), *cert. denied*, 104 S.Ct. 89, 78 L.Ed. 2d 97 (1983).
Bejahend für die leitenden Manager *Wegerer* v. *First Commodity Corp.*, 744 F.2d 719, 726f (10th Cir. 1984); für Kreditgeber *In re American Lumber Co.*, 5 B.R. 470, 475 (1980); dort handelte es sich jedoch insoweit um eine Ausnahmesituation, als die beklagte Hausbank der Schuldnergesellschaft nur noch die Liquidation eines bereits eindeutig konkursreifen Unternehmens in die Hand genommen hatte. Zur Lösung des Falles hätte somit das Konkursanfechtungsrecht ausgereicht. Auch *In re Process-Manz Press Inc.*, 236 F.Supp. 333 (N.D.Ill. 1964) ist als Präjudiz von geringer Reichweite, weil der Gläubiger hier fast die gesamten Aktien des Schuldnerunternehmens verpfändet erhalten hatte und damit „in substance the owner" der nachmaligen Gemeinschuldnerin war.

58 *Krivo Industrial Supply Co. v. National Distillers & Chemical Corp.*, 483 F.2d 1098, 1105, 1106ff (5th Cir. 1973).

abhängiger Leitungsorgane zu verfolgen[59]. Wenn solche Organe von Gnaden des Großgläubigers in der Folge das Unternehmen herunterwirtschaften, dann fällt es auch im amerikanischen Recht schwer, dem Großgläubiger eine vertragliche oder deliktische Gehilfenhaftung anzuhängen oder ihm eine de-facto-Kontrolle der Gesellschaft nachzuweisen – jedenfalls wenn er bei seinen Pressionen die kritische Grenze widerrechtlicher Drohung respektiert hat. Die hierzu von einem texanischen Berufungsgericht entwickelte neue Theorie der Gläubigerhaftung wegen exzessiver Kontrolle[60] ist vielleicht eine der dogmatisch originellsten Schöpfungen der neuen Gesellschaftsrechtsprechung[61].

Der dogmatische Einstieg erfolgte über das Deliktsrecht, und zwar über eine „Analogie" zu dem eingeführten Common-law-Tatbestand der vorsätzlichen Verleitung zum Vertragsbruch (*intentional interference with contractual relations*)[62]. Diesen Tatbestand zur „interference with legitimate corporate governance" fort- bzw. umzubilden, war zweifelsohne ein kühnes Unterfangen[63]. Unter Deliktsschutz gestellt wird damit in erster Linie das Recht der Gesellschaft, von einem kompetenten Management sowie von Organen geführt zu werden, die auf der Grundlage einer autonomen Willensbildung der Gesellschafter als deren loyale Diener in ihr Amt gekommen sind[64]. Darüber hinaus – und auf dem abstrakteren Niveau des Institutionenschutzes – geht es darum, die

---

59 So geschehen im Fall *State National Bank* v. *Farah Manufacturing Co.*, 678 S.W. 2d 661 (Tex. App. 1984; der Rechtsstreit wurde in dritter Instanz verglichen).

60 AaO. Vgl. auch die kommentierenden Bemerkungen von *Ebke/ Griffin*, aaO (*-Fn.), 788ff; *Norton/Baggett*, aaO (*-Fn.), 222f.

61 Die *interference*-Theorie von *Farah* ist im selben Jahr auch von einem Bundesberufungsgericht angewendet worden; *Melamed* v. *Lake County Nat'l Bank*, 727 F.2d 1399 (6th Cir. 1984).

62 Statt vieler *Prosser/Keeton*, aaO (Fn. 12), 978ff.

63 *Ebke/Griffin*, 788, sprechen nicht zu Unrecht von „*Farah's* unprecedented expansion of the interference theory".

64 In *Farah* war auf Betreiben der beklagten Bank nicht nur der als chief executive officer amtierende Mehrheitsgesellschafter durch eine der Bank genehme Person abgelöst, sondern auch ein Kandidat der Bank zum chairman of the board gewählt worden; darüber hinaus hatte die Bank die Wahl zweier ihr nicht genehmer Personen in den board gezielt verhindert; aaO (Fn. 59), 688–90.

Integrität und Autonomie des korporativen Willensbildungsprozesses zu gewährleisten[65].

Der kritische Punkt dieses Haftungstatbestandes liegt einmal mehr in der Abgrenzung zulässiger Interessenverfolgung und rechtswidriger Einmischung. Angesichts der noch kaum gefestigten Judikatur ist dazu bisher wenig Greifbares zu finden. Mit Formeln, denen zufolge die Einmischung gerechtfertigt sein könne, wenn der Gläubiger nur zum Schutze seiner Vermögensinteressen, „mit fairen Mitteln" und „in ehrbarer Absicht" bzw. ohne wenigstens bedingten Schädigungsvorsatz initiativ werde[66], sieht sich der Rechtsvergleicher eher auf die von der deutschen Doktrin zu § 826 BGB angebotenen allgemeinen Gesinnungsmerkmale zurückgeworfen.

(5) Umwelthaftung kontrollierender Kreditgeber

Der Sachzusammenhang zwischen Sanierungsverantwortung und Umwelthaftung von Kreditinstituten erschließt sich nicht ganz ohne weiteres. Grundgedanken und Ausgestaltung der bekanntlich sehr strikten amerikanischen Umwelthaftung unter dem neuen *Comprehensive Environmental Response Compensation and Liability Act* (CERCLA) müssen hier aus Platzgründen vorausgesetzt werden[67]. Als Bindeglied zur Sanierungsverantwortung fungiert wiederum die Kontrollhaftung des (gesicherten) Kreditgebers. CERCLA belastet mit der Umweltgefährdungshaftung primär den (gegenwärtigen oder früheren) Eigentümer oder Betreiber (*owner or operator*) einer Anlage, in der gefährliche Ab-

---

65 AaO (Fn. 59), 690. Keine Rolle spielte dieser Aspekt im Falle *Melamed* (Fn. 61), wo die Intervention der Bank fast ausschließlich auf die Ebene der operativen Geschäftsführung gezielt hatte.

66 So – allerdings vor dem *Farah*-Urteil – im Falle der vom Gläubiger veranlaßten Abberufung eines Vorstandsvorsitzenden (president) *State Bank v. Salmon*, 548 P.2d 1024, 1027 (Okla. 1976).

67 Nach CERCLA kann der Staat für die Beseitigung giftiger chemischer Abfälle im Wege der sog. clean-up liability Rückgriff nehmen bei allen Personen, die für das Inverkehrbringen und die nicht ordnungsgemäße Entsorgung solcher Abfälle ursächlich waren; *Florida Power & Light Co.* v. *Allis Chalmers Corp.*, 893 F.2d 1313, 1316 (11th Cir. 1990). Verantwortlich ist auch der „unschuldige" Erwerber eines mit sog. Altlasten behafteten Grundstücks; einige plastische Beispiele dazu bei *Norton/Baggett*, aaO (*-Fn.), 250.

fälle freigesetzt oder weggeworfen wurden[68]. Die Eigentümer- und Betreiberhaftung betrifft potentiell auch die Praxis, gewerbliche Kredite über Grundpfandrechte oder sogar eine Globalsicherungsübereignung des Unternehmensvermögens zu sichern[69]. Unter der neueren Rechtsprechung laufen solche gesicherten Kreditgeber in der Tat Gefahr, in Anwendung des Kontrolltheorems wie ein *owner or operator* behandelt zu werden[70]. Zwar schließt das Gesetz Personen, die, ohne am Management der Anlage teilzunehmen, eine Eigentümer- oder eigentümerähnliche Position allein zur Wahrung ihres Sicherungsinteresses einnehmen, ausdrücklich von der Haftung aus[71]. In bewußt restriktiver Interpretation dieses Privilegs und im Bemühen um die Setzung effizienter Verhaltensanreize hat indes die Rechtsprechung die Haftungsschwelle für Kreditinstitute weit herabgesetzt. „Participating in the management" verlangt nicht unbedingt ein Mitreden des Kreditgebers bei der laufenden operativen Geschäftsführung; dieser verstrickt sich in die Haftung bereits „by participating in the financial management of a facility to a degree indicating *a capacity to influence* the corporation's treatment of hazardous wastes"[72]. Wie vage auch immer dieser Standard sein mag, er ist offenkundig strenger als die agency-Haftung nach Common Law[73], denn er setzt keine Mitwirkung der Bank an Geschäftsführungsmaßnahmen mit unmittelbarem Bezug zu umweltgefährlichen Abfällen voraus[74].

Daß die neue Rechtsprechung erhebliche Rechtsunsicherheit in der Kreditwirtschaft ausgelöst hat, ist nach alledem kaum verwunderlich. Daß sie andererseits die Kreditpraxis zu skrupulöser Sorgfalt bei der

---

68 42 U.S.C. § 9607(a)(1) und (2).

69 Treuhandeigentum auf der Grundlage einer sog. deed of trust.

70 Vgl. als bisher letzte Leitentscheidung *United States* v. *Fleet Factors Corp.* 901 F.2d 1550 (11th Cir. 1990).

71 42 U.S.C. § 9601(20)(A).

72 *Fleet Factors* (Fn. 70), at 1557 (Hervorhebung vom Verf.).

73 Oben, (2), S. 156ff.

74 *Fleet Factors* (Fn. 70), at 1558. Die beklagte Factoring-Bank verlor den Prozeß, obwohl ihre in der Tat weitgehenden Mitspracherechte nur in einem einzigen Fall einen direkten Bezug zur Abfallentsorgung aufwiesen; vgl. aaO 1559, r. Sp. und Fn. 13.

Entgegennahme von Sicherheiten anhält und Kredite an Unternehmen mit Umweltrisiken tendenziell verteuert, ist eine ökonomisch nicht unerwünschte Konsequenz.

(6) Konkursrechtliche Kontrollhaftung: equitable subordination

Das Institut der *equitable subordination* war keine Neuschöpfung des Bankruptcy Code von 1979[75]. Es ermöglicht dem Konkursrichter, Fehlverhalten von Insolvenzgläubigern während oder im Vorfeld des Insolvenzverfahrens bei späterer Liquidation mit einem erzwungenen Rangrücktritt zu ahnden. Letzterer wird nicht selten in einem Totalverlust für den Gläubiger resultieren[76]. Wie bei einem Billigkeitsrechtsbehelf nicht anders zu erwarten, sind nicht nur die Voraussetzungen für equitable subordination generalklauselhaft vage, sondern auch die Rechtsfolgen weitgehend flexibel. Der Gläubiger muß sich – so formuliert die Rechtsprechung – durch „inequitable conduct" gegenüber Schuldner oder Mitgläubigern einen „unfairen" Vorteil verschafft haben[77]. Solch – wie wir sagen würden – sittenwidriges Verhalten muß nicht unbedingt im Kontext von Sanierungsaktionen passieren, und es ist bei letzteren nicht nur in Fällen faktischer Geschäftsführung verpönt. Generell hat die Praxis allerdings – ohne Rückhalt im Gesetz – equitable subordination auf Ansprüche von sog. managing creditors begrenzt – in erster Linie Organpersonen, angestellte Manager und Großaktionäre[78], aber eben auch kontrollierende

---

75 Vgl. Bankruptcy Code, 11 U.S.C. § 510(c) (1982). Zur Dogmengeschichte instruktiv *DeNatale/Abram*, The Doctrine of Equitable Subordination as Applied to Nonmanagement Creditors, 40 Bus. Law., 417, 421 ff (1985).

76 Es ist Sache richterlichen Ermessens, wie weit der subordinierte Anspruch in der Rangordnung „zurückrutscht". Bei gesicherten Krediten kann equitable subordination auch in einer Rückübertragung des Sicherungsgegenstands an die Insolvenzmasse resultieren.

77 Vgl. etwa *Re Mobil Steel Co.*, 563 F.2d 691, 700 f (5th Cir. 1977). Weitere Nachweise bei *DeNatale/Abraham* (Fn. 75), 423 ff.

78 Vgl. *Pepper v. Litton*, 308 U.S. 295, 304, 60 S.Ct. 238, 244, 84 L.Ed. 281 (1939); *Taylor v. Standard Gas & Elec. Co.*, 306 U.S. 307, 59 S.Ct. 543, 83 L.Ed. 669 (1939); *Matter of Multiponics, Inc.*, 622 F.2d 709, 721 (5th Cir. 1980); *DeMet v. Harralson*, 399 F.2d 35, 38 (5th Cir. 1968); *In re Roberts, Inc.*, 15 B.R. 584 (Bkrtcy. D.R.I. 1981).

Kreditgeber. Sie stellt damit außer Zweifel, daß die Sittenwidrigkeit des Verhaltens ihren Grund wesentlich in der vom Gläubiger eingenommenen fiduziarischen Position findet[79]. Beispielsweise hat die Judikatur Ansprüche eines Kreditgebers subordiniert, der ein konkursreifes Unternehmen nur zu dem Zwecke weiter finanziert hatte, sich weitere Sicherheiten zu verschaffen[80]. Faktische Geschäftsführung durch den Gläubiger als Grund für *equitable subordination* setzt einen hohen – und praktisch selten erreichten – Grad von Kontrollintensität voraus[81]; letzterer ist bejaht worden, wenn der Gläubiger ein umfassendes Vetorecht gegenüber der laufenden Geschäftsführung für sich reklamiert und tatsächlich ausübt – und zwar selbst dann, wenn ihm diese Befugnis im Sicherungsvertrag zugestanden ist[82].

2. England

Mehr noch als in den USA ist das Insolvenzrecht in England dadurch geprägt, daß den Gläubigern die spezifisch insolvenzrechtlichen Rechtsbehelfe schon im Vorfeld der technischen Insolvenz zur Verfügung stehen, und daß namentlich den gesicherten Gläubigern in Gestalt von Selbsthilferechten eine überaus starke Stellung in Sanierungssituationen eingeräumt ist. Anders als in den USA hat jedoch in England bislang so gut wie keine gegenläufige Richterrechtsschöpfung mit dem Ziel einer stärkeren – insbesondere vertrags- und deliktsrechtlichen – Behaftung der Kreditgeber für die Ausschöpfung von Sanierungsmöglichkeiten stattgefunden. *Lender liability* in England ist, wie es *Ross Cranston* treffend auf den Begriff gebracht hat, allenfalls „a description, not a concept known in law“[83].

---

79 So der zutreffende Schluß von *Lawrence*, aaO (*-Fn.), 1435.

80 *Re American Lumber Co.*, 5 B.R. 470 (D. Minn. 1980).

81 *Lawrence*, aaO (*-Fn.), 1436ff.

82 *Re T.E. Mercer Trucking Co.*, 16 B.R. 176, 189f (Bankr. N.D. Tex. 1981).

83 *Cranston*, aaO (*-Fn.), 19.

a) Rechte und Pflichten der Kreditgeber nach Insolvenzrecht

Das englische Insolvenzrecht – grundlegend neugeordnet durch den *Insolvency Act* von 1986[84] – kennt als zu Sanierungszwecken vorgesehene (oder doch geeignete) Verfahren zwei Prozeduren: *receivership* und *administration*.

aa) Unter den beiden Verfahren ist jedenfalls die *receivership* eine höchst originelle Schöpfung des englischen Rechts[85]. Entwickelt wurde sie als ein Institut nicht des Gesamt-, sondern des Individualvollstreckungsrechts. Sie ermöglicht es dem Gläubiger, zur Verwaltung und Verwertung seines Pfandes bzw. seiner Pfänder unter bestimmten Voraussetzungen einen *receiver* einzusetzen und dem Schuldner damit die entsprechenden Verfügungs- und Verwaltungsbefugnisse zu nehmen. Die Besonderheit des Verfahrens liegt nun darin, daß – anders als beim Zwangsverwalter oder Sequester des deutschen Rechts, dem der receiver noch am ehesten vergleichbar ist – sowohl die Einsetzung des receivers als auch deren Voraussetzungen bereits im Sicherungsvertrag geregelt werden können. M.a.W.: Ein receiver kann gänzlich ohne gerichtliche Mitwirkung (die sich allenfalls auf eine ex-post-Mißbrauchskontrolle bzw. auf die Erteilung vom receiver erbetener Weisungen beschränkt) eingesetzt werden.[86]

Zu einem Sanierungsinstrument kann receivership werden im Zusammenwirken mit einem anderen Institut des englischen Kreditsicherungsrechts, dem *floating charge*. Darunter versteht man ein – antizipativ vereinbartes – Globalpfandrecht an Unternehmensvermögen, das vor allem im Kreditverkehr mit kleineren und mittleren Unternehmen praktiziert wird. Es geht über die Globalsicherungen des deutschen Rechts weit hinaus, weil es nicht nur den Bestand an Buchforderungen, sondern auch alle Arten von Fahrnis, Immaterialgüterrechte sowie schließlich Grund-

84 Der – nur für England und Wales geltende – Insolvency Act ist, außer in den amtlichen Gesetzessammlungen, gemeinsam mit den ergänzenden Insolvency Rules (1986) abgedruckt in *Crystal/Phillips* (eds.), Butterworths Insolvency Law Handbook, 2. Aufl., 1990, 3ff, 417ff.

85 Die folgende Darstellung faßt im wesentlichen den ausführlichen Beitrag von *Pennington*, aaO (*-Fn.), 103–117, zusammen.

86 Insolvency Act §§ 33–38. Weiteres bei *Pennington*, aaO (*-Fn.), 106f.

stücke mit einem Schlag erfaßt[87]. Allein dies verschafft den Kreditinstituten eine herausragende Position nicht nur gegenüber dem Schuldner, sondern auch gegenüber anderen Gläubigergruppen[88]. Wird über ein solches floating charge ein receiver bestellt – er heißt dann *administrative receiver* und muß ein besonders qualifizierter Insolvenzpraktiker sein[89] – dann bedeutet dies, daß dem in die Krise geratenen Schuldner zeitweise die Unternehmensführung nahezu gänzlich aus der Hand genommen wird. Mehr noch: Mit der Ernennung eines administrative receiver kann ein Großkreditgeber sogar der Einleitung eines kollektiven Vergleichsverfahrens (*administration*, dazu sogleich) zuvorkommen[90]. Während ein über einzelne Pfandobjekte bestellter receiver primär um eine vorteilhafte Liquidation besorgt sein wird, steht am Ende einer administrative receivership häufig die „übertragende Sanierung" durch die Veräußerung des Unternehmens im Ganzen[91]; eher selten kommt es hingegen zur „identitätswahrenden", d.h. auch den Unternehmenseigentümern gerecht werdenden Sanierung.

Offenbar stellt sich für einen zwar vertraglich bestellten, aber in praxi eben doch auf Betreiben des Gläubigers eingesetzten receiver die Haftungsfrage besonders dringlich. Auch insoweit bleibt das englische Recht gläubigerfreundlich, weil es den administrative receiver im Zweifel nicht als Vertreter des Gläubigers, sondern als solchen des Schuldnerunterneh-

87 Legaldefinition des floating charge im Companies Act 1985 § 462: „a charge ... over all or any part of the property (including uncalled capital) which may from time to time be comprised in its property and undertaking". Auf diese Definition wird verwiesen in Insolvency Act § 251. Zu Einzelheiten vgl. *Ellinger*, Modern Banking Law (1987), 557f, 562ff; *Penn/ Shea/Arora*, The Law Relating to Domestic Banking, 1987, N. 21.27ff.

88 *Lingard*, aaO (*-Fn.) 126, hält die Existenz des floating charge geradezu für eine Stütze des britischen Bankensystems. Für Abschaffung hingegen *Grylls*, Insolvency Reform: Does the United Kingdom Need to Retain the Floating Charge?, [1994] 10 J. Int. Banking Law 391ff.

89 Insolvency Act §§ 29(2), 388(1), 390(2); zu Kompetenzen und Pflichten Insolvency Act §§ 42–49. Weitere Einzelheiten bei *Pennington*, aaO (*-Fn.), 108ff.

90 Insolvency Act §§ 9(3), 10.

91 *Lingard*, aaO (*-Fn.) 123. Umgekehrt enden bei einer unvermeidlichen Gesamtliquidation des Unternehmens die Befugnisse des administrative receivers kraft Gesetzes, vgl. Insolvency Act § 44(1)(a).

mens behandelt[92]. Zusätzlich sehen die Sicherungsvereinbarungen regelmäßig noch vor, daß allein die Schuldnergesellschaft durch die Handlungen und Verfehlungen des receivers verpflichtet werden soll[93]. Das führt zunächst in die Konsequenz, daß der administrative receiver nicht nur für die kraft Amtes geschlossenen Verträge persönlich haftet[94], sondern auch für deliktisches Handeln nicht als Hilfsperson des Gläubigers gilt. Zwar trifft den bestellenden Gläubiger grundsätzlich eine Pflicht, bei Auswahl und Anleitung des receivers auch auf die wohlverstandenen Interessen der Gesellschaft Rücksicht zu nehmen. Erteilt jedoch der Gläubiger dem receiver Weisungen zum Schaden des Schuldnerunternehmens oder anderer Gläubiger, so ist damit ein Haftungsrisiko nur insoweit verbunden, als die Weisung entweder den receiver zu pflichtwidrigen Geschäftsführungsmaßnahmen anhält oder sie vom Gläubiger vorhersehbare Schädigungsrisiken für das Schuldnerunternehmen involviert, die nicht durch berechtigte Gläubigerinteressen gerechtfertigt sind[95]. Mithin besteht selbst nach Erteilung von Weisungen zum Nachteile des Schuldners keine allgemeine Haftpflicht des Gläubigers für jedweden vorhersehbaren Schaden. Unbenommen bleibt freilich die – später darzustellende[96] – weitergehende Verantwortlichkeit des Gläubigers als faktischer Geschäftsführer (*shadow director*).

bb) *Administration* heißt nach englischem Recht das Verfahren, welches primär auf Reorganisation des in die Krise geratenen Unternehmens ge-

---

92 Insolvency Act § 44(1)(a).

93 Als Beispiel vgl. *Standard Chartered Bank Ltd. v. Walker* [1982] 1 W.L.R. 1410; [1982] 3 All E.R. 938.

94 Dafür jedoch von der Schuldnergesellschaft schadlos gehalten wird, vgl. Insolvency Act § 44(1)(b)(c).

95 Leading case ist *Standard Chartered Bank Ltd. v. Walker* [1982] 1 W.L.R. 1410; [1982] 3 All E.R. 938. In diesem Fall hatte der über ein floating charge eingesetzte receiver auf dringende Weisung der Bank das Inventar des Schuldners zur Unzeit und darum pflichtwidrig weit unter Wert veräußert. Die Bank wurde auch gegenüber den Bürgen (in casu: den Gesellschaftern und Geschäftsführern des Schuldnerunternehmens), die für den nach Pfandverwertung noch verbleibenden Forderungsrest einzustehen hatten, in die Haftung genommen; eine Haftung gegenüber Mitgläubigern wurde dagegen offengelassen, vgl. aaO 1 W.L.R. at 1416, per *Lord Denning* M.R. Zum Ganzen auch *Pennington*, aaO (*-Fn.), 115f.

96 Unten, b) bb), S. 171ff.

richtet ist[97]. Es ist ein staatlich organisiertes Verfahren, insofern es – auf Antrag des Schuldners oder eines Gläubigers oder mehrerer Gläubiger – durch Gerichtsbeschluß eingeleitet wird[98]. Dieser Beschluß kann schon in einem relativ frühen Stadium der Krise ergehen, nämlich wenn „a company *is likely to become* unable to pay its debts“[99]. Vom US-amerikanischen Reorganisationsverfahren unterscheidet sich *administration* primär dadurch, daß man den Schuldner nicht mehr relativ selbständig schalten und walten läßt (Konzept des „debtor in possession“), sondern ihm einen gerichtlich ernannten *administrator* vorsetzt, der die Geschäftsführung der Schuldnergesellschaft weitgehend an sich ziehen und sogar über bereits mit Sicherungsrechten belegtes Vermögen verfügen darf, außerdem noch die amtierende Geschäftsleitung (directors) abberufen und ersetzen kann[100]. Auch der administrator fungiert, obwohl kraft gesetzlicher Anordnung Vertreter der Schuldnergesellschaft, als ein Mittler zwischen Gläubigern und Schuldner, sodaß auch hier die Einflüße – und damit auch die Haftungsrisiken – der Gläubiger (einschließlich der gesicherten) mediatisiert sind.

cc) Letzteres gilt in abgeschwächter Form sogar für die noch verbleibenden freiwilligen, wenig formalisierten und weitgehend gerichtsfreien Sanierungsaktionen (*voluntary arrangements*[101]). Initiiert werden können solche Verfahren allein vom Schuldner[102], für den es hier – im Ge-

---

97 Insolvency Act § 8(3) nennt als mögliche Zwecke eines administration-Verfahrens

„(a) the survival of the company, and the whole or any part of its undertaking, as a going concern;

(b) the approval of a voluntary arrangement [. . .]

(c) the sanctioning under section 425 of the Companies Act of a compromise or arrangement between the company and any such persons as are mentioned in that section; and

(d) a more advantageous realisation of the company's assets than would be effected on a winding up;“

98 Insolvency Act § 9.

99 Insolvency Act § 8(1)(a); Hervorhebung vom Verf.

100 Insolvency Act § 14.

101 Vgl. Insolvency Act §§ 1–7.

102 Was nicht ausschließt, daß z. B. ein Hauptkreditgeber dem Schuldner die Verfahrenseinleitung mehr oder weniger dringend nahelegt; vgl. *Salter*, aaO (*-Fn.), 26.

gensatz zur administration – freilich kein gesetzliches Schuldenmoratorium gibt. Auch bei voluntary arrangements muß ein qualifizierter Insolvenzpraktiker entweder als *trustee* oder als *supervisor* zum Zwecke der Implementierung des Vergleichs nominiert werden[103]. Im Gegensatz zum receiver und zum administrator ist er allerdings auf eine Aufsichtsfunktion reduziert.

Auch voluntary arrangements können – unbeschadet einiger unentziehbarer Rechtspositionen von gesicherten und anderen vorrangigen Gläubigern – bereits mit einer Mehrheit von mindestens drei Vierteln der repräsentierten Forderungswerte in Kraft gesetzt werden[104]. Damit ist das Problem der Haftung von Akkordstörern aus der Welt geschafft. Gleichwohl sind die Obstruktionsmöglichkeiten dissentierender Gläubiger noch so stark, daß „reine" voluntary arrangements zumeist nur bei Sanierungsaktionen mit kleiner Gläubigerzahl erfolgreich und im übrigen erst am Ende eines *administration-* oder *liquidation*-Verfahrens zustandekommen[105].

b) Haftungsrisiken außerhalb von Insolvenzverfahren, insbesondere die Haftung als shadow director

Das englische Insolvenzrecht läßt mit seiner frühzeitigen „Kollektivierung" von Sanierungsaktionen und der Einschaltung von Mittelspersonen von vornherein weniger Raum für eine unmittelbare und haftungsträchtige Exponierung einzelner Kreditgeber. Da das gesetzlich vorgesehene voluntary arrangement nur vom Schuldner initiiert werden kann, bleibt immerhin den gänzlich unregulierten, von einzelnen oder mehreren Gläubigern angestoßenen Sanierungsmaßnahmen noch eine nicht unerhebliche Bedeutung. Der – erwünschten – Flexibilität solcher Verfahren korrespondiert dann aber auch eine höhere Rechtsunsicherheit hinsichtlich der von den sanierungsbereiten Kreditgebern eingegangenen Risiken[106].

---

103 Insolvency Act § 1(2) i.V.m. Insolvency Rules Ziff. 1.22ff.

104 Insolvency Rules Ziff. 1.19.

105 *Lingard*, aaO (*-Fn.) 125.

106 Darauf verweist mit Recht *Cranston*, aaO (*-Fn.), 18.

aa) In augenfälligem Kontrast zum amerikanischen Recht liegt das Hauptrisiko der Kreditinstitute unter englischem Recht nicht darin, für ein allzu rabiates Verhalten gegenüber dem in Bedrängnis geratenen Schuldner oder für die Versäumung gegebener Sanierungsmöglichkeiten zur Verantwortung gezogen zu werden. England hat fast ausnahmslos an der alten Common-Law-Tradition festgehalten, derzufolge ein Darlehensverhältnis per se keine fiduziarischen Elemente (*„fiduciary"*, *„special"* oder *„confidential" relationship*) involviert[107]. Daran ändert sich grundsätzlich auch dann nichts, wenn der Bankkunde in eine finanziell bedrängte Situation geraten ist[108]. Nur wo ein Kreditgeber (womöglich noch als Federführer einer Banken- bzw. Gläubigergruppe) sich beratend und organisierend bei einer Stützungsaktion in einer Weise engagiert, die über das auch bei einer Hausbank übliche Niveau an laufender Konsultation hinausgeht, kann er sich einmal in eine fiduziarische Position gegenüber dem Schuldner gerückt sehen[109]. Auch das vertraglich ausbedungene Recht, jederzeit teilweise oder ganz die Zurückführung des Kredits verlangen zu können (*demand*-Klausel), steht nicht unter dem Vorbehalt von *good faith*[110]; angesichts der Geschwindigkeit moderner Kommunikations- und Geldtransfertechniken werden dem Schuldner selbst für die anschließende Rückzahlung nurmehr extrem knappe Zeitspannen zugestanden[111]. Nur wo das Kreditverhältnis im Ganzen gekündigt werden soll, ist eine Frist zu beachten, die dem Schuldner die Möglichkeit beläßt, sich bei einer anderen Bank zu finanzieren[112]. Eine „positive" Pflicht zur Kreditbelassung bzw. -prolongation ist bisher unter keinen Umständen anerkannt worden[113].

---

107 Vgl. mit Nachweisen *Hood*, aaO (*-Fn.), 23ff; ferner *Cranston*, aaO (*-Fn.), 6.

108 So – allerdings für einen privaten Hypothekarkredit – *Nat. Westminster Bank* v. *Morgan* [1985] 1 A.C. 686 (702f, 708 f).

109 *Segal*, aaO (*-Fn.), 147. Die Anhaltspunkte in der Rechtsprechung sind indes eher spärlich; vgl. bisher nur *Nat.Westminster Bank v. Morgan* [1985] 1 AC 686.

110 *Salter*, aaO (*-Fn.), 14.

111 *Bank of Baroda v. Panessar* [1987] Ch. 335.

112 *Salter*, aaO (*-Fn.), 22, und bereits *Prosperity* v. *Lloyd's Bank Ltd.*, (1923) 39 TLR 372.

113 *Cranston*, aaO (*-Fn.), 17.

bb) Das Hauptrisiko eines Kreditinstituts unter englischem Recht liegt nach allem nicht in einer zu defensiven, sondern im Gegenteil in einer zu aktiv wahrgenommenen Rolle in Sanierungsaktionen. Die Ergebnisse gleichen hier jenen des amerikanischen Rechts; doch geht das englische Recht nicht so weit, neben der eigenmächtigen Einmischung in die Geschäftsführung auch noch die Einmischung in den korporativen Willensbildungsprozeß der Schuldnergesellschaft (*Farah*-Fall[114]) mit Haftungsrisiken zu belegen.

Schlüsselkonzept der Haftung für Einmischung in die Geschäftsführung des Schuldnerunternehmens – sei es mit dem Ziel einer geordneten Liquidation oder einer erfolgreichen Sanierung – ist der sog. *shadow director*. Eingeführt wurde diese Rechtsfigur – bemerkenswert für eine Präjudizienrechtsordnung – durch den Gesetzgeber, und zwar im Zuge der legislativen Reformen des Gesellschafts- und Konkursrechts Mitte der Achtziger Jahre[115]. Freilich war der Boden für die Inpflichtnahme von shadow directors im englischen Gesellschaftsrecht mit seiner früh ausgebildeten Treuhanddoktrin seit jeher bereitet[116]. Und da *trust* im weitesten Verstande mit jeder Einflußnahme auf fremde (Vermögens-)Interessen entsteht[117], bedarf es im englischen Recht keiner gewaltsamen Gedankensprünge, um Personen ebenso wie ein verfassungsmäßiges Organ in die Pflicht zu nehmen, wenn jene sich – mit ausdrücklicher oder auch nur widerstrebender Duldung seitens der Gesellschaft – Leitungsbefugnisse über das Unternehmen anmaßen. Das gilt, anders als bei der in Deutschland erst rudimentär entwickelten Figur des „faktischen Geschäftsführers"[118], nicht nur für Leitungspositionen, in die man infolge eines unwirksamen Bestellungsaktes gerückt ist, sondern erfaßt jede Person „in accordance with whose directions the directors of the company

114 Oben, Text bei Fn. 59.

115 Companies Act 1985 § 741(2) und (3); Insolvency Act 1986 §§ 206–214 i.V.m. § 251.

116 Vgl. bereits oben, Text nach Fn. 38.

117 Näheres bei *Köndgen*, Selbstbindung ohne Vertrag, 1981, 46ff.

118 Einzelheiten bei *Köndgen*, Faktische Geschäftsführung, aaO (Fn. 37).

are accustomed to act"[119]. „Directions" heißt: der shadow director muß in der Tat über längere Zeit Weisungen in Angelegenheiten erteilt haben, die der Geschäftsführung reserviert sind; es genügt nicht, „that the directors act on advice given by him in a professional capacity"[120].

Zu den Verantwortlichkeiten, die die shadow directors mit „ordentlichen" Geschäftsführern teilen, gehört kraft Gesetzes auch die Pflicht, bei absehbarer Insolvenz jede weitere werbende Tätigkeit der Gesellschaft einzustellen. Genauer gesagt: Kommt es zur Insolvenz wegen Überschuldung, so läuft jeder director oder shadow director ein deliktisches Haftungsrisiko, wenn er „at some time (!) before the commencement of the winding up of the company, ... knew or ought to have concluded that there was no reasonable prospect that the company would avoid going into insolvent liquidation (...)"[121]. Er entgeht dieser Haftung für *wrongful trading* nur durch den Nachweis, daß er ab dem Zeitpunkt, in dem das Ende absehbar war, alle erforderlichen Schritte zur Minimierung des den Gläubigern drohenden Schadens unternommen hat[122]. Die Haftungsverwirklichung zielt auf Auffüllung der Insolvenzmasse, also in deutscher Terminologie auf den sog. Quotenschaden[123]. Zugleich vervierfacht sich für shadow directors die Frist für anfechtbare inkongruente Sicherheitennahmen von 6 auf 24 Monate vor Konkurseröffnung bzw. Stellung des Antrages auf *administration order*[124].

---

119 Companies Act 1985 § 741(2); nur in der Formulierung, nicht in der Sache abweichend Insolvency Act 1986 § 251. Aus der Rechtsprechung jetzt *Re Hydrodan (Corby) Ltd.*, [1994] BCC 161, 162f; dort auch zur Unterscheidung zwischen de facto director und shadow director.

120 AaO. Plastisch formuliert *Segal*, aaO (*-Fn.), 141, die eigentliche Geschäftsführung müsse zugunsten des (der) shadow directors „abgedankt" haben. Auch das lediglich beratend tätige Kreditinstitut läuft natürlich ein Haftungsrisiko wegen fahrlässig falscher Raterteilung nach allgemeinen Grundsätzen.

121 Insolvency Act 1986 § 214(2)(7) – Deliktstatbestand des wrongful trading. Vgl. weitere Einzelheiten bei *Gower's* Company Law, aaO (*-Fn.), 112ff.

122 Insolvency Act 1986 § 214(3).

123 *Gower's* Company Law, aaO (*-Fn.), 114.

124 Insolvency Act 1986 §§ 239, 240(1) i.V.m. § 249. Weitere Einzelheiten bei *Hood*, aaO (*-Fn.), 65ff; *Goode*, aaO (*-Fn.), Chapter VIII.

Obwohl bisher, soweit ersichtlich, noch kein sanierungsbeteiligtes Kreditinstitut nach neuem Recht wegen wrongful trading verurteilt worden ist[125], versteht sich doch, daß die Kreditgeber neben den konzernleitenden Gesellschaften die Hauptzielgruppe dieser Haftung sind[126]. Zur bekannten Streitfrage, was noch legitime Interessenverfolgung des Sicherungsgebers und was rechtswidrige Intervention in die Unternehmensführung sei, schlägt die Literatur[127] als Daumenregel vor, zwischen (unbedenklichem) Vorgehen „in rem" und Maßnahmen „in personam" zu differenzieren. Wohlmeinende Praktiker empfehlen den Banken, ihre Einflußnahme auf den Schuldner möglichst als bloße Ratschläge zu „verpacken"; doch läßt sich auch das durch das Zeugnis der Geschäftsführer häufig unschwer widerlegen[128]. Sicherer geht die Bank immerhin, wenn sie ihre Empfehlungen jeweils vom Rechtsberater des Schuldners absegnen läßt[129]. Hinwiederum stehen vor allem gesicherte Kreditgeber, die sich nicht auf die Ausübung ihrer Rechte aus dem Sicherungsvertrag beschränken, in einem typischen Interessenkonflikt, der ihnen in der Praxis den Nachweis schwer macht, sie hätten wirklich jeden Schritt zur Minimierung des Schadens der übrigen Gläubiger bedacht[130]. Was von einem shadow director verlangt wird, ist ja häufig nicht weniger als das Ansinnen an die Geschäftsführung, das Unternehmen unverzüglich zu schließen[131].

---

125 Angesprochen und hypothetisch bejaht (allerdings ohne jegliche Begründung) wurde die Rechtsfrage in *Re A Company No. 005009 of 1987* [1988] 4 BCC 424 = [1989] BCLC 13 (dazu im einzelnen *Segal*, aaO [*-Fn.], 142f), sowie in *Re Tasbian Ltd. (No. 3)* [1992] BCC 358 (C.A.). In *Standard Chartered Bank Ltd. v. Walker* [1982] 1 W.L.R. 1410 = [1982] 3 All E.R. 938 wurde das Kreditinstitut zwar verurteilt, jedoch handelte es sich dort um einen Liquidationsfall, außerdem nicht um faktische Geschäftsführung, sondern um eine Einzeldirektive der Bank.

126 Vgl. *Gower's* Company Law, aaO (*-Fn.), 113ff; *Palmer's* Company Law, 1994, Tz. 8.003; *Hood*, aaO (*-Fn.), 59ff; *Segal*, aaO (*-Fn.), 141ff.

127 Vgl. *Goode*, Liabilities on Insolvency, in: Cranston, Ross (Hrsg.), Banks – Liability and Risk, 1990, 171ff (175f).

128 *Hood*, aaO (*-Fn.), 64.

129 So der Ratschlag von *Segal*, aaO (*-Fn.), 142.

130 Wiederum *Hood*, aaO (*-Fn.), 60.

131 *Gower's* Company Law, aaO (*-Fn.), 113.

cc) Die Verantwortlichkeit als shadow director kommt regelmäßig erst zum Zuge, wenn die Sanierung von Anfang an ohne Perspektive war und schließlich in die Insolvenz mündet. Fehler bei einer Rettungsaktion können aber auch vorkommen, wenn die Sanierung kein völliger Fehlschlag ist. Die Pflichten der Kreditbank werden dann jedoch eher zurückhaltend beurteilt. Setzen beispielsweise der Schuldner und seine Hausbank einverständlich einen Sanierer ein, der seine Aufgaben nach dem Managementvertrag schlecht und zum Schaden des Schuldners erfüllt, so kann die Bank grundsätzlich nicht dafür belangt werden[132], daß sie dem Sanierer nicht ständig auf die Finger geschaut hat. Der Schuldner muß sich stattdessen beim Sanierer aus Vertragsverletzung schadlos halten[133].

3. Frankreich[134]

a) Insolvenzrechtliche Rahmenbedingungen

Auch Frankreich hat sich bereits vor einem Jahrzehnt ein sanierungsfreundlicheres Unternehmensinsolvenzrecht geschaffen. Zum Zwecke einer frühzeitigen Aufdeckung von ersten Krisensymptomen wurde zunächst durch Gesetz vom 1. März 1984[135] die Möglichkeit eines gütlichen Sanierungsvergleichs *(règlement amiable)* eröffnet[136]. Es handelt sich dabei um ein weitgehend formloses und streng vertraulich gehalte-

132 Anspruchsgrundlage wäre ggf. ein implied term of the contract.

133 *National Bank of Greece S.A.* v. *Pinios Shipping Co.* [1989] 3 W.L.R. 185 (191 ff). In casu hatte der Sanierer das von ihm zu verwaltende (und später gesunkene) Hochseeschiff zu niedrig versichert, sodaß die Versicherungssumme zur Tilgung der Schiffshypotheken nicht ausreichte.

134 Das Material für den Länderbericht Frankreich hat in mustergültiger Weise mein Mitarbeiter lic. iur. *Michael Hold* zusammengestellt.

135 Loi n° 84-148 du 1er mars 1984, relative à la prévention et au règlement amiable des difficultés des entreprises. Abdruck in JCP 1984, III, 55371.

136 Vgl. die kurze Charakterisierung und Würdigung dieses Gesetzes bei *Derrida/Godé/Sortais*, aaO (*-Fn.), 5 f.

nes[137] Sanierungsverfahren, das auf die Mithilfe des Wirtschaftsprüfers *(commissaire aux comptes)* als „Frühwarnsystem" setzt und bei dem der Staat lediglich seine Vermittlerdienste anbietet. Demgemäß erschöpft sich die Aufgabe des gerichtlich bestellten Vermittlers *(conciliateur)* darin, in vertraulichen Verhandlungen auf einen Akkord zwischen dem Schuldner und seinen Hauptgläubigern hinzuarbeiten, der dem Schuldner durch teilweisen Forderungsverzicht oder Stundungsvereinbarungen eine Atempause einräumt[138]; während der Geltung des Akkords ist jegliche Rechtsverfolgung suspendiert[139]. In der Praxis kann eine solche Schuldenkonsolidierung mit neuen Kreditgewährungen einhergehen[140].

Das Gesetz vom 25. Januar 1985 über die gerichtliche Sanierung und Liquidation[141] hat dem Schuldner insbesondere ein mindestens sechsmonatiges obligatorisches Moratorium *(période d'observation)* zugestanden, während dessen auch die Absonderungsrechte der gesicherten Gläubiger sistiert sind[142]. Darüber hinaus hat es den Weg der „übertragenden" Sanierung wesentlich erleichtert[143]. Wie in Frankreich nicht anders zu erwarten, findet das Verfahren unter der straffen Leitung eines gerichtlich bestellten *administrateur* statt, dem u.a. auch die Aufgabe zufällt, den Insolvenzplan zu entwerfen. Allerdings liegt der Zeitpunkt, in dem das richterliche Sanierungsverfahren *(redressement)* eröffnet werden darf, auch nach neuem Recht noch relativ spät. Voraussetzung ist nämlich, daß die fälligen Passiven *(passif exigible)* des Schuldners seine verfügbaren Aktiven *(actif disponible)* übersteigen[144].

137 Art. 38 loi du 1er mars 1984.

138 Art. 35 al.3 loi du 1er mars 1984.

139 Art. 37, 1er al., loi du 1er mars 1984.

140 *Rives-Lange/Contamine-Raynaud*, aaO (*-Fn.), 854. Vgl. aber auch noch unten, c) aa) (2), S. 186.

141 Loi du 25 janvier 1985 sur le redressement et la liquidation judiciaires des entreprises. Umfassende Kommentierung des Gesetzes durch *Derrida/Godé/Sortais*, , aaO (*-Fn.); Würdigung im deutschen Schrifttum durch *Schmidt-Niggemann*, RIW 1986, 246.

142 Art. 8, 1^{er}al., loi du 25 janvier 1985; Einzelheiten bei *Derrida/Godé/Sortais*, aaO (*-Fn.), 241 ff.

143 Art. 81–98, loi du 25 janvier 1985; Einzelheiten wiederum bei *Derrida/Godé/Sortais*, aaO (*-Fn.), 320 ff.

144 Art. 3 loi du 25 janvier 1985.

Wenn die Erfahrungen der ersten Jahre nicht täuschen, dann haben beide neuen Insolvenzgesetze die ihnen gesteckten Ziele gründlich verfehlt: Die Zahl der Fälle, wo das Verfahren des *règlement amiable* überhaupt eröffnet wurde, ist offenbar minimal, und weitaus rarer noch sind erfolgreich abgeschlossene Verfahren[145]. Der Anreiz für Kreditinstitute, dem Unternehmen in dieser Phase mit neuen Krediten beizuspringen, ist gering, da Sanierungskredite erst nach Eröffnung des förmlichen Sanierungsverfahrens *(redressement)* in eine bessere Rangklasse aufrücken[146]. Unter dem späteren Sanierungs- und Insolvenzgesetz von 1985 ist nicht nur die absolute Zahl der Insolvenzverfahren kontinuierlich weiter angewachsen; auch von den durchgeführten Verfahren sind nicht weniger als 93% letztlich in eine Liquidation gemündet[147].

Die weitgehende Funktionsunfähigkeit des *règlement amiable* und nicht zuletzt der späte Zeitpunkt für die Eröffnung des ordentlichen Sanierungsverfahrens lassen nach wie vor viel Raum für freiwillige und unregulierte Sanierungsaktionen und die damit einhergehenden Haftungsrisiken. Tatsächlich muß denn auch nicht das amerikanische, sondern das französische Recht im Rechtsvergleich als Pionier einer extensiven Sanierungsverantwortung der Kreditinstitute gelten. Dabei stand ursprünglich die Haftung für eine allzu large und insolvenzverschleppende Kreditgewährung oder -belassung im Vordergrund, bevor das Pendel zwangsläufig zurückschlug und die Kreditnehmer sich vermehrt gegen vorschnelle Entziehung des Kredits zur Wehr setzten[148].

b) Verantwortlichkeit der Bank gegenüber dem Kreditnehmer

aa) Mißbräuchlicher Kreditentzug

Die Sanierungsverantwortlichkeit der Bank gegenüber ihrem Schuldner manifestiert sich nach französischem Recht hauptsächlich in besonderen – und schadensersatzbewehrten – *Kündigungsschranken* für bereits aus-

---

145 Vgl. *Derrida/Godé/Sortais*, aaO (*-Fn.), 5.

146 Vgl. *Derrida/Godé/Sortais*, aaO (*-Fn.), 295 Fn. 1800.

147 Angaben nach *Amiot/Chemillier-Gendreau*, Les banques face à la loi du 25 janvier 1985, Banque 1993, 50.

148 *Martin*, aaO (*-Fn.), 392 (No. 344).

gezahlte oder zugesagte Kredite; eine „positive" Pflicht zur *Aufstockung* des Kredits gegen zusätzliche Sicherheiten ist, soweit ersichtlich, bisher nicht postuliert worden.

Die Rechtsprechung in Frankreich begann bereits Mitte der Sechziger Jahre damit, die mißbräuchliche Kreditverweigerung und Kreditkündigung unter eine Haftungsdrohung zu stellen. Zu Konflikten führt diese sog. *rupture abusive de crédit* vor allem bei Kreditverhältnissen von unbestimmter Dauer und zumeist geringer vertraglicher Regelungsdichte[149]. Nicht nur erfolgen solche Kreditverabredungen häufig ganz formlos. Die Gerichte unterstellen einer Bank auch relativ bereitwillig den stillschweigenden Abschluß eines Krediteröffnungsvertrages (über einen unbefristeten Kredit in laufender Rechnung), und zwar schon dann, wenn die Bank in der Vergangenheit des öfteren einen nicht nur zufällig oder kurzfristig[150] auftretenden Debet-Saldo nicht beanstandet hat; die eingeräumte Kreditlinie bestimmt sich dann – nach Eliminierung der Extremwerte nach oben und unten – nach dem höchsten Saldo während eines vergangenen Jahres[151]. Dies ist anders als in Deutschland – wo die sog. „geduldete Kontoüberziehung" nur zur Zahlung einer Überziehungsprovision verpflichtet[152] – ein regulärer Krediteröffnungsvertrag, der den allgemeinen Kündigungsregeln untersteht. Im Unterschied zur deutschen Praxis unter Nr. 19 Abs. 2 der neuen AGB-Banken bestimmt nun das französische Bankengesetz von 1984[153], daß der Kreditgeber zwar ebenfalls zu jeder Zeit und ohne Einhaltung einer *Kündigungs*frist die ordentliche Kündigung aussprechen darf, jedoch seine Kündigungsabsicht dem Schuldner im voraus zu notifizieren hat – was im Ergebnis auf eine Abmahnung und letzte Schonfristgewährung hin-

149 Festkredite spielen kaum eine Rolle, da sie regelmäßig nur die außerordentliche Kündigung aus wichtigem Grunde zulassen.

150 Beispiel: Storno einer Gutschrift für einen vom Kunden präsentierten Scheck, der sich als ungedeckt erweist. Richtlinie ist das „profil général du compte"; *Martin*, aaO (*-Fn.), 397 Fn. 825.

151 Vgl. Trib. com. Paris 1er juillet 1992, Banque 1992, 1169.

152 Vgl. BGHZ, 118, 126; kritisch dazu *Köndgen*, NJW 1994, 1508, 1509.

153 Art. 60 al.1 loi du 24 janvier 1984.

ausläuft[154]. Die Länge der Frist stellt das Gesetz zwar ins Belieben der Vertragsparteien. Da sich indes bei Kreditverhältnissen von unbestimmter Dauer Regelfristen von immerhin 30 bzw. 60 Tagen eingespielt haben[155], wird die gesetzliche Regelung in der Literatur als zu rigide und teleologisch fragwürdig kritisiert, da eine Warnfrist allenfalls zur Abwehr wirklicher Überraschungskündigungen vonnöten sei und im übrigen die obligatorische Voranzeige den Schuldner vor allem bei ungesicherten offenen Kreditlinien zu weiterem Schuldenmachen[156] geradezu ermuntere[157].

Will die Bank also ganz sicher gehen, so tut sie gut daran, im Krisenfall auf die *fristlose außerordentliche Kündigung* zurückzugreifen. Deren Voraussetzungen sind für gewerbliche Kredite – befristete wie unbefristete – jedoch ebenfalls recht restriktiv definiert: Die Situation des Kunden muß sich „unheilbar verschlechtert" haben[158] – was etwa vermutet wird, wenn der Kunde Vergleichsantrag stellt oder auch, wenn eine gravierende Solvenzverschlechterung bei einer mit dem Schuldner eng verbundenen Gesellschaft festgestellt ist. Hingegen ist die konkrete Überschreitung von Zahlungsfristen gegenüber dem kündigungswilligen Kreditgeber nicht unbedingt verlangt[159]. Obwohl es an konkretisierender Rechtsprechung noch fehlt, scheint es doch, daß der Zeitpunkt, in dem die Bank „aussteigen" darf, weitgehend identisch ist mit jenem, der den Richter zur Eröffnung eines Sanierungsverfahrens

---

154 Zur Klarstellung: Der Unterschied zwischen einer echten Kündigungs- und einer Vorwarnungsfrist zeigt sich darin, daß nach Ablauf der ersteren die Kündigung ohne weiteres wirksam wird, während dem Kreditgeber nach Ablauf der Warnfrist noch ein Entschließungsspielraum verbleibt.

155 Die Fristen gehen auf eine Empfehlung des französischen Bankenverbandes zurück; die kürzere Ein-Monats-Frist wird für Kredite mit Schuldbeitritt als Sicherheit empfohlen. Vgl. *Martin*, aaO (*-Fn.), 398 bei Fn. 831.

156 So muß die Bank etwa Schecks, die der Schuldner während der Vorwarnfrist ausgestellt hat, auch nach erfolgter Kündigung noch honorieren; vgl. zum (insoweit identischen) alten Rechtszustand Trib. com. Paris, 26 sept. 1975, *D.S.* 1977, 557.

157 Etwa *Martin*, aaO (*-Fn.), 393 Fn. 813.

158 „... où la situation ... s'avérait irrémédiablement compromise"; art. 60 al.2 loi du 24 janvier 1984.

159 *Martin*, aaO (*-Fn.), 394.

befugt[160]. Pointiert gesagt, ist der Schuldner also vor der fristlosen Kündigung sicher bis zu dem Punkt, wo er auf richterliche Sanierungshilfe zählen kann.

Nach ausdrücklicher gesetzlicher Anordnung macht sich der Kreditgeber schadensersatzpflichtig, wenn er die genannten Restriktionen für die Vertragslösung nicht beachtet[161]. Dogmatisch wird die Haftung für rupture de crédit – anders als im deutschen Recht, wo man hier z.T. elaborierte Vertrauenshaftungskonstruktionen bemüht hat[162] – ganz schlicht als Nichterfüllungshaftung angesehen[163]. Gemildert wird die im Vergleich strenge Verantwortlichkeit französischer Kreditinstitute durch eine der Bank eher günstige Schadensberechnung. Führt nämlich die Kreditverweigerung bzw. die Kreditkündigung zum wirtschaftlichen Zusammenbruch des Schuldnerunternehmens, so wird der Bank nicht in jedem Fall der volle Schaden angelastet. War die Kreditkündigung nur der sprichwörtliche Tropfen, der das Glas zum Überlaufen brachte, dann streitet für die Bank eine Beweiserleichterung, daß auch die Belassung oder Aufstockung des Kredits den Schuldner nicht gerettet hätte (sog. perte d'une chance). In diesem Fall wird die Bank nur für einen Teil des erwachsenen Schadens ersatzpflichtig[164].

bb) Fehlerhafte Kreditgewährung

Die Haftung für rupture de crédit ist sozusagen die Scylla, an der der Kreditgeber vorbei muß. Auf der anderen Seite lauert als Charybdis die Gefahr, daß der Kreditgeber auch für die Aufstockung des Kredits *vom Schuldner selbst* belangt werden kann *(octroi fautif d'un crédit)*. Der Weg zu diesem wahrhaft frappierenden Ergebnis[165] kann, wenn überhaupt, nur über ein Beratungsverschulden der Bank führen. Tatsächlich kann sich in extremen Situationen das Beratungsermessen der Bank auf

160 So jedenfalls *Martin*, aaO (*-Fn.), 400.

161 Art. 60 al.3 loi du 24 janvier 1984.

162 Vgl. den Versuch von *Canaris*, ZHR 143 (1979), 113ff (117).

163 *Martin*, aaO (*-Fn.), 392.

164 Vgl. Aix, 31 mars 1978, Rev. tr. dr. com. 1978, 148 mit Anm. *Cabrillac* und *Rives-Lange*.

165 In den Worten von *Martin*, aaO (*-Fn.), 402: „... l'idée ... heurte quelque peu le bon sens".

die Empfehlung an den Schuldner verengen, von der beabsichtigten weiteren Verschuldung Abstand zunehmen, weil sie bei realistischer Prognose der Unternehmensentwicklung nicht in seinem wohlverstandenen Interesse liegt. Diese Beratungspflicht kann nach Rechtsprechung der *Cour de cassation* sogar Drittwirkung zugunsten eines Bürgen äußern, der für die Rückzahlung des Kredits einzustehen bereit war[166].

Die Konstruktion eines Beratungsverschuldens ist auch der deutschen Rechtsprechung nicht unbekannt; letztere hat sie bislang jedoch – mit gutem Grund, wie man vermuten darf – auf Kreditvergaben an Konsumenten beschränkt[167]. Auch in Frankreich ist die Rechtsprechung der *Cour de cassation* nicht unangefochten[168]. Mit Recht wird darauf verwiesen, daß in derartigen Fällen *beide* Parteien des Kreditvertrages, Bank und Unternehmen, einer Fehlprognose über die wirtschaftliche Zukunft des Schuldnerunternehmens unterliegen. Und im Gegensatz zum Konsumentenkredit ist der Kreditgeber beim gewerblichen Kredit nicht unbedingt in der Lage, die besser fundierte Prognose zu treffen. In dieser Situation muß es darum zur Setzung ökonomisch effizienter Verhaltensanreize ausreichen, daß die Bank schon im höchst eigenen Interesse, nämlich zur Vermeidung von Rückzahlungsverlusten, von wirtschaftlich sinnlosen Kreditvergaben bzw. -aufstockungen absehen wird; aus dem gleichen Grunde kann dem Schuldner nicht zugestanden werden, auch noch sämtliche[169] Folgerisiken seiner Fehlprognose per Schadensersatz auf den Kreditgeber abzuwälzen[170].

---

166 Vorsichtig bejahend Cass. com., 22 avril 1980, *J. C. P.* 1980, éd. C.I., 882.

167 Zum derzeitigen Stand der Rechtsprechung *Köndgen*, NJW 1994, 1508ff, 1511.

168 Insbesondere ist umstritten, ob die vorvertragliche Beratungspflicht nicht wie nach deutscher Praxis auf den geschäftsunerfahrenen Kunden beschränkt bleiben sollte; vgl. mit Nachw. *Vezian*, aaO (*-Fn.), 176.

169 Vorbehaltlich der Anrechnung eines Mitverschuldens, die jedoch grundsätzlich problematisch ist, wenn eine Partei den fachkundigen Rat ihres Kontrahenten gesucht hat.

170 Zutr. die Kritik von *Martin*, aaO (*-Fn.), 402f.

c) Verantwortlichkeit gegenüber Gläubigern und Geschäftspartnern des Schuldnerunternehmens

aa) Haftung für mißbräuchliche Kreditvergabe und -belassung

(1) Konkretisierungen des professionellen Pflichtenstandards

Auf der anderen Seite des sanierungsrechtlichen „Beziehungsdreiecks" – also gegenüber den Mitgläubigern – kommt auch im französischen Recht in erster Linie eine Deliktshaftung in Frage. Immerhin hat man es unter einer deliktischen Generalklausel im Ansatz etwas leichter als hierzulande, wo wir genötigt sind, uns den § 826 BGB zu einer Haftung für grobe Fahrlässigkeit oder doch Leichtfertigkeit zurechtzubiegen[171]. In einem Generalklauselsystem wie dem französischen wird andererseits das Element der als Sorgfaltspflichtwidrigkeit *(faute)* verstandenen Rechtswidrigkeit in noch stärkerem Maße zum Dreh- und Angelpunkt aller deliktischen Zurechnung.

In den Sechziger Jahren wurde zunächst vertreten, die Kreditgewährung sei eine öffentliche Aufgabe der Banken, und Unregelmäßigkeiten bei der Kreditvergabe seien daher als Nicht- oder Schlechterfüllung dieser öffentlichen Aufgabe zu begreifen[172]. Offenbar ein typisch französisches etatistisches Mißverständnis, welchem denn auch kein langes Leben beschieden war. Im Laufe der Siebziger Jahre hatte die einschlägige Rechtsprechung zu einem Tatbestand der „mißbräuchlichen Kreditgewährung" (*octroi* bzw. *soutien abusif du crédit*) mutiert. Im Kern wird der Bank jetzt zum Vorwurf gemacht, sie habe infolge Fehleinschätzung der Sanierungschancen mit ihrer Kreditunterstützung ein marodes Unternehmen künstlich über Wasser gehalten. Dadurch wird nicht nur zulasten der bereits existierenden Gläubiger die verteilungsfähige Masse geschmälert; es wird dem Schuldner auch Gelegenheit verschafft, unter dem Anschein fortbestehender Prosperität neue Geschäftspartner (und

---

171 Dies ist, wohlgemerkt, eine Zustandsbeschreibung und keine normative Aussage. Kritisch zu diesen „Aufweichungstendenzen" zuletzt wieder *Larenz/Canaris*, SchuldR Bd. II/2, 13. Aufl., 1994, S.454f; gerade *Canaris* überspannt allerdings den Sittenwidrigkeitsbegriff an anderer Stelle bis zur Unkenntlichkeit; vgl. Bankvertragsrecht, 3. Aufl., 1988, Rdn. 130 (S.91), zur sog. Kredittäuschung.

172 Vgl. den kritischen Bericht bei *Martin*, aaO (*-Fn.), 400f.

Gläubiger) zu gewinnen, die sich bei Kenntnis der Sachlage nicht oder nur gegen ausreichende Sicherheit mit ihm eingelassen hätten[173]. Die Bank verlängert so zum Schaden alter wie neuer Gläubiger die Existenz eines Unternehmens, dessen Untergang unausweichlich ist. Diese Argumentationslinie teilt Frankreich grosso modo mit seinem östlichen Nachbarn[174]. Lehrreich ist aber, wie die französische Doktrin und Judikatur die allgemeinen Gedanken von Konkursverschleppung und Gläubigergefährdung mit konkreten Verhaltenspflichten unterlegt haben.

Der in deutschen Gerichtserkenntnissen immer wiederkehrende Gesichtspunkt, daß die Bank zulasten der Mitgläubiger die Stellung oder Verstärkung von Sicherheiten gefordert hat[175], ist für die Rechtsprechung in Frankreich relativ peripher[176]. Unschwer erklären läßt sich dies mit dem je unterschiedlichen dogmatischen Ansatz in beiden Ländern. Wer die qualifizierten Anforderungen an sittenwidriges Handeln in § 826 BGB erfüllen muß, wird eher geneigt sein, den Haftungsgrund in verwerflichen eigensüchtigen Beweggründen eines Kreditgebers zu suchen[177]. Unter dem System der französischen Generalklausel hingegen stellt sich die deliktische Sanierungshaftung schlicht als einfach-fahrlässige[178] Berufshaftung dar, konkreter: als *Einstandspflicht für jede Verletzung sanierungsbezogener professioneller Verhaltensstandards.* Dementsprechend konzentriert sich die dogmatische Aufgabe auf die Formulierung von Verhaltensgeboten, die ein professioneller Kreditgeber zu bedenken hat, bevor er eine verlustgeschüttelte Unternehmung

---

173 Dieser Gesichtspunkt bei *Grua*, aaO (*-Fn.), 247; *Vezian*, aaO (*-Fn.), 135.

174 Vgl. zu den Tatbeständen der „Gläubigergefährdung" und der „Kredittäuschung" statt vieler zusammenfassend *Canaris*, Bankvertragsrecht, aaO (Fn. 171), Rdn. 130–132; *Obermüller*, aaO (Fn. 4), 290ff.

175 *Obermüller*, aaO (Fn. 4), 291, 392ff.

176 Daß der Gesichtspunkt anfechtungsrechtlich von Bedeutung ist, steht auf einem anderen Blatt.

177 Repräsentativ für die deutsche Diskussion etwa *Larenz/Canaris*, aaO (Fn. 171), 458.

178 Entscheidungen, die eine faute lourde fordern, sind offenbar vereinzelt geblieben; vgl. Trib. com. Lille, 14 oct. 1977, Banque 1977, 1381.

weiterfinanziert[179] . Wiederum anders als im deutschen Recht gelten diese Anforderungen nicht erst bei der Entscheidung über Neuvergabe oder Aufstockung eines Kredits. Pflichtwidrig handelt der Kreditgeber ceteris paribus auch schon, wenn er trotz erkennbar auswegloser Situation von bestehenden Kündigungsrechten keinen Gebrauch macht[180].

Im einzelnen haben sich inzwischen folgende drei Pflichtenkomplexe herausgeschält[181], von denen die beiden ersten auf eine zutreffende Beurteilung der Sanierungsfähigkeit des Schuldnerunternehmens zielen:

(1) Die *Pflicht zur differenzierenden Behandlung eines jeden Einzelfalls (devoir de discernement)* verlangt vom Kreditgeber zunächst, die finanzielle Situation des Schuldners genau zu analysieren. Die Existenz scheinbar eindeutiger Symptome wie Liquiditätsschwierigkeiten oder sogar Zahlungseinstellung ist per se noch kein Grund, die Bank schuldig zu sprechen, wenn etwa die Liquiditätszufuhr die Überbrückung einer vorübergehenden Schieflage ermöglicht und den Grund für eine dauerhafte Erholung legen kann[182]. Umgekehrt exkulpiert es die Bank nicht ohne weiteres, daß der Schuldner noch in der Lage war, neue Sicherheiten zu stellen. Die h.M. nimmt deshalb zum Prüfstein das (eigentlich für die Kündigung aus wichtigem Grund entwickelte[183]) Kriterium der „unheilbar verschlechterten Situation"[184] und eröffnet sich damit weite-

---

179 In diesem Sinne vor allem *Rives-Lange/Contamine-Raynaud*, aaO (*-Fn.) N° 614ff; grundsätzlich zustimmend *Martin*, aaO (*-Fn.), 408.

180 *Grua*, aaO (*-Fn.), 253, mit Rechtsprechungsnachweisen. Die Gleichstellung der bloßen Kreditbelassung mit der Kreditaufstockung ist freilich nicht unumstritten; vgl. als Gegenstimme mit beachtlichen Gründen *Martin*, aaO (*-Fn.), 409.

181 *Rives-Lange/Contamine-Raynaud*, aaO (*-Fn.), N° 615–617; ihnen folgend *Martin*, aaO (*-Fn.), 408ff. Leicht abweichende Typologie bei *Gavalda/Stoufflet*, aaO (*-Fn.), N° 390.

182 *Rives-Lange/Contamine-Raynaud*, aaO (*-Fn.), N° 615 (S.813f).

183 Vgl. bereits oben, 3 b) aa), S.178 (Text bei Fn. 158)

184 Im einzelnen dazu *Boy, L.*, La loi du 25 janvier 1985 sur le redressement et la liquidation judiciaires des entreprises aggrave-t-elle la situation du banquier dispensateur de crédit?, Banque 1986, 770 (771f). Diese Sicht schließt auch das Ergebnis aus, daß eine Kreditbelassung, die gegenüber dem Schuldner vertragskonform wäre, gegenüber den Mitgläubigern als deliktisch-pflichtwidrig angesehen werden könnte; so mit Recht *Grua*, aaO (*-Fn.), 253 (N° 262).

re Ermessensspielräume. Eine solche Situation kann trotz (noch) ausreichender Liquidität eingetreten sein, wenn das Schuldnerunternehmen über zu wenig Eigenmittel verfügt oder der Markt für seine Produkte „weggebrochen" ist[185]. Beurteilt die Bank die Sanierung grundsätzlich als aussichtsreich und entschließt sich deshalb zur Kreditkonsolidierung oder zur Kreditaufstockung, dann muß dieser Kredit nach Betrag[186] und Laufzeit auch wirklich geeignet sein, die spezifischen Probleme des Schuldners in den Griff zu bekommen[187]. Dabei scheint der Mittelweg einer Belassung (Nichtkündigung oder Konsolidierung) bereits ausgereichter Kredite haftungsrechtlich zumeist etwas weniger riskant als eine Kreditaufstockung[188].

(2) Die *Nachforschungspflicht (devoir de s'informer)* ergänzt den ersten Pflichtenkomplex, indem sie den Kreditgeber dazu anhält, sich die für eine einzelfalladäquate Kreditgewährung unerläßlichen Informationen notfalls selbst zu besorgen. Daß man vom Schuldner hinters Licht geführt worden sei, wird auch von französischen Banken oft beklagt. Weitgehend verlassen dürfen sich die Kreditinstitute immerhin auf die Einschätzung (halb)staatlicher Institutionen wie der Banque de France, des Crédit National, der staatlichen Sozialversicherungsanstalt oder der Steuerbehörden. So kann die Bank sich im Haftungsprozeß nach fehlgeschlagener Sanierung oft mit dem Hinweis retten, auch die von den Gerichten als Referenz akzeptierten Institutionen hätten sich gegenüber dem Sanierungsprojekt aufgeschlossen gezeigt oder sich sogar daran be-

---

185 *Martin*, aaO (*-Fn.), 408.

186 Der Betrag kann einerseits übersetzt sein, weil er in keiner vernünftigen Relation zu den Eigenmitteln steht oder weil die laufende Belastung aus Zinsen und Tilgung den Schuldner überfordert. Vgl. dazu *Vezian*, aaO (*-Fn.), 148; aus der Rechtsprechung Com., 5 déc. 1978, J.C.P. 1979, I, 19132 = D. 1979 IR. 138; Paris, 10 juin 1981, G P 1982, 1; Paris, 12 avril 1983, Rev. trim. dr. com. 1983, 593 = Banque 1983, 1054; Com., 2 mai 1983, Bull. civ., IV, N° 127 = D. 1984, IR. 89 = Rev. trim. dr. com. 1984, 319.
Andererseits kann die Nettokreditzufuhr unzureichend sein, indem sie die prekäre Lage nur verschleiert, ohne sie wirklich zu beheben.

187 *Rives-Lange/Contamine-Raynaud*, aaO (*-Fn.), S. 814.

188 AaO.

teiligt[189], zum Beispiel durch Gewährung von Subventionen[190]. Die noch weiter gehende Forderung, angesichts einer von allen (privaten oder öffentlichen) Akteuren einer kollektiven Sanierungsaktion geteilten Fehlbeurteilung der Überlebensfähigkeit dürfe man auch der Kreditbank keinerlei Vorwurf machen[191], hat allerdings kaum Gefolgschaft gefunden.

Als selbstverständlich gilt es im übrigen auch in Frankreich, daß die Bank sich die letzten Jahresabschlüsse sowie die Prognosen und/oder Zahlen des laufenden Geschäftsjahres beschafft[192]. Dabei darf sie sich auf Angaben aus einem geprüften Rechnungswerk verlassen[193]. Hingegen hat die Bank Angaben, die vom Kunden selbst stammen, grundsätzlich auf ihre Richtigkeit zu überprüfen[194], es sei denn, der Kunde habe sich während einer langfristigen und problemlos verlaufenen Geschäftsbeziehung als vertrauenswürdig erwiesen[195].

(3) Die *Festlegung der Kreditverwendung und deren Überwachung (devoir de surveiller l'emploi des fonds prêtés)* umschreibt eine dritte Aufgabe der Bank. Bereits die Kreditvergabe muß u.U. daran geknüpft

---

189 So etwa: Cour d'Appel de Chambéry, 21 janvier 1980, Banque 1980, 368; Tribunal de commerce d'Aix-en-Provence, 1er décembre 1980, Rev. trim. dr. com. 1981, 573. Vgl. aber auch die Kritik bei *Vezian*, aaO (*-Fn.), 146.

190 Illustrativ und typisch der Fall Cass. comm., 10 octobre 1989, Banque & Droit 1990, 154. Dort hatte das beklagte Institut einem jungen, noch im Aufbau befindlichen Unternehmen Kredit gewährt im Vertrauen darauf, daß die Verwaltung der Region Lorraine dem Kreditnehmer bereits Subventionsleistungen aus einem Wirtschaftsförderungsprogramm zugesagt hatte. Die Klage wurde mit der Begründung abgewiesen, daß der Bank ihre Fehleinschätzung der Lebensfähigkeit des Schuldnerunternehmens nicht zum Vorwurf gereiche, da selbst eine staatliche Stelle mit besseren Informationsmöglichkeiten den Kreditnehmer für förderungswürdig gehalten habe.

191 In diesem Sinne *Martin*, Où en est-on de la responsabilité du banquier?, Banque 1985, 7ff (13).

192 *Grua*, aaO (*-Fn.), 256; *Vezian*, aaO (*-Fn.), 154.

193 Vgl. Cass. comm., 8 mai 1978, D.S. 1978, 419.

194 Cass. com., 25 mai 1985, Bull. IV, n° 164, p. 138.

195 Solchenfalls darf der Kreditgeber auch auf die Richtigkeit einer nicht extern geprüften Bilanz vertrauen; Paris, 22. janv. 1985, zitiert nach *Martin*, aaO (*-Fn.), 411 Fn. 871.

werden, daß die zugeführten Mittel nicht als allgemeiner Betriebsmittelkredit unkontrolliert verwendet werden, sondern in die Finanzierung notwendiger Investitionen fließen. Der Kreditgeber hat alsdann nicht nur das vertragliche Recht, sondern nach h.M. auch eine deliktische Verkehrspflicht(!), die zweckentsprechende Verwendung ständig zu überwachen[196].

(2) Haftungsprivileg für Kreditvergaben nach Eröffnung eines Insolvenzverfahrens?

Grund und Grenzen eines solchen Haftungsprivilegs sind in der noch keineswegs abgeschlossenen Diskussion kontrovers. Übereinstimmend lehnt man ein Haftungsprivileg ab, wenn die Bank im Rahmen eines *règlement amiable*[197] aus freien Stücken – das heißt ohne vom *conciliateur* dazu aufgefordert zu sein – neuen Kredit gewährt[198]. Folgt sie hingegen einem entsprechenden Wunsch des *conciliateur* – immerhin eines gerichtlich bestellten und instruierten Funktionärs – dann wollen manche die Bank von jeder Verantwortung freisprechen, da nur dann die Kreditinstitute für weitere Kooperation gewonnen werden könnten[199]. Andere wiederum betonen die Entscheidungsautonomie der Bank auch in einer solchen Situation und wollen der Billigung durch den *conciliateur* lediglich die Bedeutung einer praesumptio facti für ein pflichtgemäßes Verhalten des Kreditgebers zumessen[200]. Unverständlicherweise wird dies sogar gegenüber einer Aufforderung durch den Insolvenzverwalter im förmlichen Verfahren behauptet, obschon der *ad-*

---

196 Cour de cassation, 18 novembre 1980, D. 1981, J, 210; Tribunal de grand instance de Paris, 27 janvier 1978. chr. dr. bancaire J.C.P 1979, I, 2965, n° 59; Cass. com., 15 février 1978, D. 1978 I.R. 416 mit Anm. *Vasseur*; Cour d'appel de Rennes, 27 février 1977, Rev. jud. Ouest 1977, 2, 90. Gelegentlich wird auch eine Drittschutzwirkung der vertraglichen Überwachungsbefugnis postuliert, etwa von *Rives-Lange/ Contamine-Raynaud*, aaO (*-Fn.), S. 819 Fn. 7. Zurückhaltend gegenüber einer Überwachungspflicht hingegen *Martin*, aaO (*-Fn.), 412 Fn. 872.

197 Dazu bereits oben, II. 3. a), S. 174ff.

198 *Rives-Lange/Contamine-Raynaud*, aaO (*-Fn.), 855f; *Grua*, aaO (*-Fn.), 254.

199 *Rives-Lange/Contamine-Raynaud*, aaO (*-Fn.), 854f. Aus der Rechtsprechung Chambéry, 21 janv. 1980, Banque 1980, 638 mit Anm. *Martin*.

200 *Grua*, aaO (*-Fn.), 254.

ministrateur im Vergleich mit dem conciliateur eine eigenverantwortliche und weitaus stärkere Position bekleidet[201].

(3) Haftung bei Konsortialkrediten

Ist der „deliktische" Sanierungskredit durch ein Bankenkonsortium gewährt worden, so haften im Außenverhältnis alle im Konsortium zusammengeschlossenen Banken, und zwar nicht nur anteilsmäßig beschränkt auf die jeweilige Konsortialquote, sondern solidarisch für den Gesamtschaden[202].

(4) Klagebefugnis

Eigene Wege beschreitet das französische Recht schließlich mit der Zuweisung der Klagebefugnis gegenüber der deliktisch verantwortlichen Bank. Nach noch geltendem deutschem Insolvenzrecht ist es ja statthaft, pflichtwidriges Verhalten Dritter gegenüber Gläubigern mit individuellen Haftungsklagen abseits des Insolvenzverfahrens zu verfolgen, selbst wenn der entstandene *Schaden* – zumindest auch – in einer Schmälerung der Insolvenzmasse resultiert[202a]. Anders in Frankreich. Soweit der Schaden der Gläubiger darauf zurückgeht, daß durch fortgeführte Mißwirtschaft und weiteres Schuldenmachen des Unternehmens die Insolvenzmasse verkürzt worden ist[203], darf der Schaden als Kollektivschaden *(préjudice collective)* vom Gläubigervertreter für die Masse reklamiert werden[204], und zwar unbeschadet der Tatsache, daß das in Anspruch genommene Kreditinstitut seinerseits auf Seiten der Insolvenzgläubiger „dabei" ist und der Insolvenzverwalter (bzw. der neben ihm agierende Sachwalter der

201 *ebenda.*

202 Montpellier, 13 oct. 1983, GP 1984.1.301 = Rev. trim. dr. com. 1984, 498, mit Anm. *Cabrillac* und *Teyssié* = D. 1985. IR. 331 mit Anm. *Vasseur.*

202a Mit einer beschränkten Ausnahme für den sog. Quotenschaden; vgl. BGH ZIP 1986, 456, 457; zuletzt BGH ZIP 1993, 762, 767f.

203 Dies ist häufig, aber nicht notwendig der Fall. Ein Individualschaden, der ohne Abstriche auch individuell verfolgt werden kann, liegt etwa im teilweisen oder vollumfänglichen Ausfall der Forderung eines Neugläubigers, die erst nach der deliktischen Kreditgewährung entstanden ist.

204 Dies war bereits vor Inkrafttreten des InsolvenzG von 1985 (oben Fn. 141) die Rechtsprechung der Cour de cassation; vgl. Cass. comm., 7 janv. 1976, *D.S.* 1976, 277 = *J.C.P.* 1976, II, 18327 (sog. arrêt Laroche).

Gläubiger[205]) nach dem Gesetz von 1985[206] nicht als Partei kraft Amtes, sondern als Vertreter ebenjener Gläubiger fungiert[207]. Diese Lösung hat jetzt bei § 92 der neuen deutschen InsO Pate gestanden[208]. Anders als dort ist jedoch in Frankreich die individuelle Rechtsverfolgung[209] nach h. L. nicht bereits mit Verfahrenseröffnung, sondern erst mit tatsächlicher Klageerhebung durch den Verwalter gesperrt[210]. Die von ihm zur Insolvenzmasse gezogene Schadensersatzsumme hat im gerichtlichen Sanierungsverfahren der Finanzierung der Unternehmensfortführung zu dienen; bei Liquidation erhöht sie das zur Ausschüttung verfügbare Vermögen[211].

Erwähnung verdient noch, daß nach Ergehen eines gerichtlich bestätigten Sanierungsplans – sei es mit dem Ergebnis einer übertragenden Sanierung oder der Fortführung des Schuldnerunternehmens – weder

205 Der sog. représentant des créanciers steht im Sanierungsverfahren neben dem administrateur.

206 Artt. 46 al.1, 148 al.1 loi du 25 janv. 1985.

207 Die Rechtslage unter dem Gesetz von 1985 ist deshalb immer noch nicht ganz unstreitig. Gegen eine Fortgeltung der Laroche-Rechtsprechung z. B. *Derrida/Godé/Sortais*, aaO (*-Fn.), N° 403. Anders die wohl h.L., etwa *M. Vasseur*, Droit et Economie Bancaires, Les opérations de banque, fascicule I, Paris 1987/88, 239; *Rives-Lange/Contamine-Raynaud*, aaO (*-Fn.), N° 613 (S. 811 f); N° 394; unentschieden: *Grua*, aaO (*-Fn.), 264 f.

208 Vorgeschlagen bereits im Ersten Bericht der Kommission für Insolvenzrecht, 1985, S. 449 (Leitsatz 6.4).

209 Sog. „ut singuli" Klagebefugnis; vgl. *Martin*, aaO (*-Fn.), 406. Natürlich kann der klagende Gläubiger nur den auf ihn entfallenden Bruchteil des Gesamtschadens beanspruchen; letzterer besteht in der Differenz zwischen dem Betrag, den ein (Alt-)Gläubiger erhalten hätte, wenn es zu einem vorzeitigen Konkurs gekommen wäre und dem Betrag, den er letztendlich erhalten hat.

210 Vgl. etwa *Vasseur*, aaO (Fn. 207), 240; die Frage offen lassend: *Gavalda/Stoufflet*, aaO (*-Fn.), N° 395, *Grua*, aaO (*-Fn.), 265. Für gänzliche Verdrängung der individuellen Rechtsverfolgung bei Vorliegen eines préjudice collectif *Rives-Lange/Contamine-Raynaud*, aaO (*-Fn.), N° 613 (S. 812).

211 Art. 46, 2e al., loi du 25. janv. 1985.

durch den Sachwalter der Gläubiger noch durch den mit der Exekution des Plans betrauten commissaire neue Haftungsklagen gegen die Kreditgeber erhoben werden dürfen[212].

bb) Einmischung in die Geschäftsführung des Schuldnerunternehmens

Die *immixtion dans la gestion* ist in der französischen Doktrin ähnlich fest verankert wie in England und Amerika. Eigene Wege geht man eher in den Konstruktionen als in den Ergebnissen.

Wie die Verantwortlichkeit des *shadow directors* nach englischem Recht ist auch jene des französischen *dirigeant du fait* eine spezifisch gesellschaftsrechtliche Haftung für Einflußnahmen auf die Geschäftsführung, die nicht oder jedenfalls nicht notwendig vermöge einer Kapitalbeteiligung am Schuldnerunternehmen erfolgen. Anspruchsgrundlage bildet heute Art. 180 des Insolvenzgesetzes vom 25. Januar 1985[213]. Die Haftung gründet auf einer zurechenbar fehlerhaften Geschäftsführung *(faute de gestion)*, die zu einer anschließenden Überschuldung *(insuffisance d'actif)* geführt hat[214]. Hinsichtlich des Haftungsumfangs räumt Art. 180 Abs. 1 dem Richter ein Rechtsfolgeermessen ein, welches auf

---

212 Arg. a fortiori art. 67 al.2 loi du 25 janv. 1985; vgl. Lyon, 21 février 1992, *Banque* 1992, 532.

213 Art. 180 lautet:

(1) Lorsque le redressement judiciaire ou la liquidation judiciaire d'une personne morale fait apparaître une insuffisance d'actif, le tribunal peut, en cas de faute de gestion ayant contribué à cette insuffisance d'actif, décider, que les dettes de la personne morale seront supportées, en tout ou en partie, avec ou sans solidarité, par tous les dirigeants de droit ou de fait, rémunéré ou non, ou par certains d'entre eux.

(2) (...)

(3) Les sommes versées par les dirigeants en application de l'alinéa 1er entrent dans le patrimoine du débiteur et sont affectées en cas de continuation de l'entreprise selon les modalités prévues par le plan d'apurement du passif. En cas de liquidation, ces sommes sont réparties entre tous les créanciers au marc le franc.

214 Die bis 1985 geltende doppelte Vermutung eines Geschäftsführerverschuldens sowie der Schadensursächlichkeit der fehlerhaften Geschäftsführung ist gefallen; vgl. *Derrida/ Godé/Sortais*, aaO (*-Fn.), 439f.

eine Proportionalität von Verschuldensgrad und Haftung zielt[215]. Wie schon nach der bis 1985 geltenden Rechtsgrundlage[216] können nicht nur die förmlich bestellten Leitungsorgane der insolventen Gesellschaft haftbar gemacht werden, sondern auch Personen in faktischer Organstellung *(dirigeants de fait)*[217].

Ein Kreditinstitut kann in eine solche Position geraten, wenn es über seine durch den Darlehensvertrag umrissene Position als Kreditgeber hinaus aus freien Stücken und in entscheidender Weise auf die Geschäftsführung des Kunden Einfluß nimmt[218]. Vorausgesetzt ist mithin eine aktive Intervention in die Geschäfte des Schuldners, und zwar auf einer Leitungsebene, die nach Gesetz, Satzung, Gesellschaftsvertrag oder tatsächlicher Übung der Unternehmensführung zugehört. Konkreter gesprochen: Steht die Bank dem Kreditnehmer lediglich mit Ratschlägen und Empfehlungen finanzieller Art zur Seite, so reicht dies kaum, um als Ausübung von Direktionsrechten qualifiziert zu werden[219]. Niemand kann es der Bank auch verwehren, die Verwendung des gewährten Kredites zu überwachen[220]. Sofern es die Risikoprophylaxe erfordert, darf die Bank dem Kreditnehmer sogar bestimmte Restrukturierungsmaßnahmen aufgeben[221] oder ihn anweisen, mit keiner anderen Bank zusammenzuarbeiten. Andererseits: Hat ein Angestellter der Bank im kollegialen Leitungsorgan der Schuldnergesellschaft Einsitz genommen und dort eine aktive Rolle gespielt, so wird es die Bank schwer haben, der Qualifizierung als faktische Organperson zu entgehen.

Freilich ist die analytisch so klare Abgrenzung zwischen wohlmeinender Beratung und Kontrolle einerseits und der unzulässigen Ausübung von Direktionsrechten andererseits auch im französischen Schrifttum als

---

215 Vgl. wiederum *Derrida/Godé/Sortais*, aaO (*-Fn.), 442.

216 Art. 69 loi du 13 juillet 1967.

217 Allgemeiner zur Geschäftsführerhaftung in der Insolvenz bereits *Zahn*, Geschäftsleiterhaftung und Gläubigerschutz bei Kapitalgesellschaften in Frankreich, 1986; *Junker*, RIW 1986, 337ff.

218 Vgl. dazu Nancy, 15 déc. 1977, J.C.P. 1978, II, 18912 sowie Paris, 17 mars 1978, Banque 1978, 656. Aus dem Schrifttum *Martin*, aaO (*-Fn.), 416.

219 *Prat*, aaO (*-Fn.), 42.

220 *Vezian*, aaO (*-Fn.), 167.

221 Cour d'appel de Paris, 6 janvier 1977, J.C.P. 78, II, 18689.

prekär erkannt[222]. Eine gut beratene Bank wird nur selten so töricht sein, einen Angestellten ständig in die Direktionsetage des Schuldnerunternehmens zu placieren. Problematisch bleiben in jedem Fall die indirekten und punktuellen Einflußnahmen, die subtilen Pressionen auf die amtierenden Organpersonen und die Grauzone zwischen Überzeugungsarbeit und Manipulation. Nimmt man dann noch die Schwierigkeiten der prozessualen Rekonstruktion unternehmerischer Entscheidungsprozesse hinzu, dann verwundert es in der Tat wenig, daß Klagen gegen Kreditinstitute infolge Einmischung in die Geschäftsführung des Schuldners praktisch überaus selten erfolgreich sind[223].

III. Resumée und Ausblick

1. Ein rechtsvergleichender Rundblick über die Sanierungsverantwortlichkeit der Kreditinstitute eröffnet nicht nur unserer deutschen Dogmatik der Sanierungshaftung einige neue und weiterführende Perspektiven. Wichtiger noch: Er schärft das Auge für die „hinter" den dogmatischen Lehrsätzen und Konstruktionen stehende *Steuerungsaufgabe* des Rechts und der Gerichte bei der Insolvenzprophylaxe. Soll die Kreditwirtschaft zu einer aktiven Rolle in Sanierungsaktionen ermutigt werden? Oder müssen Anreize gesetzt werden, damit die Banken bei der Ausleihung ihnen anvertrauter Gelder vorsichtiger zu Werke gehen und nach erfolgter Kreditvergabe ein strikteres *credit monitoring* betreiben? Führt die deliktische Verantwortung der Banken – die ja selbst Insolvenzgläubiger sind – gegenüber den Mitgläubigern nicht zu ungerechtfertigten Umverteilungseffekten?

Die Einsicht in derartige Anreiz- und Verteilungseffekte scheint in anderen Ländern höher entwickelt als in Deutschland. So ist die strenge amerikanische Rechtsprechung zur treuwidrigen Kreditkündigung we-

---

222 Vgl. namentlich *Rives-Lange/Contamine-Raynaud*, aaO (*-Fn.), N° 622 Fn. 2.

223 Eine Haftung bejahend: Cour d'appel de Paris, D. 1978, I.R. 420, 2e esp.; Trib. com. Verdun, 15 juil. 1976, J.C.P. 78, I, 2902, N° 48. Vgl. auch die Einschätzung bei *Rives-Lange/Contamine-Raynaud*, aaO (*-Fn.), N° 622 (S. 825); *Vasseur*, 246; *Grua*, aaO (*-Fn.), 268.

sentlich als ein Signal an die Kreditwirtschaft gedeutet worden, ein aggressives Kreditmarketing und eine sorglose Vergabepraxis in Zeiten „billigen" Geldes nicht durch einen rabiaten Umgang mit den Schuldnern im Krisenfalle kompensieren zu wollen[224]. Das französische Recht andererseits fördert durch restriktive Kündigungsrechte eine aktive Sanierungsverantwortung der Kreditinstitute, verlangt dabei aber zugleich die Einhaltung strengster professioneller Sorgfaltsstandards – gegenüber dem Schuldner wie gegenüber den Mitgläubigern. Darin liegt keine Diskriminierung der Banken als eine Gläubigergruppe, sondern die Einsicht, daß die Geldkreditgeber über ein einzigartiges Kontroll- und Einflußpotential in der Krise des Schuldners verfügen. Hier greift das deutsche Recht, das dem Kreditgeber im wesentlichen nur eigensüchtiges Verhalten nach der Devise „Rette sich, wer kann" verwehrt (§ 826 BGB), im internationalen Vergleich eindeutig zu kurz.

2. Alle zum Vergleich herangezogenen Rechtsordnungen – selbst das englische Recht mit seinem geradezu privilegierten Status für gesicherte Geldkreditgeber – folgern aus dem qualifizierten Kontroll- und Einflußpotential der Banken eine extensive Einstandspflicht für faktische Geschäftsführung. Bei dieser *Gläubigerkontrollhaftung* zeigt sich der Rückstand des deutschen Rechts noch augenfälliger. Es ist auch leicht zu sehen, weshalb dies so ist. Die sog. Durchgriffshaftung ist nach deutschem Verständnis nicht an die mehr oder weniger unumschränkte Kontrolle der Gesellschaft geknüpft, sondern an treuwidrigen Rechtsformmißbrauch. Die Verantwortlichkeit für die (weniger weitgehende) Einmischung in die Geschäftsführung einer Kapitalgesellschaft ist traditionell eine Domäne des Konzernrechts. Auf dieses Konzernrecht ist man in Deutschland nicht ohne Grund einigermaßen stolz. Die Kodifizierung des (Aktien)Konzernrechts hat aber für die dogmatische Bewältigung der externen Einmischung in Gesellschaften zu einer Blickverengung geführt, insofern das deutsche Recht nur *mitgliedschaftsrechtlich vermittelte* Abhängigkeiten unter besondere Verantwortung stellt. Das angelsächsische wie das französische Recht waren mangels eines ausgearbeiteten Konzernrechts nicht durch eine solche Vorgabe präjudiziert

224 Dies die plausible These von *R.R. Anderson*, Lender Liability Under Basic Principles of Contract Law, 43 Consumer Finance Law Quarterly Report 8 (1989). In der Tendenz ähnlich *Ebke*, aaO (*-Fn.), 330f.

und konnten die „Einmischungshaftung" von vornherein auf eine höher generalisierte und deshalb weitertragende Basis stellen. Ich habe an anderer Stelle ausgeführt, in welche Richtung sich das deutsche Recht entwickeln müßte, um hier international Anschluß zu finden[225].

Unverkennbar haben freilich alle Rechtsordnungen ihre Probleme mit der *Abgrenzung des Tatbestandes* der „faktischen Geschäftsführung" bzw. der „unerlaubten Einmischung". Die Differenzierung zwischen bloßer Beratung und Ausübung von Direktionsrechten scheint nicht praktikabel. Auch die in der amerikanischen Praxis zu findende[226] Unterscheidung zwischen aktiver Mitgestaltung und bloßer Ausübung von Vetorechten erscheint problematisch. Die Blockade einer dringend gebotenen Geschäftsführungsmaßnahme ist nicht weniger haftungswürdig als die gezielte Veranlassung einer Maßnahme, die dem Unternehmen schadet. Relativ griffig erscheint immerhin die in England propagierte Abgrenzung von – unzulässigen – Maßnahmen „in personam" und lediglich sichernden und deshalb erlaubten Maßnahmen „in rem". Im übrigen harren hier noch viele Fragen der Antwort, denn die Aufgabe, aus einem Kontinuum zunehmender Einflußwaltungen einen klar umrissenen Haftungstatbestand zu formulieren, erscheint dogmatisch nahezu unlösbar.[227]

3. Unergiebig bleibt der Blick über die Grenzen, wenn man nach Belegen für eine *Inpflichtnahme „unsolidarischer" Gläubiger* sucht, die sich in freiwilligen (das heißt nicht mit einer gesetzlichen „Zwangskollektivierung" verbundenen) Sanierungsaktionen der Kooperation mit der Gläubigermehrheit versagen. Die Rechtsvergleichung zeigt hier bestenfalls, daß sich diese Problematik desto mehr entschärft, je früher die staatlich organisierten und mit verbandsrechtlichen Elementen (Mehrheitsprinzip) durchsetzten Insolvenzverfahren eingreifen. Man kann hier offenbar nicht beide Vorteile wollen – gläubigerautonome Sanierungsorganisation einerseits und Zwangssolidarität der abseits stehenden Gläubiger andererseits. Eine „objektiv" gleichgerichtete Interessenlage schafft – so die internationale communis opinio – horizontal wirkende Sozial-

225 *Köndgen*, Faktische Geschäftsführung, aaO (Fn. 37).

226 Oben, Text bei Fn. 49.

227 Auch hierzu Weiteres bei *Köndgen*, Faktische Geschäftsführung, aaO (Fn. 37).

pflichten nur, wo die Gemeinsamkeit der Interessen auch zu einem „animus societatis" der Betroffenen geführt hat. Damit braucht das Problem der sog. Akkordstörer noch nicht gänzlich vom Tisch zu sein. Übersteigt der infolge des obstruktiven Verhaltens eintretende Gesamtverlust den vom Akkordstörer erzielbaren individuellen Vorteil bei weitem, dann darf über die Anwendung des § 826 BGB nachgedacht werden[228].

228 Ich greife hier eine Anregung von *Klaus J. Hopt* in der Schlußdiskussion auf.

Anhang

Tagungsbericht[1]

Vereine leiden häufig an der Passivität ihrer Mitglieder. Nicht so jedoch die Bankrechtliche Vereinigung – Wissenschaftliche Gesellschaft für Bankrecht e. V., die sich im Rahmen ihrer satzungsmäßigen Aufgaben vor allem dem Gedankenaustausch zwischen der Bankpraxis und der Wissenschaft sowie der Richter- und Anwaltschaft widmet. Wie schon die vorangegangenen Jahrestagungen wurde auch die Vortrags- und Diskussionsveranstaltung 1994 wiederum von etwa einem Drittel aller Mitglieder – inzwischen fast 600 an der Zahl – besucht, und dies, obwohl der Tagungsort Schwerin für so manchen Teilnehmer mit einer ungewohnten Reise verbunden war.

1. In Zeiten drastisch zunehmender Unternehmensinsolvenzen traf die Auswahl der beiden Tagungsthemen „aktuelle Rechtsfragen der Sicherheitenfreigabe“ und „Die Rolle der Kreditinstitute bei der Sanierung von Unternehmen“ den Nagel auf den Kopf, zumal die einschlägige Judikatur in jüngster Zeit zunehmend für eine beträchtliche Verunsicherung in der Kreditwirtschaft gesorgt hat. Die damit verbundene Frage nach dem künftigen Standort der Kreditinstitute im Spannungsfeld zwischen freiem Unternehmertum und gesetzlichem Verbraucherschutz in der Ausgestaltung durch die Gerichte klang bereits in den Grußworten nach Eröffnung der Veranstaltung durch das Vorstandsmitglied der BrV Universitäts-Professor Dr. *Walther Hadding* an. So richtete Dr. *Hannes Rehm*, Mitglied des Vorstandes der Norddeutschen Landesbank, an die Kreditwirtschaft den Aufruf, ihre Usancen, ihr Verhältnis zum Kunden, ihren Auftritt am Markt und gegenüber der Öffentlichkeit zu überdenken. Herbert Helmrich, Minister für Justiz, Bundes- und Europaangelegenheiten des Landes Mecklenburg-Vorpommern, wies zu Beginn seiner Darstellung des Neuaufbaus der Justiz und der Entwicklung des politischen und wirtschaftlichen Umfeldes in Mecklenburg-Vorpommern darauf hin, daß der 1980 neu geschaffene § 32a GmbHG entgegen den Intentionen des Gesetzgebers von der Rechtsprechung gründlich konterkariert worden sei.

1 Auszüge aus *Neuhof*, WM 1994, 1705.

2. a) Die erste Abteilung „Aktuelle Rechtsfragen der Sicherheitenfreigabe“ unter der Leitung des Vorsitzenden Richters am Bundesgerichtshof *Karl-Dietrich Bundschuh* begann mit einer Darstellung der dogmatischen Grundlagen der Sicherheitenfreigabe nach deutschem Recht durch Universitäts-Professor Dr. *Uwe Blaurock*[2]. (...)

b) Einen Überblick über die Sicherheitenfreigabe in der höchstrichterlichen Rechtsprechung gab *Wolfgang Ball*, der als Mitglied des VIII. Zivilsenats des BGH die bisherige Entwicklung der Sicherheitenfreigaberechtsprechung wesentlich mitgeprägt hat[3]. (...)

c) Mit Recht und Praxis der Sicherheitenbewertung und -freigabe beschäftigte sich schließlich Rechtsanwalt Dr. *Helmut Bruchner*, Chefsyndikus der Bayerischen Hypotheken- und Wechsel-Bank AG[4]. (...)

d) Die anschließende ausführliche *Diskussion* drehte sich im wesentlichen um die praktischen Probleme bei der Sicherheitenbewertung. Die anschaulichen Beispiele, die in den zahlreichen Diskussionsbeiträgen angeführt wurden, ließen letztlich den Eindruck entstehen, daß es allgemeingültige Kriterien für die Bewertung von Warenlagern und Globalzessionen nicht gibt und damit die ganze bisherige Rechtsprechung zur Sicherheitenfreigabe an den Realitäten vorbeigeht. Darüber hinaus wurden auch Lösungsvorschläge gemacht, wie zum Beispiel die Ersetzung des zwangsläufig nicht funktionsfähigen Instruments der sich anpassenden Sicherheiten durch eine extensive Ausweitung der Kreditausfallversicherung oder eine Rückbesinnung auf die vom VIII. Zivilsenat in seinem Grundsatzurteil vom 29. November 1989 (= WM 1990, 51) ursprünglich verlangte feste Deckungsgrenze anstelle der in der Folgezeit zur Vermeidung auch einer tilgungsbedingten Übersicherung kreierten flexiblen Deckungsgrenze. *Bundschuh* schloß die Diskussion mit der Bemerkung, daß sie Farbe hereingebracht und mit Sicherheit den Horizont der anwesenden Richter erweitert habe.

3. Nach der Mittagspause wurde die zweite Abteilung unter dem Arbeitstitel „Die Rolle der Kreditinstitute bei der Sanierung von Unternehmen“ von Rechtsanwalt Prof. Dr. *Theodor Heinsius*, Kuratoriumsmitglied der BrV, dem die Leitung dieser Abteilung oblag, mit einem

---

2 In diesem Band, S. 3 ff.

3 In diesem Band, S. 57 ff.

4 In diesem Band, S. 35 ff.

kurzen Überblick über die Risiken und Gefahren, denen die Kreditinstitute in der Sanierungsphase ihres Kunden ausgesetzt sind, eingeleitet.

a) Im ersten Referat über Rechte und Pflichten der Kreditinstitute bei der Sanierung von Unternehmen sprach Univ.-Prof. Dr. *Franz Häuser* bankspezifische Problemstellungen an, die sich aus Anlaß einer freien Unternehmenssanierung für die beteiligten Kreditinstitute ergeben können[5]. (...)

b) Mit den Auswirkungen der Insolvenzrechtsreform auf Kredit und Kreditsicherheiten befaßte sich Rechtsanwalt Dr. *Manfred Obermüller*, Syndikus der Deutsche Bank AG[6]. (...)

c) Abgerundet wurde der Referatsteil von Universitäts-Professor Dr. *Johannes Köndgen* mit einem rechtsvergleichenden Überblick über die Haftungsrisiken der Kreditinstitute bei der Sanierung von Unternehmen nach französischem und amerikanischem Recht[7]. (...)

d) Die *Abschlußdiskussion* war gekennzeichnet durch relativ wenige, aber um so ausführlichere Beiträge. Insbesondere die kontroverse und teils leidenschaftliche Behandlung des Bankenprivilegs und der Gläubigerkontrollhaftung ließen die besondere Brisanz der Thematik deutlich werden. *Heinsius* beendete die Tagung mit einem Dank an die Veranstalter, Referenten und Teilnehmer.

4. Alles in allem eine in jeder Hinsicht gelungene Veranstaltung, die ihr Etappenziel, nämlich die unterschiedlichen mit dem Bankrecht befaßten Gruppierungen einander näherzubringen, auch heuer wieder erreicht hat. Verantwortlich für den Erfolg zeichnen inzwischen schon zur Tradition geworden – die Aktualität der Tagungsthemen und die Qualität der Referate, aber auch die souveräne Leitung und Durchführung der Tagung durch Vorstand und Kuratorium der BrV. Die Teilnehmer haben von der ihnen gebotenen Möglichkeit, fernab vom grünen Richtertisch und akademischen Medien in der persönlichen Begegnung wechselseitig für das, was die Praxis „drückt", Verständnis zu gewinnen, durch einen engagierten Meinungsaustausch in den Diskussionen, während den Verhandlungspausen und am Rande der Veranstaltung lebhaften Gebrauch gebracht. Wo sonst bietet sich denn auch die Gelegenheit zum Gespräch mit so zahlreich versammelten namhaften Persönlichkei-

5 In diesem Band, S. 75 ff.
6 In diesem Band, S. 127 ff.
7 In diesem Band, S. 141 ff.

ten aus Wissenschaft und Praxis einschließlich fast aller Mitglieder des für das Bankrecht zuständigen XI. Zivilsenats des Bundesgerichtshofes und maßgeblicher Vertreter der übrigen beteiligten Senate. Für künftige Tagungen bleibt so allenfalls die Anregung, das Forum etwa durch eine jeweils ganztägige Behandlung der beiden Abteilungen entsprechend der großen Teilnehmerzahl in zeitlicher Hinsicht noch zu verbreitern.

Stichwortverzeichnis

Kolibri 360 GmbH
Ferdinand-Jühlke-Straße 7
99095 Erfurt, Deutschland
produktsicherheit@kolibri360.de